基于生态功能区建设的国有林区社会经济转型问题研究

王玉芳　著

科学出版社
北京

内 容 简 介

本书基于大小兴安岭生态功能区建设的背景，重点研究生态功能区建设下国有林区社会经济转型问题。本书以转型经济学理论、社会转型理论等为指导，从理论的角度分析了生态功能区建设下国有林区社会经济转型的实质、目标与转型的基本框架，明确了国有林区及国有森工企业的新定位，并重点研究了国有林区经济转型、社会转型以及管理体制转型问题。对经济转型问题的研究，本书重点研究了经济转型模式及其分区配置，并评价了国有林区产业生态化转型的程度；对社会转型问题的研究，本书重点研究了社会转型的主要内容及转型路径，并研究了社会微观主体——林业职工家庭脆弱性问题；对管理体制转型问题的研究，本书重点分析了管理体制转型变革的困境与阻力，设计了国有林区管理体制转型变革的思路和框架。最后，本书评价了国有林区社会经济转型的进程，并对转型中各利益主体之间的关系进行博弈分析。基于上述研究内容，本书提出了国有林区社会经济转型的过渡策略及援助机制。

本书既可以作为林业与资源经济管理领域的教学和科研人员在教学及科学研究过程中的重要参考用书，也可以作为该领域研究生在学习及论文撰写过程中的重要参考用书，同时，也可以供林业与资源管理实践部门相关人员在工作中参考阅读。

图书在版编目（CIP）数据

基于生态功能区建设的国有林区社会经济转型问题研究 / 王玉芳著. —北京：科学出版社，2018.11

ISBN 978-7-03-058623-0

Ⅰ. ①基…　Ⅱ. ①王…　Ⅲ. ①国有林-林区-转型经济-研究-中国　Ⅳ. ①F326.2

中国版本图书馆 CIP 数据核字（2018）第 199056 号

责任编辑：张　震　孟莹莹 / 责任校对：蒋　萍
责任印制：吴兆东 / 封面设计：无极书装

科 学 出 版 社 出版
北京东黄城根北街 16 号
邮政编码：100717
http://www.sciencep.com

北京中石油彩色印刷有限责任公司 印刷
科学出版社发行　各地新华书店经销

*

2018 年 11 月第 一 版　开本：720×1000　1/16
2018 年 11 月第一次印刷　印张：11　3/4
字数：240 000

定价：99.00 元

（如有印装质量问题，我社负责调换）

前　言

党的十九大报告中明确提出"建设生态文明是中华民族永续发展的千年大计""大力度推进生态文明建设""主体功能区制度逐步健全"。建立生态功能区是生态保护的一种新路径，为区域可持续发展增加了一种新的选择模式。建立生态功能区以保护区域主导生态功能为目的，同时促进区域经济社会可持续发展，对推进生态文明建设具有重要的作用。

国有林区是依托森林资源的开发建设而形成的特殊区域，森林在可持续发展中的主体地位决定了国有林区应该成为我国实施可持续发展战略的重点地区之一，也必然是我国生态功能区建设的重点地区之一。2011 年国务院公布的《全国主体功能区规划》中明确大小兴安岭林区为重点森林生态功能区。2011 年《大小兴安岭林区生态保护与经济转型规划（2010—2020 年）》正式实施，标志着大小兴安岭林区迈步社会经济转型发展的历史新时期。作为一种全新的生态环境与资源管理框架，生态功能区建设将影响国有林区的生存与发展。生态功能区建设的目标和内容，决定了国有林区社会经济的发展模式、发展方向、管理体制等必须要变革，以适应生态功能区建设的需求，进而推动国有林区自身的可持续发展。

生态功能区建设的目标和内容，都决定了国有林区生态的主导功能越来越突出，国有林区要发挥提供生态服务、维护国土生态安全的基本职能，并使其成为国家重要的生态产品供给基地、国家森林资源战略储备基地及森林经济产品供给基地。国有林区社会经济转型是一个包括社会转型、经济转型和管理体制转型在内的复杂动态系统，转型的实质是国有林区整体社会经济制度的变迁过程。在国有林区不同的转型发展阶段，经济转型与社会转型会呈现出良性互动或者非良性互动的关系。国有林区的经济转型必须要走"内生式"发展的道路，要矫正国有林区发展从资源依赖型转为投资依赖型的被动发展模式。国有林区社会转型的实质是由传统形态的社会资本向现代形态的社会资本转变的过程。林区社会的人力、组织、文化及社会管理制度等社会资本质量的低劣，也许是造成国有林区贫困落后的原因之一。

国有林区的经济转型具有一定的现实基础，同时也存在着阻碍经济转型发展的一些障碍性因素，如人力资本不足、经济整体效益低下等。国有林区整体的经济转型能力一般，但是其生态建设水平较好，国有林区生态建设与经济转型之间存在着耦合协调关系。研究结果表明，大小兴安岭国有林区生态建设与经济转型的耦合协调状态处于中级水平，据此，本书对大小兴安岭国有林区经济转型与生态建设的耦合状态进行了具体分区，并对不同耦合协调状态区域，分区选择了各自最优的经济转型模式。本书认为良好协调发展类型区域应该选择产业更新模式，中级协调发展类型区域和初级协调发展类型区域应该选择多元产业复合发展模式、勉强协调发展类型区域应该选择产业链延伸模式。本书选择产业链延伸模式中的林下经济产业为例，对国有林区经济转型模式效果进行检验。结果表明，林下经济发展对国有林区经济转型具有一定的促进作用。生态功能区建设的目标和内容都要求国有林区的经济转型必须走生态化转型的发展路径。研究中评价了国有林区产业生态化转型的程度，结果表明，国有林区林业产业的转型发展已经呈现出生态化的迹象，但是其生态化程度并不高，基本上处于产业生态化转型的中级程度，并有向高级程度演化的趋势。

国有林区社会是伴随国有森林资源的开发以及国有森工企业的建立而形成的，林区社会的管理职能一直都隐含在国有森工企业的管理职能体系中，因此这也成了国有林区改革的重点内容。国有林区的社会转型首先要关注社会微观主体——林业职工的生存及价值观念与行为的转变，同时也要着眼于社会组织及社会文化的生态化转变及社会管理制度的现代化变革。本书对国有林区林业职工的生存问题，做了放大性分析，将林业职工在面对突发的或是长期外在压力、冲击或风险的抵御能力，或面临外在环境、条件变化时的适应能力的不足、不安全或是易受灾的程度看作林业职工家庭脆弱性的表现，并认为这种脆弱性表现为物质资本脆弱性、人力资本脆弱性和社会资本脆弱性三个维度。本书分析了林业职工家庭脆弱性的形成与演化机理及其扩散的主要方向。2013～2014 年，国有林区陷入脆弱性职工家庭的比例高达 33.21%，这主要受林业职工家庭内部人力资本脆弱性的影响。本书最后从微观、中观层面，设计了国有林区社会转型的具体路径。

国有林区管理体制的重点和核心是国有森工企业的制度安排及国有森林资源管理制度。国有林区管理体制转型的重点在于国有森工企业管理制度和国有森林资源管理体制的变革。由于特殊的历史发展环境，国有森工企业自建立之初就必须承担办社会的职能，进而形成企业高度政企合一的管理模式，市场经济体制建立的进程中，这种体制模式的弊端和困境日益显现。生态功能区建设下，国有林区管理体制的变革实质是一种理顺产权关系的变革，是一种理清各种错综复杂的利益关系，并对各利益相关主体进行明确分工的过程。鉴于国有森工企业之前的改革经验及存在的问题，可以选择对国有森工企业原有管理职能进行裂解，裂解后分别形成了“管资源、管社会、管企业”三个独立的组织（或者管社会职能直接交给地方政府），形成国有森工企业管理制度变革的基本框架。

国有林区社会经济转型是一个长期动态的发展演化过程。2000年以来，国有林区的转型发展总体上呈现出较好的发展趋势，转型发展速度在逐渐加快。经济、社会、生态各领域的转型发展也都呈现上升的发展态势。其中，经济转型发展态势最好，社会转型发展态势中等，生态转型发展态势最低。国有林区社会经济转型进程中需要平衡政府与国有森工企业之间的利益关系。本书构建了参与者合作博弈模型，分析中央政府、地方政府和国有森工企业之间的动态博弈关系，改革初期，特别是管理体制的改革，对国有森工企业的影响较大，短期内其获利益较小，因此，政府需要给予森工企业更多的扶持和援助，提高企业对改革政策落实及执行的有效性和积极性。

相关机构应该从社会、经济以及管理体制等各层面采取多种措施，推进国有林区社会经济的转型发展，同时，针对林业及国有林区、国有森工企业的特殊性等因素，在加大政策的保障及扶持力度的同时，应建立强制性援助机制、服务性援助机制和激励性援助机制等，保障国有林区社会经济转型的顺利推进。

本书是作者主持的国家社会科学基金项目“基于生态功能区建设的国有林区社会经济转型问题研究”（11CJY021）、黑龙江省哲学社会科学规划项目“转型期重点国有林区职工家庭脆弱性研究”（17GLB013）、中央高校基本科研业务费专项资金项目——科技平台持续发展专项“重点国有林区林业产业生态化转型研究”（2572018CP07）的成果，感谢上述基金项目对本研究的资助！本书能够面世，还得益于李朝霞、徐永乐、周妹、郭娟、杨凤均、曹博等几位研究生在资料收集、数据录入与处理、图表优化等方面给予的大量帮助。同时，还要感谢国家林业局经济发展研究中心、龙江森工、吉林森工、大兴安岭林业集团公司等部门在实地调查过程中提供的帮助和支持！感谢万志芳教授、曹玉昆教授、朱洪革副教授对本书研究内容提出的宝贵建议。

国有林区是依托森林资源的开发而不断发展形成的，林业及森林资源的特殊性使得国有林区与其他区域相比，是一个具有典型特殊性的资源型区域，从而增加了研究该区域发展问题的难度。生态功能区建设下，国有林区社会经济转型是一个长期的、动态的、复杂的系统工程，需要研究的内容很多，本书研究的观点和内容难免存在不足之处，随着后续研究的不断深入，作者期待能够不断深化对国有林区转型发展问题的理论认识，努力修正本书研究中的不足。同时也敬请专家和同仁不吝赐教。

作　者

2018 年 5 月

目　录

前言

1　绪论 …… 1

1.1　研究背景 …… 1

1.2　研究目的与意义 …… 3

1.2.1　研究目的 …… 3

1.2.2　研究意义 …… 4

1.3　国内外相关研究现状及述评 …… 5

1.3.1　国外关于社会经济转型的相关研究 …… 5

1.3.2　国内关于社会经济转型的相关研究 …… 7

1.3.3　国内外关于国有林区社会经济发展问题的相关研究 …… 10

1.3.4　国内外相关研究评述 …… 12

1.4　研究的地域范围 …… 13

1.5　主要研究方法 …… 14

1.6　研究的主要内容及技术路线 …… 15

1.6.1　研究的主要内容 …… 15

1.6.2　研究的技术路线 …… 16

2　基于生态功能区建设的国有林区社会经济转型理论研究 …… 17

2.1　生态功能区及其建设目标与主要内容 …… 17

2.1.1　生态功能区的内涵 …… 17

2.1.2　生态功能区建设目标与主要内容 …… 18

2.2　生态功能区建设下国有林区及国有森工企业的新定位 …… 19

2.2.1　国有林区的新定位 …… 19

2.2.2　国有森工企业的新定位 …… 20

2.3　生态功能区建设下国有林区社会经济转型的框架 …… 23

2.3.1　国有林区经济转型 …… 23

2.3.2　国有林区社会转型 …… 24

2.3.3 国有林区管理体制转型 ………………………… 25
2.4 国有林区社会经济转型的实质及目标 ………………………… 26
2.4.1 国有林区经济转型的实质及目标 ………………………… 26
2.4.2 国有林区社会转型的实质及目标 ………………………… 28
2.5 国有林区社会转型和经济转型的互动 ………………………… 29
2.5.1 非良性互动 ………………………… 30
2.5.2 良性互动 ………………………… 30
2.6 研究的理论基点 ………………………… 31
2.6.1 社会转型理论 ………………………… 31
2.6.2 社会资本理论 ………………………… 32
2.6.3 经济转型理论 ………………………… 34
2.7 本章小结 ………………………… 35

3 基于生态功能区建设的国有林区经济转型模式研究 ………………………… 36

3.1 国有林区经济转型发展的现实基础 ………………………… 36
3.1.1 生态环境的基础状况 ………………………… 36
3.1.2 经济发展的基础和成效 ………………………… 37
3.2 经济转型发展中的主要问题及障碍 ………………………… 40
3.2.1 林区整体经济效益仍显低下 ………………………… 40
3.2.2 林产工业发展规模逐渐萎缩 ………………………… 41
3.2.3 国有林区人力资本不足 ………………………… 41
3.2.4 森林资源的保护与修复任务仍很艰巨 ………………………… 44
3.3 国有林区经济转型能力评价 ………………………… 44
3.3.1 评价指标体系及数据来源 ………………………… 44
3.3.2 评价模型选择 ………………………… 45
3.3.3 各指标权重系数的确定 ………………………… 46
3.3.4 指标隶属度值的确定 ………………………… 49
3.3.5 评价结果与分析 ………………………… 50
3.4 国有林区生态建设水平评价 ………………………… 52
3.4.1 评价指标的选取及数据来源 ………………………… 52
3.4.2 评价准则及评价模型 ………………………… 52
3.4.3 指标权重系数及其隶属度值 ………………………… 53
3.4.4 评价结果与分析 ………………………… 54

3.5 国有林区生态建设与经济转型的耦合分析 …… 56
3.5.1 生态建设与经济转型耦合的内涵 …… 56
3.5.2 生态建设与经济转型耦合度及耦合协调度计算模型 …… 57
3.5.3 生态建设与经济转型耦合度及耦合协调度的评价 …… 59
3.5.4 生态建设与经济转型耦合的分区 …… 60
3.6 国有林区经济转型模式选择及分区配置 …… 63
3.6.1 国有林区经济转型模式的选择 …… 63
3.6.2 国有林区经济转型模式的分区配置 …… 66
3.7 国有林区经济转型模式效果检验 …… 68
3.7.1 指标的选取及解释 …… 68
3.7.2 数据的收集与处理 …… 69
3.7.3 VAR 模型的建立 …… 70
3.7.4 时序数列的平稳性检验与协整检验 …… 73
3.7.5 林下经济发展和国有林区经济转型的广义脉冲响应函数分析 …… 75
3.7.6 林下经济发展对国有林区经济转型的贡献度 …… 78
3.8 本章小结 …… 81
4 基于生态功能区建设的国有林区产业生态化转型评价 …… 82
4.1 产业生态化 …… 82
4.2 林业产业生态化转型评价指标构建 …… 83
4.3 产业生态化程度评价标准 …… 84
4.4 林业产业生态化转型程度评价 …… 85
4.4.1 评价方法 …… 85
4.4.2 评价与分析 …… 87
4.5 本章小结 …… 91
5 基于生态功能区建设的国有林区社会转型研究 …… 92
5.1 国有林区社会转型发展的现实基础 …… 92
5.1.1 国有林区社会保障体系不断完善 …… 92
5.1.2 国有林区文化建设发展较快 …… 93
5.1.3 推进国有森工企业剥离社会管理职能取得一定进展 …… 93
5.2 国有林区社会转型发展的主要障碍 …… 94
5.2.1 国有林区职工生存状况不容乐观 …… 94
5.2.2 国有林区社会建设投资水平不高 …… 95

5.2.3 国有林区社会组织发展仍显滞后……97
5.2.4 生态文化在国有林区社会文化中的核心地位需要加强……98
5.3 国有林区社会转型的主要内容及特点……99
5.3.1 国有林区社会转型的主要内容……99
5.3.2 国有林区社会转型的特点……100
5.4 国有林区社会转型的路径选择……101
5.4.1 国有林区社会结构的分化……101
5.4.2 社会微观主体行为重塑……102
5.4.3 生态型社会组织的构建……104
5.4.4 社会文化与价值观的重构……105
5.5 本章小结……106

6 基于生态功能区建设的国有林区林业职工家庭脆弱性研究……108

6.1 国有林区林业职工家庭脆弱性的理论内涵……108
6.1.1 林业职工家庭脆弱性的概念……108
6.1.2 林业职工家庭脆弱性的表现维度……109
6.2 国有林区林业职工家庭脆弱性的形成……110
6.2.1 林业职工家庭脆弱性形成的环境压力……110
6.2.2 林业职工家庭对压力的响应能力……111
6.2.3 林业职工家庭脆弱性的形成演化……111
6.3 国有林区林业职工家庭脆弱性的扩散……112
6.3.1 向威胁森林资源安全扩散……113
6.3.2 向抑制林区经济发展扩散……113
6.3.3 向破坏林区社会稳定扩散……113
6.4 国有林区林业职工家庭脆弱性程度判断……113
6.4.1 研究方法与数据来源……113
6.4.2 林业职工家庭脆弱性测度与分析……115
6.5 林业职工家庭脆弱性内部影响因素分析……121
6.5.1 指标的构建与方法选择……121
6.5.2 林业职工家庭脆弱性内部影响因素计算与分析……125
6.5.3 结论与讨论……133
6.6 本章小结……133

7 基于生态功能区建设的国有林区管理体制转型研究 …… 135

7.1 国有林区管理体制的特点 …… 135

7.1.1 国有林区管理体制表现为高度集权式政企合一的模式 …… 135

7.1.2 国有林区社会管理职能的隐性化 …… 136

7.1.3 国有森林资源管理制度扭曲，委托代理关系复杂 …… 136

7.2 国有林区管理体制转型面临的困境 …… 137

7.2.1 国有森工企业经济效益低下 …… 137

7.2.2 森林资源的管理与保护成效低 …… 138

7.2.3 社会管理效率低，国有林区社会发展落后 …… 138

7.3 国有林区管理体制转型的阻力因素 …… 139

7.3.1 既得利益相关者的阻碍 …… 139

7.3.2 改革成本负担不明的阻碍 …… 140

7.4 生态功能区建设下国有林区管理体制的变革 …… 140

7.4.1 生态功能区建设下国有森林资源核心职能转变 …… 140

7.4.2 国有林区管理体制转型变革的总体思路 …… 141

7.4.3 国有林区管理体制转型变革的框架设计 …… 142

7.5 本章小结 …… 144

8 基于生态功能区建设的国有林区社会经济转型进程评价及转型博弈分析 …… 145

8.1 指标体系的构建与评价方案 …… 145

8.1.1 指标的构建及其权重的确定 …… 145

8.1.2 评价模型构建 …… 146

8.1.3 数据来源及处理 …… 147

8.2 国有林区转型进程评价及分析 …… 147

8.2.1 TDI 总体变化情况分析 …… 147

8.2.2 社会领域转型进展情况分析 …… 148

8.2.3 经济领域转型进展情况分析 …… 150

8.2.4 生态领域转型进展情况分析 …… 152

8.2.5 结论与讨论 …… 153

8.3 国有林区社会经济转型中利益主体博弈分析 …… 154

8.3.1 参与者合作博弈模型的构建 …… 155

8.3.2 参与者合作博弈矩阵和策略选择 …… 156

8.3.3 合作收益分配的 Shapley 值 …… 158
8.3.4 结论 …… 159
8.4 本章小结 …… 159

9 基于生态功能区建设的国有林区社会经济转型过渡策略及援助研究 …… 160

9.1 推进国有林区经济转型的过渡策略 …… 160
9.1.1 全面提升优势产业促进产业链延伸 …… 160
9.1.2 积极培育新兴产业促进产业更新 …… 161
9.1.3 优化林区产业布局，促进多元产业复合发展 …… 162
9.2 推进国有林区社会转型的过渡策略 …… 163
9.2.1 积极引导国有林区社会主体行为重塑 …… 163
9.2.2 大力推进国有林区生态型社会组织建设与发展 …… 164
9.2.3 强力保障国有林区社会文化重构 …… 165
9.3 推进国有林区社会经济转型的援助策略 …… 166
9.3.1 加大政策的保障及扶持力度 …… 166
9.3.2 建立推进产业发展的援助机制 …… 167
9.3.3 建立强制性援助机制，加大援助力度 …… 167
9.3.4 完善服务性援助机制的渠道 …… 168
9.3.5 建立激励性援助机制 …… 168
9.4 本章小结 …… 169

参考文献 …… 170

1 绪论

1.1 研究背景

全球生态环境不断恶化，生态承载力与经济增长的矛盾日趋显著，生态环境问题受到了越来越多的关注。人类社会的可持续发展受到严峻威胁。保护和恢复生态环境、走可持续发展之路早已成为国际社会的共识。建立生态功能区是生态保护的一项新举措，同时也为区域可持续发展增加了一种新的选择模式。生态功能区以保护区域主导生态功能为目的，实行限制开发，兼顾区域经济发展，通过规范管理，以管理促治理，从而有效减轻人类活动对生态系统的压力，预防和控制各类不合理的建设开发活动所导致的生态功能退化。建立生态功能保护区，对于防止和减轻自然灾害，促进区域经济社会可持续发展，保障国家和地区生态安全具有重要战略意义。

国有林区是以森林资源为主体性资源而形成的特殊区域，森林在可持续发展中的主体地位决定了国有林区应该成为我国实施可持续发展战略的重点地区之一，也必然是我国生态功能区建设的重点地区之一。我国的国有林区主要分布在大江大河源头和生态环境建设的重点地区，总面积约占国土面积的 1/4，拥有丰富的自然资源，是我国最大的森林后备资源培育基地和木材、林副产品供应基地，是国家生态环境建设的重点地区和生物多样性保护最大的栖息地，同时也为国家社会经济的发展做出过突出的贡献。目前我国国有林区在地理分布上主要包括三大块区域，即东北内蒙古林区、西南高山峡谷林区和西北高山林区。本研究的地域范围限定在东北内蒙古重点林区，特别是大小兴安岭国有林区的范围内。

2008 年，环境保护部和中国科学院联合编制并发布了《全国生态功能区划》，并于 2015 年进行了重新修编。《全国生态功能区划》中明确将大小兴安岭林区和长白山林区划分为水源涵养与生物多样性保护的重要区域，明确了大兴安岭林区是对国家和区域生态安全具有重要作用的水源涵养生态功能区。2011 年 6 月，国务院正式发布了《全国主体功能区规划》，大小兴安岭国有林区因其森林资源和生态地位的特殊性，在《全国主体功能区规划》中被列入限制开发区域中的国家层面的重点生态功能区。2010 年 12 月，国家级区域性战略规划——《大小兴安岭林区生态保护与经济转型规划（2010—2020 年）》正式出台，提出了“大幅提升林区森林生态功能，建立生态主导型经济体系，提高居民收入和公共服务水平”的发展目标。这是国内首个以林区生态保护和经济转型为主题的规划，标志着大小兴安岭林区将迈步社会经济转型发展的新阶段。

大小兴安岭林区是我国面积最大、纬度最高、国有林最集中、生态地位最重要的森林生态功能区和木材资源战略储备基地。林区总面积约 43 万 km^2，总人口 818 万，林区内森林资源、野生动植物资源丰富，其在维护国家生态安全、应对气候变化、保障国家长久木材供给等方面具有不可替代的作用。中华人民共和国成立 60 多年来，大小兴安岭林区累计生产木材 10.5 亿 m^3，上缴利税 290 亿元，为国家经济建设做出了巨大贡献，但同时林区也积累了大量的矛盾。如今的大小兴安岭林区与开发初期相比，由于长期过量采伐森林资源，使用不可持续的方式经营利用森林资源，造成可采林木资源骤减、森林蓄积量和森林质量大幅度降低，进而造成大小兴安岭国有林区生态系统功能退化。在面临可采林木资源危机状况下，国有林区长期形成的资源依赖型的经济发展模式被打破，使林区经济发展陷入了危困的局面。同时，国有林区社会贫困、社会负担过重、企业发展活力不强、经营管理体制不顺等问题凸显。自 2000 年天然林资源保护工程（简称天保工程）等一系列林业重点工程实施以来，国有林区也经历了一系列的经营管理体制改革，在一定程度上促进了林区社会、经济的发展和森林资源状况的改善，但是，从长期持续发展的角度看，国有林区仍存在诸多矛盾和问题。特别是自天保工程实施以来，国有林区的发展模式由资源依赖型转向了资金依赖型，缺乏转型发展的内生动力、机制。虽然大小兴安岭林区经过一系列的改革，在产业转型等方面已经取得了一定的成效，但是资源性、结构性、体制性和社会性矛盾仍然是困扰国有林区改革与发展的难点，生态功能区建设为解决这些难题提供了有利契机和切入点。

作为一种全新的生态环境与资源管理框架，大小兴安岭森林生态功能区建设将影响国有林区的生存与发展。作为我国重点的森林生态功能区，大小兴安岭生态功能区建设涵盖了生态、经济、社会发展的各方面，是国家主体功能区划在区域层面上的重要延伸和落实。生态功能区建设的战略目标，决定了国有林区社会经济的发展模式、发展方向、经营管理体制等必须要变革，以适应并促进生态功能区的建设，同时推动国有林区的可持续发展。因此，大小兴安岭国有林区应该抓住生态功能区建设这一契机，加大生态保护，加速社会经济转型，加快解决体制性矛盾，进一步推动国有林区的改革和可持续发展。

1.2 研究目的与意义

1.2.1 研究目的

在生态功能区建设的背景下，以生态经济学、产业经济学、社会资本理论以及转型经济理论等相关理论为基础，以可持续发展理论为指导，运用定性与定量相结合的方法，在生态保护优先的前提下，本书从国有林区生态建设、经济发展、社会发展的现状出发，对国有林区的社会、经济、管理体制的转型问题进行研究，在此基础上提出推进国有林区社会经济转型及管理体制转型的过渡策略及援助机制，以期为国有林区的改革与发展提供有益的参考和借鉴，同时也促进大小兴安岭森林生态功能区建设项目的有效实施。

具体的研究目的如下：

（1）明确国有林区社会经济转型的初始环境、条件及转型进程。通过实地调查，了解和分析国有林区社会经济转型发展的现实状况，评价国有林区转型发展的进程，为国有林区社会经济转型路径的设计提供现实基础。

（2）明确国有林区社会经济转型的实质、目标及转型的战略重点。以大小兴安岭森林生态功能区建设的总体要求和建设目标为指导，基于全面停止天然林商业性采伐的政策背景以及中共中央、国务院发布的《国有林区改革指导意见》中的相关要求，提出国有林区社会经济转型的总体目标及转型的战略重点。

（3）设计国有林区社会经济转型的具体路径、模式。根据前面提出的国有林区社会经济转型的总体目标和转型的重点，设计国有林区社会经济转型的具体路径及选择合适的模式。社会层面，以社会资本理论和社会转型理论为指导，从国有林区社会的微观层面（林区职工）和中观层面（林区社会组织、林区社会文化形态）两个维度设计国有林区社会转型的具体路径。经济层面，以生态经济学、产业经济学以及经济转型的相关理论为指导，以国有林区产业转型为核心，评价生态功能区建设初期国有林区生态建设水平和经济转型能力，在此基础上评价国有林区生态建设和经济转型的动态耦合关系，并根据不同的耦合发展状态进行分区，针对不同区域的特点，为各区域选择合适的经济转型的具体模式，并对转型模式的效果进行检验。

（4）设计国有林区管理体制转型的框架及具体路径。国有林区管理体制的实质是维持一种“不具备垄断条件的垄断”造成的。以国有森工企业管理制度改革和森林资源管理体制改革为突破口，设计由政府选择向市场选择、由非均衡向均衡发展的转型路径。

（5）测度国有林区社会经济转型发展进程，明确中央政府、地方政府以及国有森工企业之间的动态博弈关系，提出均衡各利益主体关系的具体策略。

（6）为推进国有林区社会经济转型进程提出具体的策略，设计转型的援助机制。

1.2.2 研究意义

1. 理论意义

（1）本书的研究内容丰富了对国有林区社会经济发展方面的理论研究。根据对相关研究文献的考察，发现目前对国有林区相关问题的研究中，对国有林区社会经济转型方面的系统研究成果不多，尤其是对国有林区社会转型与社会发展相关问题的研究成果更是不多见。本书从生态功能区建设的背景出发，以生态优先为主导，系统研究国有林区社会转型与经济转型问题，分析国有林区社会转型与经济转型的互动性、生态建设与经济转型的耦合性、社会经济转型的具体路径、模式等问题，这些问题的研究将丰富目前理论界对国有林区社会经济发展方面的研究内容。

（2）引入社会资本理论分析国有林区社会转型问题，为国有林区社会转型发展问题的分析提供了一个新视角，有利于挖掘国有林区社会转型的深层次矛盾和问题，有利于更好地设计国有林区社会转型的路径或方向。

（3）在社会转型内容的研究中，重点研究了国有林区职工家庭的脆弱性问题，丰富了对国有林区系统中最微观的个体——林业职工生存与发展相关问题的研究内容。国有林区的发展，应该是森林自然资本与社会资本间形成的特别契约，然而现实中，国有林区自然资源的相对丰裕与职工家庭的贫困或脆弱性构成了林区发展中的一个重要矛盾，制约着林区的改革与发展（王玉芳和李朝霞，2014）。作为一种全新的生态环境与资源管理框架，生态功能区建设必将影响国有林区的生存与发展，在国有林区社会经济转型发展的进程中，林业职工家庭是否有能力适应或应对这些变革，并能很好地利用这些历史机遇，增强自身的可持续生计能力呢？对职工家庭脆弱性问题的研究能回答这些问题。同时，从现有的相关研究文献来看，对国有林区相关问题的研究中，目前还没有发现对林区职工家庭脆弱性问题的研究成果，只有为数不多的几篇文献，研究国有林区的贫困问题。因此，对该问题的研究具有一定的理论价值。

2. 现实意义

（1）有利于促进国有林区社会经济的持续健康发展。本书根据多次实地调查，深入分析生态功能区建设中国有林区社会经济转型发展的现状，明确社会经济转型的总体目标及转型的战略重点，设计社会经济转型的具体路径。这些问题的研究将为国有林区社会经济转型发展提供参考和借鉴，并能促进国有林区社会经济的持续健康发展。

（2）有利于促进国有林区生态文明建设与林区社会和谐发展。本书将生态文明建设的思想融入对国有林区社会转型问题的研究中，以生态文明建设的思想，指导国有林区社会文化和社会组织转型的研究，有利于促进国有林区人（林业职工）与自然（森林资源）的协调、社会转型发展与经济转型发展的协调、制度性约束（社会管理）与非制度性约束（文化形态）的协调等，并最终有利于促进国有林区生态文明建设与林区社会和谐发展。

（3）为国有林区的改革与发展提供参考和借鉴。2015 年 3 月，中共中央、国务院发布的《国有林区改革指导意见》，掀开了国有林区改革与发展的新篇章。本书研究国有林区社会转型、经济转型与管理体制转型等相关问题，设计转型的具体模式及转型路径，提出提升转型能力的策略等，将为国有林区新一轮的改革与发展提供一定参考和借鉴。

1.3 国内外相关研究现状及述评

1.3.1 国外关于社会经济转型的相关研究

1. 关于社会转型的相关研究

目前，国外学者关于社会转型的研究重点是将已有理论基础与现实的社会发展问题相结合，越来越多的学者关注社会转型成功经验的借鉴、转型问题的解决、转型路径的探索以及社会转型中的生态文明问题等方面，社会转型理论的研究视角也逐渐转向欠发达国家的现代化进程。

Harrision（1988）较早使用“社会转型”一词，他在其著作 *The Sociology of Modernization and Development* 中多次使用“社会转型”这一内涵，分析社会发展问题。在对社会发展问题的相关研究中，社会转型理论作为基础性、指导性的理论，其使用频率很高。大多数学者认为社会转型理论来源于西方社会学领域中的现代化理论，是西方社会学家们用来描述和解释社会变迁的现代化、经典的思想理论。西方社会转型理论的发展大致经历了三个历史时期，即经典理论时期、实证研究时期和理论转型时期。近年来，对于欠发达国家的现代化进程及其在此过程中社会经济的转型发展问题的研究，成为学术理论界研究社会转型问题的新视角。在对欠发达国家的社会经济现代化及其社会转型的研究中，社会转型的新理论提出了一系列与传统理论不同的新观点，认为欠发达国家现代化的动力结合了“自下而上”的反馈与“自上而下”的动员。在欠发达国家现代化的过程中，外生因素起着重要的作用，这些外生因素包括国际市场的开放、外部经济支持、世界地缘政治形势、国外现代化思潮的传入等。学者 Tubilewicz（2013）在其出版的著作 *China and Globalization: The Social, Economic and Political Transformation of Chinese Society* 中，对中国社会的政治、经济和社会转型问题进行了分析，认为中国的现代化进程具有一个统一的预定程序，在借鉴先行者的经验基础上，中国的发展出现赶超现象是具有可能性的。

国外学者对于社会转型路径及转型目标持有不同的观点。一些学者将社会转型的目标定位在纯社会层面，对社会能力建设、社会群体权利、关系社会建设、社会文化发展的挑战等进行广泛研究（Maton，2000），从而在多学科、多层次的基础上提出了社会转型的基本框架。一些学者还将经济的转型发展纳入社会转型问题的研究中，着眼于政治、经济、文化等多维度对社会转型问题进行研究（David and Kristian，2011）。随着社会经济的高速发展，工业化和现代化进程的加速，国外学者越来越关注社会发展中的二元结构问题，尤其是在发展中国家的社会经济转型进程中，贫富差距扩大的现象和问题越来越成为学者们关注的焦点。基于社会个体在社会群体中暴露出来的严重不平等性，有学者研究印度的贫富差距和社会转型问题，分析二者之间的动态关系，为印度提出扶贫开发计划、开展贫困线以下人口普查及援助等工作的实施提供了有针对性的建议（Haan，2011）。

随着可持续发展的不断深化和林业现代化的发展，生态文明建设的思想已经成为全球各国的普遍共识。生态文明建设作为社会建设尤其是社会文化建设的重要组成部分，越来越得到国外学者在社会转型问题研究中的关注。比较有代表性的观点是认为生态保护是社会可持续发展的基本框架，在社会转型问题的研究中，应关注人类与自然世界的关系（Smith，2010）。也有学者在生态文明建设的思想下，不断探索社会的生态化转型路径和模式，以此作为改变世界所面临的生存环境问题的有效途径（Iii et al.，2011）。

2. 关于经济转型的相关研究

早期对经济转型的相关研究主要是在宏观层面上研究整个国家或地区经济体制的改革、经济结构的调整等，特别是 20 世纪 90 年代以来，随着中国、俄罗斯以及中东欧等的原计划经济国家向市场经济的转型，转型国家制度变迁、转型路径、经济转型成效等问题成为学术界研究的重点。随着“荷兰病”“资源诅咒”现象在一些资源丰裕地区的相继出现，资源型地区的经济转型问题成为学术界研究的重点。国有林区的经济转型是典型的资源型地区的经济转型，但是国有森林资源及国有林区管理体制的特殊性，使得国有林区的经济转型与一般资源型地区的经济转型又不完全相同，但是一般资源型地区经济转型的相关研究成果对国有林区经济转型的研究具有一定的参考和借鉴。

国外对于资源型地区的经济转型，一般称为衰退地区经济振兴。伴随世界资源型城市发展的演进，国外学者对资源型城市经济转型问题的研究也经历了由浅入深的阶段。

20 世纪 30 年代至 70 年代中期，学者们对资源型城市转型的理论展开研究，从不同角度探讨资源型城市的形成与发展问题。Robinson（1981）对加拿大资源型城市转型发展问题进行了全面系统评价。Lucas 和 Tepperman（1971）认为，资源型城市的转型发展是一个动态的、具有阶段性特征的长期演进过程。

20 世纪 70 年代中期至 80 年代中期，对资源型城市转型的研究转向规范研究。加拿大地理学家 Bradbury（1981）对 Lucas 的单一资源型城市生命周期理论进行了发展和完善，提出了资源型城市发展的下降阶段和关闭阶段论，规范性地分析了资源型城市从兴起到衰落的演进过程，以及资源型城市转型发展过程中所表现出来的社会经济特点。

20 世纪 80 年代中期以后，对资源型城市转型的研究转向实证研究。学者们对资源型城市的生命周期、产业结构、社会结构、劳动力资源配置等问题的研究逐渐趋于成熟，研究的视角多样化，研究的领域也逐渐拓宽。Bradbury（1988）采用实证研究方法，对加拿大和澳大利亚两国资源型城市的转型发展进行了比较研究。学者 Barnes 等（1990）从劳动力市场发展的视角，对加拿大的资源型城市转型发展问题进行研究，发现加拿大的资源型城市的转型发展经历了两个阶段：第一阶段是资源型城市中心工作区和边缘工作区之间的劳动力流动关系变化的阶段，第二阶段是与灵活的工业化生产相适应的阶段。美国经济学家 A.O.Hirschman 研究了资源型城市发展中的产业关联度问题，认为在资源型城市进行经济转型，应将产业关联度高的产业作为积极转型发展中的主导产业。Kander 和 Stern（2014）研究了由传统向现代能源载体的更替以及这些资源使用的创新差别化率对瑞典经济增长及转型的影响。

1.3.2 国内关于社会经济转型的相关研究

1. 关于社会转型的相关研究

1978 年中国改革开放后，中国社会转型进入一个新的历史阶段，在经济体制改革的带动下，中国社会转型重点是社会结构的转型，即一个社会中社会地位及其相互关系的制度化和模式化的体系从传统型向现代型的转变（郑杭生，2009）。中国社会学术界对中国社会转型问题的研究主要集中在社会转型的内涵、理论范式、社会转型内容等方面。

关于社会转型内涵的研究，国内学者有三种代表性观点：第一种是陆学艺和景天魁（1994）对社会转型的解释，认为社会转型是中国社会从传统社会向现代社会、从封闭性社会向开放性社会、从农业社会向工业社会的变迁和发展，这一类型的界定都是从宏观社会制度变迁的角度来阐述社会转型的内涵；第二种具有代表性的观点认为社会转型是一种特殊的结构性变动，强调社会转型的主体是社会结构，认为社会转型是社会结构层面（机制转轨、利益调整和观念转变等）的转换，真正决定一个国家是否实现现代化的因素是社会结构的转型，在这一内涵界定基础上进行研究的学者有李培林（2005）、孙立平（2005）等；第三种内涵的界定是把社会转型提升到哲学层面来思考，认为社会转型是代表着历史发展趋势的实践主体自觉推进社会变革的历史创造性活动。

从目前学术界的研究成果来看，对当代中国社会转型理论范式的研究，大致可以概括为社会转型研究、社会分层与社会流动研究、社会组织研究、社会差距研究四个方面（万国崔，2011；杨柳，2012；李旸，2012）。对于社会转型范式的认识，可以归纳为两类：一是现代化观，认为社会转型就是社会从传统型向现代型的转变，有的甚至将中国的社会转型仅视为中国社会的现代化，这种直接借用现代化研究范式的社会转型理论研究一直为国内主流；另一类是社会发展观，认为社会转型是一种特定的社会发展过程，虽然未摆脱现代化范式的影子，但具有一个重要特点，即认为社会转型是一种整体性、全面性的发展，特别是中国的社会转型与经济转型是同步交叉发展的（胡鞍钢和马伟，2012）。总体来讲，国内社会转型理论还未形成一个成熟公认的范式（徐家林，2011）。社会转型问题研究的基本理论和基本原理并不多，存在观点不一、论述重复的问题。

我国学者在转型期社会建设内容的研究上，主要有三种代表性的观点。第一种观点认为社会转型是区域内“小社会”的建设过程，社会转型的内容主要是社会事业的建设，认为社会事业改革与发展是当前急需深入研究的课题（王光荣，2013）。第二种观点是从“社会运行”的角度来理解社会建设，对社会转型的研究着眼于促进“社会的良性运行和协调发展”的研究。持这一观点的学者在具体研究内容上也有不同看法，一些学者认为社会建设主要是对社会资源和社会机会的公平配置（黄婉真，2011），一些学者认为社会运行首先要研究的问题是处理社会问题、化解社会矛盾和社会风险（张云飞，2010），另一些学者则认为社会运行问题是正确处理政府、市场、社会的相互关系的研究（郁建兴和高翔，2010）。第三种观点认为社会建设有其特定的体系和内容，将社会转型期建设内容概括为社会价值整合、社会制度建设、社会组织建设和社会事业发展等（王玉江和徐芳，2011）。

2. 关于经济转型的相关研究

20 世纪 90 年代以来，中国、俄罗斯以及中东欧等的原计划经济国家向市场经济的转型实践受到理论界的普遍关注，学者们对这些国家的经济转型问题展开了广泛的研究，经济转型的内涵、转型的原因、转型的动力、转型的模式（方式）、转型的绩效以及这些国家经济转型的比较研究等问题，成为这一时期学术界对经济转型问题研究的重点。国内绝大多数学者一般都把“转型”理解为从计划经济体制向市场经济体质的转变的过程，认为中国的经济转型是中国整体的经济发展和制度跃迁的总称和概括。国有林区的经济转型虽然也有由计划经济体制向市场经济体制转型的内容，但是更主要的是因森林资源的危机（资源匮乏）而导致的资源型经济的转型，因此，国内学者对资源型地区经济转型问题的相关研究成果对国有林区经济转型问题的研究具有一定的参考和借鉴。

自 2007 年 12 月 18 日国务院出台《国务院关于促进资源型城市可持续发展的若干意见》，以及 2008 年 3 月 17 日国家发展和改革委员会确定了国家首批资源枯竭型城市转型试点之后，国内资源型地区（城市）经济转型问题的研究进入新的、深化及大规模研究的阶段。国内学者对资源型地区经济转型问题的研究大体上分为两类：一类是对不可再生资源型地区经济转型的研究，另一类是对可再生资源型地区（主要是林业资源型地区）经济转型的研究，如大兴安岭地区以及黑龙江省的伊春市均属于可再生资源型地区（主要是林业资源型地区），并被列为首批资源枯竭型城市转型试点。

作为经济发展中比较典型的资源型地区（城市），其发展问题很早就受到学者们的关注。早在 1978 年，学者们就开始关注不可再生资源型城市（主要是煤炭城市）的生命周期以及产业结构调整、转型的基本规律等问题。比如中国科学院沈镭和程静（1998）开展了矿业城市优势转换战略及可持续发展等问题的研究。2000 年至今，对资源型城市经济转型和发展的研究得到进一步深化和扩展，主要针对资源型城市产业转型模式选择、主导产业选择、转型支撑平台建设、产业转型成效以及可持续发展等各方面进行了广泛深入研究。如研究资源型城市的概念及分类，王青云（2003）在研究总结已有成果的基础上，从发生学和功能学两个方面来界定资源型城市；研究资源型城市转型的现状及障碍问题，张米尔和武春友

（2001）指出，我国资源型城市转型的障碍包括区位、产业、环境、产权、体制、财力和人才障碍等；研究资源型城市产业结构调整与优化问题，张复明（2002）研究了资源型城市产业结构的代谢机制、产业改造模式、产业延伸、救助模式、产业联盟模式、产业替代模式等；研究资源型城市可持续及其创新等问题，朱明峰等（2005）认为建立生态城市是资源型城市的发展目标，是实现资源型城市可持续发展的重要途径和有效模式。对林业资源型地区（城市）经济转型的研究也是基本上集中在经济转型或产业转型的模式、转型的路径上，如李前龙（2006）认为伊春市主要的转型路径应该是以实施"生态立市"战略为突破口，以非林替代产业为支撑，推动林区经济向多元化、复合型经济转变。吴士兵和印有瑜（2009）分析了林业资源型城市的发展历程、特点和面临的问题，通过数学分析法，从调控手段和转型路径等方面论证了林业资源型城市经济转型的模式。

总之，国内对资源型城市转型问题的现有研究成果主要集中在资源型城市的概念、分类和资源型城市（地区）经济转型的思路、对策、模式或路径以及资源型城市（地区）可持续发展战略和对单一资源型城市的个案研究上，并且大多数的研究成果主要集中在资源型城市和产业等宏观层面上，很少涉及资源型城市发展中的微观层面的问题，比如职工的生存与发展问题等。

1.3.3 国内外关于国有林区社会经济发展问题的相关研究

1. 国外的相关研究

国外一些国家国有林区转型的研究与实践对本研究具有一定借鉴意义。国外国有林区改革主要集中在国有林管理体制改革及国有林区功能转变上。对国有林管理体制改革的核心落在产权制度变革上。White 和 Martin（2002）对占世界森林总面积 93%的主要林业国家森林所有权的描述表明，森林管理和保护是与权属安全和获取森林经济潜力的收益权紧密相连的，政府应该逐步将经营公有林的责任和权力下发给当地社区。联合国粮食及农业组织在 *Global Forest Resources Assessment* 2003（《全球森林资源评估报告 2003》）中也阐释了森林公共管理权力下放问题。Ferguson 等（2004）对亚太地区 21 个国家的研究表明，分权不是一种万能药，也并不总是有效或公平，它可能是一种促进民主治理的方式，有助于减缓贫困和促进森林可持续经营。Lambini 和 Nguyen（2013）认为有效的产权制度是分配森林资源的重要标尺，并以产权框架为基础运用新制度经济学理论对森林产权进行了阐述，认为明确的森林产权制度在森林的生计和社区森林管理方面发挥着重要作用。

20 世纪 70 年代，日本国有林经营管理体制开始改革，其内容为国有林向发挥公益功能为主的经营管理转型，大力优化组织机构，精减人员等。20 世纪 90 年代初，俄罗斯与斯洛伐克实施了国有林管理政企分离改革。21 世纪，德国针对国有林管理中“政企分开”与“政企合一”相结合的混乱的管理与经营体制进行了改革，目标是节约开支，实行“政企分开”的管理模式。上述国家国有林管理改革的实践对重点国有林区转型具有很好的借鉴意义。此外，出于对资源与环境保护的需求，美国、加拿大等国家的国有林区由原来追求经济效益的主导功能转型为追求生态效益的主导功能，有的变成“国家公园”（national park），这些转型经验对我国重点国有林区转型也具有一定的借鉴意义。

2. 国内的相关研究

我国重点国有林区开发建设较早，为满足国家社会经济建设与发展的需求，长期以来以木材生产为主的经济效益获取的主导功能定位造成了重点国有林区在 20 世纪 80 年代中后期开始陷入可采森林资源危机、企业经济危困的“两危”境地，重点国有林区也由此进入摆脱危机、寻求改革发展的阶段。理论界对国有林区的研究也由注重森林经营管理与木材生产等转向对国有林区改革与转型发展问题的研究上。特别是 2000 年以来，国有林区“森林资源危机，企业经济危困”的现状，以及天保工程的实施，使国有林区改革问题成为林业经济领域研究的热点，研究成果呈现快速增加的态势。

2000 年以前，对国有林区改革与发展问题的研究焦点集中在林区“两危”背景下国有林区管理体制、经济体制改革、国有森工企业改革及国有森林资源管理体制改革等方面。冯宝兴（1987）认为，林业管理体制的失误，使国有林区陷入资源危机、经济危困状态，并导致林区生态危机；必须改变林区计划管理体制，使企业成为真正具有自我发展能力的企业。黄和亮等（1992）认为，东北国有林区改革应着眼于调整林区经济结构与产业结构，走多元化发展道路。陈国明（1992）根据国有林区特点、“两危”的成因，从所有制、林业集团公司组建、政企分开、计划体制改革、价格改革、税费改革、社会保障制度等 10 个方面提出了国有森工企业改革的思路。李周（1999）认为在国有林区实施天保工程，应该把国家保护天然林生态资源与国有林经营体制彻底改革目标相协调，建议实行林务官制度，将国有林管理权与经营权分离开。

2000～2010 年天保工程的实施，使国有林区进入转型发展的新时期。这一阶段，对国有林区改革与发展问题的研究主要集中在国有林区天保工程、国有林区可持续发展、国有林区管理体制改革、国有林区社会经济转型重构、国有林产权制度改革、国有林区职工生存与贫困等问题上。王永清（2003）等对国有林区可持续发展问题进行研究，提出可持续发展能力建设的思路。蒋敏元和王兆君（2003）、万志芳（2004）等在林业新定位下提出了国有林区经济重构的思路。徐晋涛等（2006）认为自 1998 年以来，国有林区各项改革取得了很大进展，但各项改革成果更需要安全的产权制度作保障。王青云（2003）认为，国有林区和企业经济转型的能力与动力缺乏，长期计划经济体制导致的民营经济的落后，以及不利的投资环境，成为经济转型面临的主要困难。温铁军等（2007）认为，自 20 世纪以来的“三危”（即可采林木资源危机、林业企业经济危困、职工生活危难）问题始终是国有林区改革发展的难点。朱永杰（2010）认为管理体制改革是国有林区发展的基础。曹玉昆和国洪飞（2009）、朱洪革（2009）、李尔彬和许兆君（2010）等对国有林产权制度改革问题进行了研究。

2011 年至今，二期天保工程的实施、大小兴安岭重点森林生态功能区的建立及《大小兴安岭林区生态保护与经济转型规划（2010—2020 年）》获得国务院批准正式实施，使重点国有林区进入转型发展深化阶段。2015 年重点国有林区全面停止天然林商业性采伐政策，以及中共中央、国务院关于《国有林区改革指导意见》的出台，将国有林区转型发展问题的研究与实践推向新高度，重点国有林区社会经济转型发展、管理体制变革、民生改善及森林资源质量提升等问题成为研究的焦点，学者们重点对其中的产业转型模式、转型路径、林区转型影响因素、转型效果及职工生计等问题进行了研究。2012～2017 年，王玉芳对重点国有林区社会转型的思路、产业转型效果、经济转型与经济增长关系、生态建设与经济转型的耦合、国有林区转型发展进程评价、转型期重点国有林区职工家庭脆弱性以及转型对林区内生增长的影响等问题进行了研究。朱洪革等（2015）研究了重点国有林区职工生计问题，王非等（2016）研究了重点国有林区转型的影响因素及经济转型的路径，张琦和万志芳（2016）研究了黑龙江省国有林区产业转型的模式。

1.3.4 国内外相关研究评述

纵观国内外相关研究现状发现，长期以来，国内外学术界关于社会转型、经济转型等方面的研究取得了大量成果，特别是国内外对资源型地区社会经济转型的研究成果为本研究提供了重要的理论支撑和参考。随着可持续发展观念的深化和生态文明建设的发展，国内外学者对资源型地区的生态保护与经济转型发展问题尤为重视。

2015 年 3 月中共中央、国务院发布的《国有林区改革指导意见》中，明确定位国有林区是中国重要的生态安全屏障和森林资源培育的战略基地，是维护国家生态安全最重要的基础设施，在国家社会经济发展及生态文明建设中发挥着不可替代的重要作用，其转型发展也是乡村振兴战略中的重要议题之一。

从国内外相关研究与实践可见，国有林区改革、可持续发展及林区转型等问题一直贯穿于国有林区发展过程中。国外的研究与实践主要集中在国有林管理体制、产权变革及林区功能定位的转型上。国内的相关研究，更多集中在经济（或产业）转型模式、转型路径、转型影响因素、转型效果以及林区贫困等问题上。现有成果中涉及国有林区社会经济发展问题的，多是探讨天保工程对国有林区社会经济发展的影响。还有学者研究国有林区社会组织、社会文化以及社会管理职能重构等问题。现有研究国有林区改革发展问题的成果很少有将生态保护与经济转型、社会转型、管理体制转型综合起来进行系统研究的；现有研究成果中，缺少对国有林区转型深层次障碍问题的剖析及转型路径与发展方向的判断和国有林区转型能力的评价。作为一种全新的生态环境与资源管理框架，大小兴安岭森林生态功能区建设将影响国有林区社会经济的发展模式和状态。国有林区、国有森工企业、国有林区职工如何适应生态功能区建设战略带来的挑战和机遇？如何在生态保护、生态优先的主旨原则下发展自己，增强可持续发展的自生能力？基于上述问题，本书在国有林区特殊的区域范围内，在生态功能区建设的背景下重点研究国有林区的社会转型、经济转型、管理体制转型等问题具有重要的理论意义和实践价值，其研究成果将有利于促进国有林区的改革和国有林区社会经济的可持续发展。

1.4 研究的地域范围

本书研究的地域范围限定在大小兴安岭森林生态功能区中的国有林区的区域范围内。大小兴安岭国有林区地理坐标位于东经 121º10′至 134º05′，北纬 43º30′至 53º33′之间。根据实地调查的数据资料显示，大小兴安岭林区经营总面积 1844.4 万 hm^2，占黑龙江省国土面积的 40.2%；有林地面积 1524.4 万 hm^2，占全国国有林面积的 21.08%；活立木蓄积 13.08 亿 m^3，占全国国有林区的 52.66%；森林覆盖率 82.65%。

大小兴安岭国有林区是我国面积最大、纬度最高、国有林最集中、生态地位最重要的森林生态功能区和木材资源战略储备基地，在维护国家生态安全、应对气候变化、保障国家长远木材供给等方面具有不可替代的作用。大小兴安岭国有林区是嫩江、黑龙江水系及其主要支流的重要源头和水源涵养区，为中下游地区提供了宝贵的工农业生产和生活用水，大大降低了旱涝灾害发生概率。大小兴安岭国有林区具有森林、草原、湿地等多样的生态系统，林区内野生动植物资源丰富，适生着各类野生植物近千种、野生动物300多种，是我国保护生物多样性的重点地区。大小兴安岭国有林区林下适生经济植物种类繁多、药用植物储量丰富，还有大量煤炭、有色金属和贵金属等矿产资源。大小兴安岭国有林区是我国陆地生态系统的重要组成部分，区内的广袤森林是我国东北、华北地区的天然绿色屏障，为东北平原、华北平原营造了适宜的农牧业生产环境，庇护了全国1/10以上的耕地和最大的草原，在维护国家生态安全、粮食安全、国土安全及促进经济社会可持续发展等方面发挥着重要的主体作用。

自2000年在大小兴安岭国有林区实施天保工程以来，大小兴安岭国有林区“资源危机、经济危困”的状况有所缓解。但林区生态保护、经济转型和民生改善的任务仍然十分艰巨，大小兴安岭国有林区已经成为东北地区等老工业基地振兴战略实施过程中的最薄弱的一个区域，也是国家深化改革与发展战略中最具攻坚克难的领域。

2010年国家发展和改革委员会与国家林业局共同发布《大小兴安岭林区生态保护与经济转型规划（2010—2020年）》，以及2015年3月中共中央、国务院发布的《国有林区改革指导意见》等相关政策，都进一步推动大小兴安岭国有林区生态保护与经济转型进程。

1.5 主要研究方法

本书的研究中采用的主要研究方法如下：

（1）田野调查方法。第一，设计国有林区社会经济转型相关问题的调研访谈提纲，选取大小兴安岭国有林区中典型的林业局，对相关层面的管理人员进行访谈，获取国有林区社会经济转型方面的现状资料。第二，设计大小兴安岭国有林区职工家庭层面的调查问卷量表，在国有林区中选取34个林业局的职工家庭样本，进行较大规模的实地问卷调查，获取国有林区职工家庭生存与发展状况的相关资料，对研究国有林区社会转型中微观层面的内容提供基础数据资料。

（2）灰色关联度分析方法。运用灰色关联度分析法构建国有林区生态建设与经济转型的耦合度及耦合协调度的评价模型，并对国有林区生态建设与经济转型的耦合协调关系进行分析和评价。

（3）固定效应回归模型分析方法。从物质资本、社会资本和人力资本三个维度构建量化指标，结合调查问卷的数据，应用固定效应回归模型分析方法，分析国有林区转型发展中林业职工家庭脆弱性的内部影响因素。

（4）规范分析方法。规范分析涉及已有的事物现象，对事物运行状态做出是非曲直的主观价值判断，力求回答“事物的本质应该是什么”。本书的研究中采用规范分析方法，界定相关理论内涵，分析国有林区社会经济转型的目标、实质等问题。

1.6 研究的主要内容及技术路线

1.6.1 研究的主要内容

本书研究的主要内容如下：

第一部分，包括第 1～2 章，明确本书研究的视角和研究的理论基点及现实基点，从理论的角度分析生态功能区建设下国有林区及国有森工企业的新定位，设计生态功能区建设下国有林区社会转型和经济转型的战略框架，明确社会经济转型的实质及目标。

第二部分，包括第 3～4 章，研究生态功能区建设下国有林区经济转型问题。明确经济转型发展的现实基础及主要问题和障碍，评价国有林区经济转型能力和生态建设水平，基于评价结果，分析国有林区经济转型与生态建设的耦合协调关系，对经济转型与生态建设的耦合协调状态进行具体分区，对国有林区选择的经济转型模式进行分区配置，对经济转型模式效果进行检验，最后，评价国有林区产业生态化转型的程度。

第三部分，包括第 5～7 章，研究生态功能区建设下国有林区社会转型问题。明确社会转型发展的现实基础及障碍，分析社会转型的主要内容及特点，设计社会转型的具体路径。重点研究了国有林区社会微观主体——林业职工家庭脆弱性问题，明确林业职工家庭脆弱性的具体表现维度，评价其脆弱性程度及其内部影响因素；研究了国有林区管理体制转型问题，设计管理体制转型变革的总体思路和框架。

第四部分，包括第 8 章，研究生态功能区建设下国有林区社会经济转型发展进程及利益主体的博弈问题。评价社会经济转型的总体进程，以及经济、社会和生态各自领域的转型进程和状态，应用博弈分析方法分析社会经济转型发展进程中中央政府、地方政府及国有森工企业之间的动态博弈关系。

第五部分，包括第 9 章，提出国有林区社会经济转型的过渡策略，设计援助研究。

1.6.2 研究的技术路线

本书的主要分析思路及研究的技术路线如图 1-1 所示。

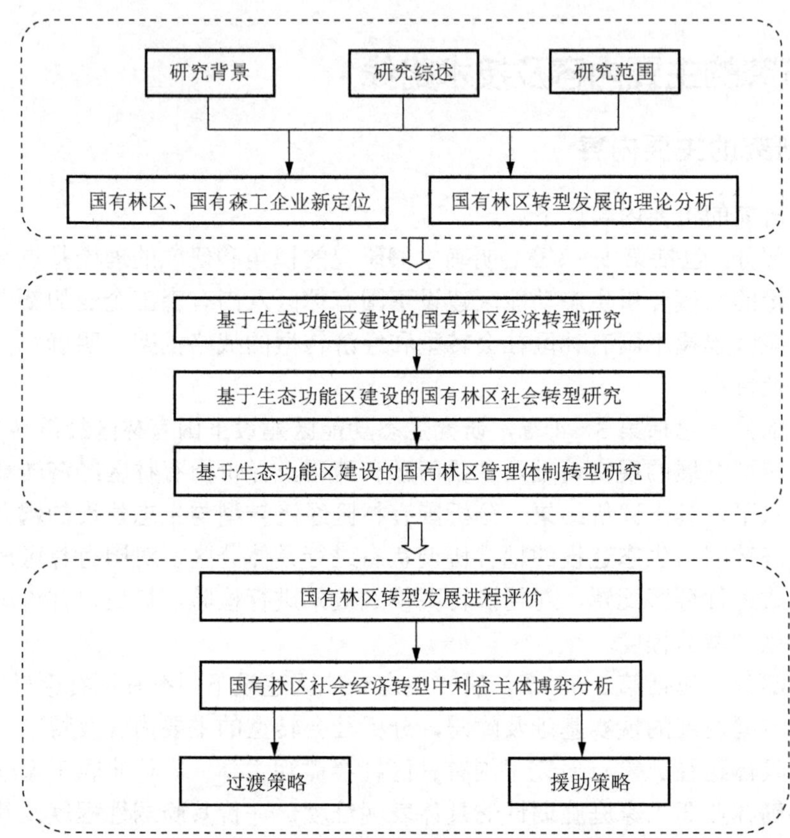

图 1-1 主要分析思路及研究的技术路线图

2 基于生态功能区建设的国有林区社会经济转型理论研究

党的十八大明确提出“推进生态文明建设”“构建科学合理的城市化格局、农业发展格局、生态安全格局”，十八届三中全会进一步提出“建立空间规划体系，划定生产、生活、生态空间开发管制界限，落实用途管制”。党的十九大报告中将建设生态文明作为中华民族永续发展的千年大计，将提供更多“优质生态产品”纳入民生范畴，优化生态安全屏障体系，构建生态廊道和生物多样性保护网络。党的十九大报告中也提出“建立国土空间开发保护制度”“主体功能区制度逐步健全”等。应该说依托森林资源的分布、开发形成的国有林区是我国可持续发展战略的主体，也必然是我国国土生态安全的重要屏障，因此也必将成为我国生态文明建设的核心。大小兴安岭森林生态功能区的建设为国有林区上述职能及作用的充分发挥提供了很好的基础，也促进了国有林区主导功能的转变及其社会经济发展模式等的变革。

2.1 生态功能区及其建设目标与主要内容

2.1.1 生态功能区的内涵

生态功能区划是根据区域生态系统格局、生态环境敏感性与生态系统服务功能空间分异规律，将区域划分成不同生态功能的地区。《全国生态功能区划》是实施区域生态分区管理、构建国家和区域生态安全格局的基础，为全国生态保护与建设规划、维护区域生态安全、促进社会经济可持续发展与生态文明建设提供科学依据。

2008 年由环境保护部和中国科学院共同发布的《全国生态功能区划》以及 2015 年新修编的《全国生态功能区划（修编版）》的政策文件中，明确将大小兴安岭林区和长白山林区划分为水源涵养与生物多样性保护的重要区域，明确了大小兴安岭林区是对国家和区域生态安全具有重要作用的水源涵养生态功能区。

根据《中华人民共和国国民经济和社会发展第十一个五年规划纲要》所确定的全国国土空间统一布局办法，2011 年 6 月，国务院正式发布了《全国主体功能区规划》，在规划中将国土空间划分为以下主体功能区：按开发方式，分为优化开发区域、重点开发区域、限制开发区域和禁止开发区域；按开发内容，分为城市化地区、农产品主产区和重点生态功能区；按层级，分为国家和省级两个层面。规划中确定了主体功能定位，明确开发方向，控制开发强度，规范开发秩序，完善开发政策，逐步形成人口、经济、资源、环境相协调的空间开发格局。国家层面的限制开发区域包括农产品主产区和重点生态功能区。国家层面限制开发的重点生态功能区是指生态系统十分重要，关系全国或较大范围区域的生态安全，目前生态系统有所退化，需要在国土空间开发中限制进行大规模高强度工业化、城镇化开发，以保持并提高生态产品供给能力的区域，其主导功能定位为保障国家生态安全的重要区域，人与自然和谐相处的示范区。

大小兴安岭国有林区因其森林资源和生态地位的特殊性，在《全国主体功能区规划》中被列入限制开发区域中的国家层面的重点生态功能区，被明确为水源涵养生态功能区，它是《全国主体功能区规划》在区域层面上的落实和体现。

2.1.2 生态功能区建设目标与主要内容

2010 年国家发展和改革委员会以“大幅提升林区森林生态功能，建立生态主导型经济体系，提高居民收入和公共服务水平”为目标，编制了《大小兴安岭林区生态保护与经济转型规划（2010—2020 年）》，并于 2011 年在大小兴安岭国有林区范围内正式启动实施生态功能区建设战略。该规划明确了大小兴安岭生态功能区建设及经济转型发展的基本原则为：“生态主导，保护优先；合理布局，集聚发展；以人为本，改善民生；改革先行，增强活力。”

大小兴安岭生态功能区的建设是一项长期的任务，《大小兴安岭林区生态保护与经济转型规划（2010—2020 年）》中明确了大小兴安岭生态功能区建设的总体目标和各项具体目标。总体目标为：到 2020 年，大小兴安岭林区森林生态功能大幅提升，生态主导型经济体系基本建立，居民收入和公共服务水平显著提高，大小兴安岭林区成为生态环境优良、产业特色鲜明、社会文明和谐、人民生活富裕的社会主义新林区。具体目标分别为：①生态保护上：森林面积比 2009 年增加 170 万 hm^2，森林覆盖率提高 4 个百分点，林木蓄积量增加 4 亿 m^3，占全国新增林木蓄积量的 30%以上。②经济发展上：经济发展方式明显转变，非传统木材生产增加值占地区生产总值比重上升到 80%，人均地区生产总值达到 30 000 元以上。

③社会发展上，城镇居民人均可支配收入和农村居民人均纯收入分别达到 25 000 元和 10 000 元以上，城镇登记失业率控制在 4%以内，林业职工社会保障覆盖率达到 100%，集中供暖比例达到 85%以上，饮用水达标率 100%。

《大小兴安岭林区生态保护与经济转型规划（2010—2020 年）》中具体规定了大小兴安岭林区生态保护与经济转型建设的主要内容：加强林区生态保护与建设、优化林区局场和城镇布局、加快林区产业转型升级、改善林区基础设施、加快林区社会事业发展、推进林区管理体制改革和对外开放等。

作为国家层面的重点生态功能区，在大小兴安岭林区社会经济转型发展的过程中，必须要将生态保护与修护放在首位，因此，在《全国主体功能区规划》中，明确了大小兴安岭林区的发展方向：推进天然林草保护、退耕还林和围栏封育，治理水土流失，维护或重建湿地、森林、草原等生态系统；严格保护具有水源涵养功能的自然植被，禁止过度放牧、无序采矿、毁林开荒、开垦草原等行为；加强大江大河源头及上游地区的小流域治理和植树造林，减少面源污染；拓宽农民增收渠道，解决农民长远生计，巩固退耕还林、退牧还草成果。

2.2 生态功能区建设下国有林区及国有森工企业的新定位

2.2.1 国有林区的新定位

国有林区是在特定历史时期、特定地域范围内和特殊战略政策指导下，伴随森林资源的开发而逐步发展、扩大起来，并以一定的生产关系和社会关系组织起来而形成的特殊资源型区域。森林资源是国有林区生产、生活及其他活动的主体性资源和赖以运行的基础，这决定了以其为基础或受其影响而形成的国有林区具有明显的特殊性。我国的国有林区主要分布在大江大河源头和生态环境建设的重点地区，是我国最大的森林后备资源培育基地和木材、林副产品供应基地、生物多样性保护栖息地，是国家生态环境建设的重点地区（王玉芳，2007）。其中，东北内蒙古国有林区是全国重点国有林区所在地，其森林资源分布最集中，是我国重要的森林生态产品及林业经济（林下经济）产品的供给基地。

在国有林区长期的发展历程中，有相当长的一段时间是定位为国家重要的木材生产基地，从而使国有林区形成了单一的木材产业为主导的经济发展格局，经济功能是其最主导的功能。仅大小兴安岭国有林区开发建设 60 多年来，累计生产木材就达到了 10.5 亿 m^3，上缴利税 290 亿元，为国家经济建设做出了巨大贡献。然而，长期的高强度开发和不合理的森林采伐，导致国有林区生态功能退化、可采林木资源锐减，进而造成国有林区企业经济衰退，林区民生困难、经济社会发展滞缓等矛盾和问题逐渐凸显。

由于大小兴安岭国有林区地处寒温带，立地条件差，林地生产力低，因此营造商品林生产周期长，如大兴安岭林区主要树种落叶松的自然成材期平均需要110年；吉林林区主要树种柞木、水曲柳成材期平均需要70～80年，因此，与南方速生丰产林基地相比，国有林区的木材生产不具有比较优势。但是，国有林区大量天然原始林的分布以及寒温带所特有的树种和植被，使得这一地区特有的生态功能（生态效益）非常突出。早在2005年，大兴安岭林区就率先在我国国有林区启动森林资源价值核算。来自国家11个部委局及中科院、社科院、林科院、北京大学、清华大学等15所科研院校，以及包括中国工程院院士在内的30多位专家学者于2005年7月30日在大兴安岭加格达奇，对“黑龙江省大兴安岭森林资源价值评价及纳入绿色GDP核算研究”进行了专题研讨，经初步测算，大兴安岭林区的森林生态效益每年约为780亿元，其中森林固碳供氧、保育土壤和涵养水源所占比例较大，分别占全部森林生态效益的33.7%、25.9%和24.8%。天保工程以及全面停止天然林商业性采伐政策的实施，使得大兴安岭林区森林面积和森林蓄积逐渐增加。根据实地调查的资料显示，截至2014年，活立木总蓄积较2013年度增加740.5万m^3，达到5.604亿m^3；有林地面积增加了4.16万hm^2，达到683.66万hm^2；森林覆盖率增加了0.49个百分点，达到了81.86%。大兴安岭林区森林生态效益也日益增加。因此，整体上看，大小兴安岭林区的森林生态效益价值要远远大于其产生的经济效益价值。

2011年6月，国务院正式发布的《全国主体功能区规划》中，将大小兴安岭林区明确确定为国家层面的重点生态功能区，明确其生态保护的重要性及其具体的方向，并将生态保护作为大小兴安岭国有林区建设与发展的最首要任务。同时，2015年中共中央、国务院出台的《国有林区改革指导意见》中也进一步明确了国有林区的生态地位和作用。因此，在生态功能区建设目标和建设思想与内容的指导下，国有林区的首要功能在于保护和培育森林资源、修复森林生态系统，维护国家国土生态安全。国有林区的功能定位也将发生彻底转变，由长期以来的重要木材生产基地转变为国家的重点生态特区，其生态功能将上升为主导功能，国有林区要发挥提供生态服务、维护生态安全的基本职能，要成为国家重要的生态产品供给基地、国家森林资源战略储备基地及森林经济产品供给基地。这一新定位必然会影响国有林区社会经济发展的方向及发展模式。

2.2.2 国有森工企业的新定位

国有森工企业是国有林区微观主体的主要形态，是位于国有林区，从事森林资源培育、开发、加工利用及经营等活动的企业。我国共有 135 个国有森工企业，主要集中在东北、内蒙古国有林区，西南国有林区和西北国有林区，其中东北、内蒙古重点国有林区又是国有森工企业分布最多的区域，共有 87 个国有森工企业（即国有森工林业局）。它们是由国家投资建设，最初主要从事木材采运生产，后来逐渐发展为集营林、采运、林产品加工、多资源开发利用于一体的综合性的国有林业企业。

国有森工企业是一类特殊的国有企业，它是一种资源型企业，具有一般资源型企业的共性，即与自然资源的联系最直接、最密切，进入与退出资源型行业的壁垒高，资源型产品具有可延伸性等。由于森林资源的特殊性，国有森工企业与石油、煤炭等不可再生资源型企业相比，又具有独特性，主要体现为国有森工企业具有经济、生态、社会的三重属性（王玉芳和吴方卫，2009）。所谓经济属性是指该类企业本质上是一个追求利润最大化的理性经济体。在追求经济效益最大化的过程中，为社会提供所需的经济产品，满足国家经济发展的需求。所谓生态属性，是缘于森林资源保护生态环境，维护国土生态安全的特殊使命。森林资源长久维持保障国土生态安全的最低安全条件是总的森林资源存量维持或超出现有的水平。而维持森林资源存量的安全，又基本取决于森工企业的经营模式、发展战略等，从而使其具有了特殊的生态属性。所谓社会属性，由于国有森工企业是位于国有林区地域范围内，国有林区地域的偏远性和地域的分散性，使企业在开发建设初期，必须要解决好职工生活问题及社区发展问题，企业在发展过程中必须要承担大量的社会职能，从而使这类企业具有较鲜明的社会属性。由于当时特殊的建设与发展环境，客观上使得国有森工企业的社会职能和政府职能显得尤为重要，经过几十年的建设，基本上都已形成了以每个国有森工企业为核心的相对封闭的林区社会，国有森工企业也由此成了既从事林业生产，又行使政府职能、承办大量社会事务，同时还具有行政执法职能的比较特殊的“企业”形态（万志芳，2004）。

由于国有森工企业最初是由国家投资建设，并定位为主要从事木材采运生产的国有企业，由此便形成了以木材生产为中心的企业制度安排模式。

自改革开放以来，伴随经济体制改革的宏观环境，国有森工企业也不断进行改革。1978 年至 1996 年期间，先后进行了“扩权让利，向商品生产者和经营者转变”“承包经营，所有权与经营权相分离”“建立现代企业制度”等主要的改革模式，并分别组建成立了“大兴安岭林业集团公司”（1992 年）、“中国吉林森工企业集团”（1994 年）、“内蒙古森林工业（集团）有限责任公司”（1995 年）、“中国龙江森林工业（集团）总公司”（1996 年）四个国有大型的林业企业集团。从改革的效果来看，这些改革措施的实施一定程度上促进了国有森工企业的改革与发展，但效果并不明显，因为许多改革方案只停留在形式上，并未得以有效落实（万志芳，2004）。

2000年天保工程实施以来，林业及国有林区在生态建设中的主体地位越来越突出。2003年《中共中央国务院关于加快林业发展的决定》中明确指出"确立以生态建设为主的林业可持续发展道路，建立以森林植被为主体、林草结合的国土生态安全体系""深化重点国有林区和国有林场、苗圃管理体制改革。建立权责利相统一，管资产和管人、管事相结合的森林资源管理体制。按照政企分开的原则，把森林资源管理职能从森工企业中剥离出来，由国有林管理机构代表国家行使，并履行出资人职责，享有所有者权益；把目前由企业承担的社会管理职能逐步分离出来，转由政府承担，使企业真正成为独立的经营主体，参与市场竞争。国有森工企业要按照专业化协作的原则，进行企业重组，妥善分流安置企业富余职工"。

在此政策的引导下，2005～2006年吉林森工集团进行了全方位、深层次、实质性的改革，实现了社会职能全部移交，辅业全部转制民营，职工全部转换劳动关系，加工业国有资本全部退出的目标，并由国有独资公司改造为国有控股、产权多元的有限责任公司，真正成为市场主体。2008～2009年内蒙古森工集团借鉴吉林森工集团改制的经验，进行了社会职能剥离、主辅分离等内容的改制。虽然吉林森工集团和内蒙古森工集团的改制取得了较为明显的成效，但是仍然没能带动国有林区其他国有森工企业进行改制，也没有促进国有森工企业成功实现管理体制的彻底改革。国有森工企业长期以来的改革成效的不明显性，使得森工企业的管理制度改革（转型）成为我国国有林区制度变革的关键与核心部分。

大小兴安岭生态功能区建设下国有林区的新定位及其新的主导功能，对国有森工企业的发展目标、发展模式等提出了新的要求和挑战。自2015年4月1日起，国家决定在东北、内蒙古重点国有林区实施全面停止天然林商业性采伐，这一政策的实施对国有森工企业职能的转变将产生重大影响。全面停伐政策的实施，使得国有森工企业木材生产的主营业务彻底消失，最初的以木材生产为主的企业制度模式必须进行彻底变革，适应新的社会经济发展环境，明确未来的主要发展方向，国有森工企业才能恢复生机和活力。因此，生态功能区建设目标指导下，大小兴安岭国有林区的森工企业应该主要被定位为国家国有森林资源的保护者和管理者，代表国家行驶国有森林资源的管理及保护职能。为此，企业原有承担的经营职能就要分离出去，组建经营公司（即纯粹的企业），并对这些经营性企业进行生态化的改造，同时企业原有承担的社会管理职能就要被彻底剥离出去，从而实现国有森工企业管理体制的彻底变革。

2.3 生态功能区建设下国有林区社会经济转型的框架

生态功能区建设为国有林区社会经济转型提供了外在环境基础，天保工程建设、全面停止天然林商业性采伐政策等，为国有林区转型发展提供了有效平台。在国家层面上，生态文明建设已经上升到了国家“五位一体”的总体布局中，而林业作为生态文明建设的主体，肩负着生态文明建设的重任。国有林区作为国家林业的重要组成部分，成了国家在深化改革的进程中，改革任务最艰巨和难度最大的区域。对于国有林区未来的发展而言，只有通过改革破除传统计划经济的束缚，破除原有的不合理的体制、机制的束缚，来释放其生机与活力，才能充分发挥其生态的主导功能，进而分享生态文明建设的红利。同时，国有林区社会经济的转型发展不仅是经济、产业的转型，同时也是林业管理体制、机制的改革和社会管理模式或社会结构的转变。因此，国有林区社会经济的转型是一项复杂的系统工程。本书重点研究国有林区经济转型特别是产业转型、国有林区社会转型及国有林区管理体制转型三大块内容。

2.3.1 国有林区经济转型

经济转型是指从一种经济运行状态（模式）转向另一种经济运行状态（模式）的过程，也是一个国家或地区的经济结构优化调整的过程和经济制度安排从传统向现代的变迁过程。经济转型的具体内容包括重构原有的经济体制结构，变革原有的经济增长方式、路径，调整并促进经济结构的优化升级，替换原有衰退的支柱产业等。任何一个国家或地区在由传统社会向现代化社会演进的过程中，都会经历经济转型的阶段。国有林区是典型的资源型区域，国有林区的经济是典型的资源依赖型的经济发展模式。生态功能区建设中，国有林区生态优先、生态主导地位的增强，强化了对森林资源的保护，再加上国有林区本身就长期存在的森林资源危机，以及正在实施的全面停伐政策等，都促使国有林区资源型经济体制、经济发展模式等必须要发生转变。

大小兴安岭生态功能区建设下，国有林区的经济转型主要是指在传统林业向现代林业转变的进程中，以经济发展方式转变为主，同时包含产业结构、产业发展模式等在内的转型。而且，就现阶段国有林区的特殊性及发展现状来看，国有林区经济转型的重点和核心应该是国有林区林业产业的转型，要重点关注林业产业转型发展的模式及转型的路径方向。同时，国有林区经济转型过程中还要注重经济转型能力的提升。对于典型的资源型区域，国有林区的经济转型能力是指在经济转型过程中，为了适应和响应外界经济环境的变化，在经济转型带来的压力下，重新整合配置经济资源，变革原有的经济规模、产业结构，逃脱资源优势陷阱，摆脱经济发展对资源的过度依赖，从而避免经济（产业）衰退，以实现地区可持续发展的能力。经济转型能力的高低决定了国有林区经济转型的进程及转型的速度，最终将影响国有林区经济转型发展的水平以及国有林区社会和管理体制转型。

2.3.2 国有林区社会转型

社会转型是我国社会学者在研究中国现代社会变迁中提出并引入的一个重要理论概念，被认为是“研究当代中国社会变迁的理论支点”。国有林区的社会转型既受中国整体社会经济制度变迁的影响，同时也受到国有林区经济转型的推动。根据前文对社会转型研究的相关文献回顾，本书的研究中认为国有林区的社会转型是一种整体社会结构的变革过程，是国有林区社会中的文化形态、价值取向、制度规范、社会组织等社会资本形态由低质向高质共同变化的转型。

社会转型是国有林区转型发展内容中的重要组成部分，特别是在生态文明建设的今天，国有林区的社会转型尤显必要。国有林区社会是指聚集在一定国有森林地域范围内，以从事森林生产经营活动为主的社会群体和社会组织，根据一定的规范和制度组合而成的社会实体；是一个包括公检司法、文化教育、医疗卫生、邮政通信、商粮供销等社会管理和社会服务体系以及较齐全基础设施的独立社会系统（王永清，2003）。国有林区是在特定历史时期、特定地域范围内和特殊战略政策指导下，伴随森林资源的开发而逐步发展、扩大起来，并以一定的生产关系和社会关系组织起来而形成的特殊区域。森林资源是国有林区生产、生活及其他活动的主体性资源和赖以运行的基础，这决定了与一般区域内的社会系统相比，国有林区社会具有明显特殊性（王玉芳，2007）。它是典型的资源依赖型的社区，具有特定的存在形态（即依附于国有森工企业而存在）和独特的运行机制（即国有森工企业执行社会管理职能）。具体表现为：①组织管理的整体性。国有林区的各个社会组织和管理机构是一个相对独立的整体，表现在党政工团等政治组织齐备，公检法设置配套齐全。②社会管理职能的隐性化。国有林区社会管理职能长期以来由国有林业企业来承担，使得林区社会管理职能的发挥一直呈隐性，造成社会管理制度乏力、社会组织、社会文化相对落后。③社区服务的综合性。社区服务和生活服务设施构成了国有林区社会发展的基础保障，这种服务的综合性表现在生产服务、生活服务、文化生活服务、学校教育服务等多种服务的综合性，具有城镇化的特征。

国有林区社会系统随着国有林区的发展日益完善，并发挥应有的作用。生态功能区建设下的国有林区转型发展过程中，社会系统的功能将更加凸显，地位和作用也将变得更重要。社会系统的构成主体是人，人的文化观念、思想意识以及由人组成的各组织形态、由人制定并具体实施、执行的各种制度等无形的社会资本，对国有林区社会的转型发展有着重要影响。生态功能区的建设目标对国有林区社会发展提出了具体的要求。因此，生态功能区建设下，需要充分认识国有林区社会发展的现实状态及其特殊性，要对国有林区社会资本进行重新整合与构建。基于此，本书中对社会转型的研究主要从微观和中观两个层面展开分析。微观层面，主要着眼于国有林区社会的微观主体——林业职工及其家庭，重点研究其生存及价值观念与行为的转变；中观层面，主要着眼于国有林区社会组织、社会制度和社会文化，重点研究社会组织及社会文化的生态化的转变及社会管理制度的现代化变革。最终构建起现代的、文明的、先进的国有林区社会系统。

2.3.3 国有林区管理体制转型

国有林区的管理体制一方面表现为国家对国有林区的管理，但更重要的则是伴随国有森工企业的建立而形成的“政企合一”管理制度模式，即国有森工企业既是林区经济组织的企业法人实体，还代表国家行使森林资源监督管理职能，又具有管理所辖林区的社会行政事务管理职能。国有森工企业不仅是国有林区经济发展的主体，同时也是国有林区社会管理的承担者、森林资源的经营者和管理者。在国有林区开发森林资源，建立企业之初，由于其作业地点位于远离城市的山区，没有城镇及其服务体系做支撑，所以国有森工企业不得不建立整套的自我服务体系，形成所谓的“企业办社会”现象。在国有林区发展初期，这种“企业办社会”的现象有其存在的合理性和必要性，因为政府的成本最低，这是传统林区必然选择国有森工企业政企合一管理体制的直接原因。长期以来，国有林区的社会管理职能一直隐含在国有森工企业的管理职能体系中，经常被削弱或被忽视。国有森工企业管理林区社会，加重了企业负担，造成企业素质低下，经营方向混乱，进而阻碍了国有林区经济发展活力、发展水平和能力的提高，也使林区政府管理能力差。国有林区政府和企业职能的错位，造成了国有林区管理体制的扭曲。伴随社会主义市场经济体制的建立以及建立现代企业制度的要求，国有林区现行的管理体制已经越来越不适应国家各项发展战略的要求。

国有林区管理体制实质是维持一种“不具备垄断条件的垄断”造成的。生态功能区建设下，对国有林区及国有森工企业重新定位的要求，决定了国有林区管理体制必须要进行变革。管理体制转型的关键是首先要明晰管理体制转型的阻力因素；然后要以森林资源的保护与恢复为目标，构建森林资源管理新体制；以国有森工企业政企分离的改制为突破口，构建国有林区管理新体制，最终走由政府选择向社会选择、由非均衡发展向均衡发展的转型路径。

2.4 国有林区社会经济转型的实质及目标

2015 年 3 月中共中央、国务院发布的《国有林区改革指导意见》中，明确定位国有林区是中国重要的生态安全屏障和森林资源培育的战略基地，是维护国家生态安全最重要的基础设施，在国家社会经济发展及生态文明建设中发挥着不可替代的重要作用。长期发展中，重点国有林区形成了主要依赖资源与资本投入以及制度（政策）推动的外生发展路径。2000 年前，资源依赖型发展路径占主导，2000 年后，资本依赖型发展路径占主导（天保工程的巨大投资足以说明），同时政策对国有林区发展的影响也更加凸显，如 2000 年天保工程政策、2003 年《中共中央国务院关于加快林业发展的决定》、2010 年大小兴安岭生态功能区建设政策及 2015 年 3 月中共中央、国务院发布的《国有林区改革指导意见》、全面停止天然林商业性采伐政策等，都推动重点国有林区不断转型发展。然而当前在资本投入及政策激励下，国有林区转型发展成效并不显著，速度缓慢，市场化机制尚未发挥实质性作用。造成这一问题的深层原因是在资源、资本投资及政策等长期外力推动下，重点国有林区内生发展动力和能力不足，驱动内生发展的要素表现为人力资本匮乏，制度与技术创新能力不足，转型发展缺乏自发性和持续性。

因此，生态功能区建设下，保护森林、改善民生、促进林区经济社会持续健康发展是国有林区转型发展的最终目标。而且，在促进国有林区持续健康发展的过程中，一定要追求“内生式”发展道路为主、“外生式”发展道路为辅的国有林区新型发展路径，要矫正国有林区发展从资源依赖型转为投资依赖型的被动模式，增强国有林区可持续发展的自生能力。生态功能区建设下，国有林区社会经济转型的实质是国有林区整体社会经济制度的变迁过程。合理的制度安排是走经济发展、生态良好、社会富裕的文明发展道路的重要保障和动力源泉，地区经济的增长、生态的平衡、社会的发展，其内涵的本质是制度的合理性和创造力。

2.4.1 国有林区经济转型的实质及目标

1. 国有林区经济转型的实质

生态功能区建设下，国有林区经济转型的实质是国有林区经济制度的变迁过程，且这种变迁将是一个长期动态有序演化的过程，初期可能会表现为经济制度体系中的部分结构要素的转型、变迁，如经济（产业）发展模式的转变等。最终国有林区经济的转型要在促进国有林区经济增长和发展的基础上，提高国有林区经济发展的素质，增强其内生性的增长（发展）能力。

2. 国有林区经济转型的目标

国有林区经济转型是一个复杂系统工程，是持续动态变化的过程。生态功能区建设的目标和内容，特别是生态功能区建设的经济目标对国有林区经济建设及转型发展提出了特殊的要求，要求国有林区经济必须改变传统的经济发展模式，以保障和满足生态功能区建设的主导型目标和基本原则，从内涵和外延上进行变革。具体而言，国有林区经济转型的目标主要包括以下四个方面：

（1）由粗放型经济增长方式转向内涵型经济增长方式。粗放型经济增长方式主要依靠增加生产要素的投入，即增加投资、扩大厂房、增加劳动投入，来增加经济产量，即主要依靠增加生产要素量的投入来扩大生产规模，实现经济增长。内涵型生产方式主要依靠生产要素的质量和利用效率的改善实现扩大再生产的生产经营方式。国有林区是典型的资源型地区，内涵式的经济增长方式，要求资源型地区经济转型过程中，必须加强资源管理，大幅度提高资源的利用效率和经济效益。生态功能区建设的主导目标以及全面停伐政策的实施，要求国有林区的经济转型发展，短期内既要依托森林资源，又不能像以往那样完全依赖森林资源，应该在努力将资源优势转变为经济发展优势的同时，不断提高国有林区经济发展素质和经济的内生性增长能力。

（2）由木材导向型经济增长方式转向非木材林产品导向型经济增长方式。生态功能区建设主导目标引导下的国有林区经济的转型发展，要依托资源、环境和产业基础，大力发展非木质林产品产业，实现特色产业和替代产业的集聚扩张，使经济增长方式由木材导向型向非木材林产品导向型转变。这也将成为国有林区经济转型发展初期的主要转型模式的选择。

（3）由政府主导型经济发展模式转向市场主导型经济发展模式。市场主导型经济是以现代市场经济体制为基础的，是一种有效配置资源的经济发展方式。国有林区是目前中国市场经济体系中市场化程度不高的唯一区域。从国有林区现实的经济发展状态和经济发展模式及效率来看，随着市场经济体制改革的不断深入，在生态功能区建设及国有林区全面深化改革的进程中，变革国有林区政府主导配置资源的经济发展模式已经势在必行。要使大小兴安岭国有林区的经济增长方式，从数量速度型转变为质量效益型，在保护好森林资源的基础上，政府要减少对林区经济的直接干预，充分发挥市场在资源配置中的基础性作用，推进市场化进程，实现经济发展方式由政府主导型向市场主导型的根本转变。

（4）由传统的直线型经济发展模式转向现代的生态型经济发展模式。生态保护、生态效益是大小兴安岭生态功能区建设的主导目标，这一建设目标引导下的国有林区经济转型发展，一定要在促进经济增长的同时，不能削弱和破坏资源生态环境。因此，国有林区的经济转型一定要摒弃传统的直线式的经济发展模式，走现代的生态型的经济发展模式，其核心是建设生态型产业。生态型林业产业是一种“促进人与自然协调与和谐”的产业发展模式。它要求以“减量化、再利用、再循环”为社会经济生产的行为准则，运用生态学规律把国有林区的社会经济活动组织成一个依托于森林资源的“资源—产品—再生资源—再生产品”的反馈式流程，在系统内部实现循环再生、和谐共生、持续发展的“低开采、高利用、低排放”的循环利用模式，从而提高资源利用率，提升经济运行质量和效益，而这些特点都符合生态功能区建设对国有林区经济发展的要求。

2.4.2 国有林区社会转型的实质及目标

1. 国有林区社会转型的实质

国有林区社会的发展，应该是森林自然资本与社会资本间形成的特别契约，这种契约是国有林区社会发展以及国家管理林区的制度基础。生态功能区建设下，国有林区社会转型的实质和关键在于实现国有林区社会脱贫和社会生态化。国有林区的贫困不仅是因素质、能力和资源的匮乏造成的，也是国有林区社会的人力、组织、文化及社会管理制度等社会资本质量低劣造成的。因此，国有林区社会转型的实质是由传统形态的社会资本向现代形态的社会资本转变的过程。

国有林区的社会转型具有一般性社会转型的特征，同时，国有林区的特殊性使得国有林区社会转型也具有一些独有的特征。比如，从社会主体对社会组织的依附关系来看，一般性社会转型是为了增加社会微观主体对社会组织的依附关系，而国有林区社会转型，首先要弱化社会微观主体对国有森工企业这一组织的依附关系，同时，推进林区社会微观主体通过其他社会组合完成社会关系网的扩建（王玉芳和李朝霞，2014）。从社会文化的建设来讲，将更加侧重建设林区社会的生态文明，更为关注构建“保护生态环境、尊重自然”的社会主体价值观的重塑。

2. 国有林区社会转型的目标

《大小兴安岭林区生态保护与经济转型规划（2010—2020 年）》中明确提出了生态功能区建设的总体要求：以邓小平理论和“三个代表”重要思想为指导，以科学发展观为统领，坚持生态优先、整体发展、因地制宜、科学开发的方针，坚持经济规律与自然规律相统一，科学有序地开发森林资源，禁止非保护性采伐，加强生态修复和环境保护，以人为本，切实提高人民生活质量，引导超载人口逐步有序转移，建设资源节约型、环境友好型社会，促进区域环境、经济和社会协调发展，走生态文明之路。

在这一建设目标的引导下，国有林区社会转型的总体目标是，将国有林区社会建设成生态型的现代化社会。所谓生态型社会，是指社会各项事务的发展方向都顺应生态化理念，或者说是以保护和恢复自然生态平衡为根本目的的社会形态。生态型社会的建设要大力发展生态文化，以生态文明建设带动国有林区社会的整体发展；同时大力促进生态型社会组织建设。注重“以人为本”，充分重视林区社会微观主体的生存和发展问题，通过引导社会主体行为的重塑，实现“提高人民生活质量，改善林区民生”这一发展目标。具体而言，国有林区社会转型在微观层面上，要明确林区社会微观主体——林业职工的生存状态及对社会转型的响应能力，林业职工与林区社会组织的关系，及林业职工个人行为及其价值取向的改变等；中观层面上，关注社会文化、社会组织等的变革，推进国有林区社会组织的生态型改造以及生态文化的构建；推进国有林区社会管理体制的变革，推进国有林区社会由落后状态转向现代化的先进状态。

2.5 国有林区社会转型和经济转型的互动

经过不断的建设和发展，国有林区已经形成了由相互独立、相互联系、相互耦合、相互作用的经济系统、生态系统和社会系统构成的区域复合大系统。生态功能区建设下，国有林区的社会经济转型是一项长期复杂的系统工程，在这一复杂大系统的不断演化发展进程中，国有林区经济系统、生态系统和社会系统呈现出有机统一、相互联系和相互促进的互动式发展关系，因而，经济转型与社会转型也形成了有机统一、相互联系和相互促进的机制。经济转型与社会转型之间呈现出一种互动的发展关系，并且经济系统的转型发展与社会系统的转型发展在变动方向上呈现出趋同性。国有林区经济系统的转型发展影响着社会结构的变革，经济转型是社会转型的基础，经济转型中产业结构的高级化将推动社会结构的高级化，同时，社会结构的变革是经济结构变革的外生影响变量。在国有林区转型的不同阶段，社会转型与经济转型的这种互动性关联关系，将具体表现出非良性互动关系和良性互动关系两种态势。

2.5.1 非良性互动

在生态功能区建设及国有林区社会经济转型的初期，国有林区的社会转型及经济转型将会呈现出一种非良性的互动关系。生态功能区建设下，伴随天保工程的实施，国有林区长期以来“独木支撑”的经济模式被打破，长期被作为国有林区主导产业的木材采伐业逐渐衰退，2015 年 4 月开始，随着全面停止天然林商业性采伐政策的实施，曾经作为国有林区主导产业的木材采伐业彻底退出林区经济系统，并引起林区社会中大批林业职工失业或者暂时处于隐性失业状态。产业转型对国有林区人力资源的需求结构和数量等发生了变化，对林区人力资源的配置提出了新的要求。国有林区现有人力资本存量难以适应林区经济转型变化的需求，抵御或响应经济转型带来影响的能力和意识弱，再加上新兴产业、接续产业等刚刚起步，规模小，素质低，难以吸纳现有全部人力资本存量，从而造成经济转型不仅没有同步促进社会的转型，反而在一定程度上阻滞了社会转型的进程，或者增加了社会转型的难度。据此判断，在国有林区社会经济转型发展的初期，国有林区的经济转型与社会转型之间形成了一种非良性的互动关系。

2.5.2 良性互动

国有林区社会转型和经济转型的良性互动关系将会出现在生态功能区建设及国有林区社会经济转型发展的中后期。这种良性互动表现为两方面：一是经济转型对社会转型的推动与促进。国有林区的经济转型是以调整林区经济结构和创新经济发展模式为主线，不断提高产业的生态化水平和创新能力，不断增强产业竞争力和产业素质，这些都将为提高国有林区社会微观主体的福利水平创造了必要的经济基础，为推进林区社会事业的建设与发展提供动力，进而有助于推进国有林区的社会转型。二是社会转型对经济转型的推动与促进。作为外生变量，国有林区社会转型对经济转型有着重要的影响。国有林区社会转型的重点是社会结构的调整和变革，社会结构处于动态的不断变动中，它的稳定只是一种相对的稳定（王玉芳和蒋敏元，2005）。社会结构的良性变动是一种有利于调整社会各阶层关系，促进社会安定和进步的变动，这将为林区经济结构的调整及产业的转型创造有利的条件。如国有林区转型发展进程中，采取有效措施妥善安置部分富余人员，加大林区棚户区改造力度，不断健全林区社会保障体系等，在某种程度上促进了国有林区社会的良性发展，进而能保障并推动林区经济结构的调整和产业的转型。

2.6 研究的理论基点

2.6.1 社会转型理论

社会转型理论是研究当今世界社会发展问题中使用频率极高的一种理论，被认为是研究当代中国社会变迁的理论支点。社会转型理论是运用社会学方法研究“社会转型”现象及其发展演变规律的科学，它是研究特定国家或地区在某种“过渡时期”的社会现象、社会问题和社会行为的一门学科。在我国，学者引进“社会转型”这一范畴，最初是作为描述和解释改革开放以来社会结构变迁和其他社会问题的理论范式，随着我国现代化的发展，社会转型理论不断发展并指导着社会发展的实践。社会转型是我国社会学者在研究中国现代社会变迁中提出并引入的一个重要理论概念。

社会转型理论研究中，学者提出了“小社会”的社会转型范畴，认为在区域限定上，只要是具有相对独立而完整的社会系统，其社会结构发生较大的变动时，就可以采用社会转型这一理论范畴进行研究。国有林区在长期的开发建设中，受当时特殊的环境和条件的限制，早已形成了完整的林区社会系统，即一个特殊区域内的“小社会”，并且国有林区的社会符合社会转型理论中“小社会”的特征描述，即土地面积及人口数量庞大、具有相对独立的社会组织机构体系，因此，国有林区社会转型问题的研究就具有了相关理论支持。

此外，郑杭生（2009）的研究认为，“社会转型”是一个有特定含意的社会学术语，意指半封闭的传统型社会向工业的、城镇的、开放的现代型社会的转型。当谈到“社会转型”时，着重强调的是社会结构的转型。此外，中国的社会转型，是中国的社会生活和组织模式即社会实践结构不断从传统走向现代、走向更加现代和更新现代的变迁过程。

国有林区社会是伴随对森林资源的开发和森工企业的建立而逐渐形成的，由于国有林区基本上都位于偏远的山区，因此，与城市等其他社会相比，国有林区的“小社会”在相当长的时间内基本上属于相对封闭而落后的社会。因为，在很长一段发展历程中，国有林区都是形成了以木材生产为主导和核心的经济发展模式，经济的主导功能成为很长一段时间内国有林区社会经济发展演化的核心驱动要素。同时，用于国有林区经济发展的主要资源基本上就是林地、森林资源、劳动力（林业职工）以及由此形成的生态环境，这些都是最基本的初级生产资源，特别是森林资源，虽然是可再生资源，但是也是有限的，当人类对森林的开采速度超过其可再生能力时，其便会出现枯竭。此外，很长一段时间内，参与国有林区社会发展的各主要利益主体——政府、企业之间的关系是失衡的，政府一直“错位”地过分行驶自己的主导权力，而企业则一直“越位”地管理本不应该由企业管理的教育、医疗等社会职能。在现代社会发展的今天，具备上述特征的社会形态必然是一种十分落后的社会形态，在生态功能区建设目标的要求和引导下，这种落后的社会形态必须要进行变革，因此，国有林区的社会转型是一种由传统落后形态的社会向现代开放形态的社会变革的过程。在这一变革的过程中，要注重社会资本和人力资本等高级生产资源在社会转型中的重要作用，要注重平衡社会各利益主体之间的关系。

另外，社会转型理论的动力学认为，社会转型的发生与发展到最终完成，不是某一种力量单独作用的结果，它是一个动力系统，包括外部动力和内部动力、经济动力和政治动力、精神动力和市场动力等。参照社会转型的动力学，可以发现国有林区的社会转型具有多方面动力，从内部动力来讲，国有林区具有自身发展的内在需求，从外部动力来讲，生态功能区建设对国有林区社会发展具有重要影响，对国有林区的社会转型具有强烈的需求，推动了国有林区的社会转型，同时，经济、政治、文化和政策等多方面因素也是推动国有林区社会转型的动力源泉。因此，国有林区社会转型变革的过程中，需要识别推动国有林区社会转型的驱动因素，社会转型理论的相关成果为国有林区社会转型的研究内容及重点提供了理论指导。

2.6.2 社会资本理论

在社会转型的大背景下，20 世纪 70 年代以来，多个学科都试图寻求一个新的理论范式，为解释转型期社会现象提供强大的理论工具，社会资本这一概念便成了各学科的研究热点。社会资本的概念是 20 世纪 80 年代由法国著名社会学家埃尔·布尔迪厄第一次正式提出来的，后经詹姆斯·S. 科尔曼和罗伯特·普特南等学者进一步丰富和发展。

微观层面上，以布尔迪厄为代表，认为社会资本是实际的或潜在的资源聚合体，它们与某种持久性的关系网络密不可分，这一关系网络是大家熟悉的、得到公认的，集体的每一个成员都拥有这些资源（Schneider and Teske，1997）。中观层面上，以科尔曼为代表，认为根据功能来定义，社会资本不是一个单一体，而是有许多种，其共同点是：都包括社会结构的某些方面，有利于处于某一结构中的行动者。与其他形式的资本一样，社会资本具有生产性，使某些目的的实现成为可能（Coleman，1988）。据此，科尔曼认为义务与期望、社会关系网络、规范和有效惩罚、权威关系、多功能组织和有意创建的组织等都是社会资本的具体表现形式，是可以利用的。宏观层面上，以普特南为代表，认为社会资本是社会组织的某种特征，如信任、规范和网络。它们可以通过促进合作行动而提高社会效益（Putnam，1993）。同时，制度经济学的相关理论认为：社会资本是社会生活和文化内在的黏合剂，包括调解人们之间行动的规范和价值观念，以及产生这些规范和价值观念的制度（Pena and Lindofuentes，1998）。

社会资本已被当作一个社会、组织、群体运作发展的重要因素来看待。经济学家斯蒂格利茨认为，“基于社会资本的制度变迁是中国改革成果的基础。经济学中的一些增长理论除了要考虑生产要素的投入，还要考虑社会资本”（World Bank，1997）。社会资本对社会经济发展的影响已经越来越显现了，并通过规范人的行为影响生态环境的变化。社会资本理论已经被广泛运用到社会组织、社会群体、微观个体的研究中。社会资本理论具有丰富的内涵，包括社会文化、社会制度（包括正式制度和非正式制度）、社会利益关系、责任义务、社会组织等。国有林区的社会资本是在国有林区社会经济转型发展的复杂系统中，决定各利益主体之间互动关系的社会网络（即社会组织）、社会管理制度及社会文化，它们通过作用于各利益与主体的互动来影响其行为选择，并最终影响国有林区社会经济转型发展的演进。

社会资本理论有一个趋同的概念，即认为社会资本是由嵌入在社会关系和社会结构中的资源组成，当行动者希望提高目的性行动成功的可能性时，他们可以动员社会资本（科尔曼，1999）。这为国有林区社会转型的路径选择提出了理论支持，即积极构建林区社会组织是提高社会资本积累的基本途径，鼓励社会主体通过参加各种社会组织来扩大社会关系网，增加社会资本拥有量，进而削弱家庭贫困脆弱性。

许多有相似物质的国家和地区，其经济发展却表现出天壤之别，有些地区物质资本不足，甚至匮乏，但其经济社会发展水平却远远高于物质资本丰富的国家（Temple and Johnson，1998），这都是无形社会资本的差异造成的。有效的社会资本对组织协调社会成员在开发和利用物质资本的过程中，往往会形成生产过程和生产成果的效用最大化，反之，便会造成内耗或浪费。国有林区森林资源丰富，但是丰富的森林资源并没有很好地带来国有林区经济发展的优势，反而林区的发展越来越陷入贫困的状况。考察国有林区的现实发展历程，可以认为国有林区的贫困不仅是由素质、能力和森林资源的匮乏造成的，也是由国有林区社会组织、社会文化、社会劳动力及其社会关系等社会资本质量低劣造成的。社会转型的重点应该培育和配置人力资本、重构国有林区社会组织和社会文化，改善国有林区的民生状况。

2.6.3 经济转型理论

经济转型发展的理论研究始于 20 世纪 80 年代末期，苏联和东欧国家由计划经济向现代市场经济体制转型。这种转型不仅包含了经济转型，也包含了政治、文化等多方面的转型。这种经济转型理论的焦点基本上都是研究一国宏观层面的整体经济体制的转型，并且形成了以“休克疗法”为特征的激进式的经济转型模式及相关理论、以中国经济转型为典型代表的渐进式的经济转型模式及相关理论、以制度为核心的新制度经济学中的经济转型理论（认为经济转型的过程是在一定的政治经济发展条件下，寻找改革成本最小的最优路径，经济转型必须以适当的制度为基础）、以美国经济学家斯蒂格利茨为代表的凯恩斯主义的经济转型理论。斯蒂格利茨经济转型理论的核心思想是：在经济转型过程中，首先要认清市场经济运行模式，而不是遵从并不相干的完全竞争范式：在经济转型中，市场竞争发挥的作用远大于私有化的作用。由于经济转型中，社会成员信息不完全性存在，无论是国有企业还是私营企业同样都存在着激励问题，因此在转型中选择一种集中与分散相结合，国有因素与私有因素相结合的混合发展体制成为转型发展的必然选择（任萃颖，2016）。这一思想有利于指导国有林区中国有森工企业的体制转型。

此外，也有学者研究认为“经济转型是指技术转型、产业转型、增长方式转型、金融及经济体制转型的合成变动，这种转型是一种整体经济结构的提升，至少是支柱产业的替换，因而是一种阶段性的质变或飞跃”（周彬等，2014）。

国有林区的经济转型属于典型的资源型地区的经济转型，资源型地区的经济是一种以资源为主导和核心的经济，资源型产业是其主导产业，因而，当资源发生枯竭时，资源型产业必然衰退，进而引发其经济的转型。据此可以认为国有林区的经济转型是在中国宏观经济体制转型大框架内的局部区域的经济转型，是一种资源型经济（或资源型产业）的转型，其转型的总体方向和路径与国家整体的经济转型的方向和路径具有一致性。但是因为国有林区的经济转型主要是因森林资源的枯竭而引发的，由于资源的枯竭，国有林区的资源型经济在区域整体经济结构中的比例逐渐降低甚至彻底消失，资源型产业的主导地位也逐渐减弱或者彻底退出。因此，现阶段国有林区的经济转型更突出地表现为因森林资源的枯竭和全面停伐政策的影响而产生的资源型产业的转型，这种经济转型属于一种经济结构的转型，一种产业结构的升级，一种主导产业的更替和新兴产业的选择过程。总体的目标是实现一个优于当前经济发展状态的新的经济结构及其运行态势。

由于经济转型是一个长期动态演化发展的过程，具有转型发展的阶段性，在国有林区经济转型的初期，经济转型的根本的任务是要寻找最小社会成本、最小风险、最有效率的转型模式及其主导产业。同时，生态功能区建设目标和内容为国有林区经济转型（产业转型）模式的选择提供了明确的生态约束，使得产业转型必须选择生态型产业（或生态型经济）的主导模式或路径。

2.7 本章小结

本章从生态功能区的内涵及其重要性出发，在明确生态功能区建设的主导目标和主要内容的基础上，对生态功能区建设下的国有林区及国有森工企业的主导功能进行了重新定位，设计了生态功能区建设下，国有林区社会转型和经济转型的实质、目标及其各自转型的主要内容，分析了社会转型和经济转型的互动关系，分析了社会转型理论、经济转型理论和社会资本理论的主要内容，明确了这些理论对本书研究内容具体理论指导。

3 基于生态功能区建设的国有林区经济转型模式研究

如前所述，国有林区经济转型属于典型的资源型经济转型，现阶段，国有林区经济转型的核心表现为产业结构的转型、新的主导产业的选择以及生态功能区建设目标约束下的产业的生态化转型。为此，国有林区经济转型过程中，必须要探讨经济转型与生态建设的关系，并且要依据二者的关系选择具体的产业转型的模式及路径等。第 3 章和第 4 章的内容将对此问题进行研究。

3.1 国有林区经济转型发展的现实基础

国有林区的经济转型具有一定的资源环境的基础和优势，同时也面临一些障碍性因素和问题。

3.1.1 生态环境的基础状况

1. *森林资源得到有效保护*

自生态功能区战略实施以来，大小兴安岭国有林区木材产量由 2010 年的 604.94 万 m^3 调减到 2015 年 4.01 万 m^3，累计调减 600.93 万 m^3，调减幅度达 99.3%，特别是 2015 年全面停止天然林商业性采伐政策实施后，大小兴安岭国有林区的森林基本上只进行适当的抚育采伐，对森林资源的保护更加严格了，同时有林地面积增加到 1011.27 万 hm^2，活立木蓄积达 7.5 亿 m^3，森林覆盖率提高到 83.94%。森林及其生物多样性得到有效保护，森林资源得以休养生息，生态功能不断恢复。

森林资源的保护及恢复为国有林区经济转型发展提供了充分的资源基础和优势。特别是森林旅游、森林食品业、北药产业等非林产业的发展都是依托于林区的森林、林地等自然资源，丰富的森林资源以及悠远的历史均为森林旅游业和森林绿色食品业的发展提供了充分的资源。另外，大小兴安岭林区所处纬度比较高，冬季时间漫长而严寒，拥有丰富的冰雪资源，为冬季冰雪旅游产业和冰雪文化等特色产业的发展提供了良好的条件。而林区内的煤矿、石油等矿产资源丰富，为林区经济和社会的发展提供了充足的能源。林区内的药材种类繁多，且该地区药业发展历史悠久，为林区北药业产业的发展提供了丰富的药材资源。森林旅游、森林绿色食品、北药业等林下经济产业作为林区的接续产业发展，促进林区产业转型与发展。

2. 水土流失治理初见成效

大小兴安岭国有林区地处山区、半山区，为水土流失严重区域。通过开展小流域综合治理，实施退耕还林、还草、还湿工程，截至 2015 年累计完成退耕还林、还草、还湿 49 万 hm^2，治理水土流失面积 87 万 hm^2。水土流失治理率达 53%，有效地控制了区域内水土流失，水土保持生态功能得以恢复和发挥，自然灾害逐步减少。

3. 污染防治力度不断加强

2015 年，大小兴安岭国有林区主要工业污染物排放总量得到有效控制，基本实现“一控双达标”。根据实地调查的数据显示，大小兴安岭国有林区工业废水排放达标率达 90%以上，工业废气中经过消烟除尘和净化处理的达 90%以上。固体废物综合利用率逐步提高，水环境质量总体良好，城市空气质量有所改善，林区噪声基本符合国家标准。农村环境污染治理力度加大，生物有机肥、农家肥施用面积不断扩大。清洁能源利用率不断提高，农村能源结构逐步得到改善。

3.1.2 经济发展的基础和成效

1. 经济总量稳步增长

大小兴安岭国有林区在加强林业生态建设和保护的同时，大力调整产业结构，在木材产量大幅调减的情况下，林业经济仍有稳步增长（表 3-1）。2015 年年底大小兴安岭国有林区企业总产值达 2 375 215 万元，其中第一产业产值 1 032 906 万元，占当年企业总产值的 43.49%，第二产业产值 605 562 万元，占当年企业总产值的 25.50%，第三产业产值 792 381 万元，占当年企业总产值的 33.36%，实现销售产值 1 105 772 万元，各方面均比 2014 年有所增加。

表 3-1　大小兴安岭国有林区经济发展情况

年度产值		企业总产值	第一产业	第二产业	第三产业
2010 年	产值/万元	2 111 535	799 634	991 493	320 408
	比例/%	—	37.87	46.96	15.17
2011 年	产值/万元	2 323 550	911 507	960 176	451 867
	比例/%	—	39.23	41.32	19.45
2012 年	产值/万元	2 760 956	1 093 460	1 077 460	590 036
	比例/%	—	39.60	39.03	21.37
2013 年	产值/万元	3 363 893	1 236 316	1 152 963	726 311
	比例/%	—	36.75	34.27	21.59
2014 年	产值/万元	2 793 208	1 248 427	1 003 847	789 201
	比例/%	—	44.70	35.94	28.25
2015 年	产值/万元	2 375 215	1 032 906	605 562	792 381
	比例/%	—	43.49	25.50	33.36

资料来源：国家林业局，2010～2015。

仅就黑龙江省国有林区来看，其林业总产值有较为明显的上升，其中，营林产值、种植养殖业产值、森林食品业产值、北药业产值、森林旅游业产值、清洁能源业产值等非木产业产值都呈现较为明显的增幅，而与木材生产相关的木材采运产值和林产工业产值则有了很大的降幅（表 3-2）。由表 3-2 可知，从 2011 年到 2015 年，黑龙江省国有林区的林业产业总产值有了很大的增长，从 3 897 045 万元增至 5 013 894 万元，增长了 28.66%。

表 3-2　2011 年和 2015 年黑龙江省国有林区各类林业产值变化情况

（单位：万元）

构成	2011 年	2015 年
合计	3 897 045	5 013 894
营林产值	93 371	144 518
木材采运产值	223 127	2 261
林产工业产值	533 142	361 483
种植养殖业产值	702 406	1 154 715
森林食品业产值	473 164	757 581

续表

构成	2011 年	2015 年
北药业产值	89 742	148 103
森林旅游业产值	227 966	480 882
清洁能源业产值	41 357	55 244
其他产值	1 512 770	1 909 107

数据来源：《黑龙江省森林工业综合统计资料汇编》（2011，2015）。

2. 产业结构发展态势良好

（1）第三产业的发展呈现逐渐增长的态势。自生态功能区建设以来，大小兴安岭国有林区的第三产业的发展呈现出增长态势，但增长的进度缓慢（表 3-1）。如表 3-1 所示，2010 年，大小兴安岭国有林区三次产业比例分别为 37.87%，46.96%，15.17%，第三产业仅相当于第一产业比例的一半。而 2015 年大小兴安岭国有林区三次产业比例分别为 43.49%，25.50%，33.36%，第三产业的发展比 2010 年有了很大的提升。2015 年，大小兴安岭国有林区森林旅游人数达 412 万，同比增长 10.2%，增长态势良好。2015 年林业第三产业中的林业旅游与休闲服务业、林业公共管理及其他组织服务业都呈现增长的态势，林业旅游与休闲服务业产值从 2013 年的 384 768 万元增加到 2015 年的 480 882 万元，增幅度达到了 24.98%，仅大兴安岭国有林区林业公共管理及其他组织服务业产值就从 2013 年的 26 969 万元增加到 2015 年的 44 131 万元，增幅高达 63.6%。

（2）涉林产业产值逐渐下降，非林特色（接续）产业发展优势明显。仅就黑龙江省国有林区而言，2006～2013 年，黑龙江省国有林区总产值呈现明显的增加趋势（表 3-3），在 2006～2013 年涉林产业产值与林区总产值的变化趋势基本相同，但在 2014 年涉林产业产值却是在继续减少。与之相反，涉林产业产值占林区总产值的比例在整体上呈现下降的趋势，从 2006 年的 49.63%降至 2015 年的 39.18%，在 2012 年时降至最低比例 37.07%。可见，林区的经济发展对林区森林资源的依赖在不断减少。但是，林区涉林产业在林区总产值中仍然占了较大的比例，这也说明通过调整产业结构，促进林区非林特色产业的发展有很大的发展空间。

表 3-3　2006～2015 年黑龙江省国有林区总产值内部结构变化情况

年份	林区总产值/万元	涉林产业产值/万元	涉林产业占林区总产值比例/%
2006	1 661 058	824 315	49.63
2007	1 932 732	925 831	47.90

续表

年份	林区总产值/万元	涉林产业产值/万元	涉林产业占林区总产值比例/%
2008	2 244 407	1 084 567	48.32
2009	2 753 272	1 208 894	43.91
2010	3 214 950	1 342 063	41.74
2011	3 631 573	1 519 605	41.84
2012	4 205 427	1 558 856	37.07
2013	4 727 999	1 958 756	41.43
2014	4 545 374	1 827 838	40.21
2015	4 627 722	1 813 142	39.18

数据来源：根据《中国林业统计年鉴》（2006～2015）整理。

自天保工程实施以来，大小兴安岭国有林区在经济转型发展过程中就着力发展接续产业和替代产业。“十二五”以来，黑龙江省委、省政府明确提出，大小兴安岭国有林区经济发展，必须坚持生态保护优先的准则，加快推进经济转型步伐的发展战略的步伐。国有林区经济转型发展过程中接续产业和替代产业的发展，仍然要依托森林资源的优势，并要努力变资源优势为经济发展优势，特别要注重充分挖掘森林资源的特色优势。全面停伐政策下的国有林区，传统的林木资源的优势不复存在，但是停伐政策保护起来的森林资源，拥有丰富的非木质林产品资源，目前国有林区中非木质林产品资源的开发利用处于初级阶段，未来还有很多开发潜力和利用的空间。经济转型中，国有林区要充分依托丰富的非木质林产品资源，大力发展森林生态旅游业、生物质能源产业、非木质林产品精深加工业、森林食品产业、森林碳汇产业等替代产业，构建生态型林业产业链，推动生态型林区经济的发展。

3.2 经济转型发展中的主要问题及障碍

3.2.1 林区整体经济效益仍显低下

生态功能区建设初期，大小兴安岭国有林区国有林业企业整体效益仍很低，经济亏损严重。从表 3-4 可以看出，2012 年国有林区国有林业企业总资产贡献率仅为 1.7%，资本保值增值率为 101.7%，资产负债率为 64.2%，说明很多企业资不抵债。流动资产周转率为 0.5 次/年，说明企业资产周转缓慢，发展后劲与潜力不足。其中，大兴安岭国有林区的经济效益总体上要好于小兴安岭国有林区，但是与全国情况相比仍然不佳。

表 3-4 2012 年国有林区国有林业企业主要经济效益指标总体情况

指标名称	合计	135 个木材采运企业	20 个重点营林局	大兴安岭国有林区	小兴安岭国有林区
总资产贡献率/%	1.7	1.7	1.0	1.5	−7.1
资本保值增值率/%	101.7	101.4	103.7	86.9	96.4
资产负债率/%	64.2	65.2	54.1	65.3	66.7
流动资产周转率/次	0.5	0.5	0.7	0.5	0.2
成本费用利润率/%	2.8	2.5	13.0	9.5	−31.0
全员劳动生产率/（元/人）	20 668	21 208	3 833	33 389	17 868
产品销售率/%	77.1	78.2	46.2	90.1	75.4

资料来源：国家林业局，2013。

注：由于 2012 年以后，此表中所涉及的指标在《中国林业统计年鉴》中都不再进行统计了，故这里只采用了 2012 年的数据。

3.2.2 林产工业发展规模逐渐萎缩

林产工业一直是大小兴安岭国有林区的重要产业、优势产业，2010 年该林区的木材产量为 330 多万立方米，人造板产量达到了 27 多万立方米（表 3-5）。木材产量的逐年调减，特别是 2014 年和 2015 年全面停伐政策的实施，林产工业发展的原料基础基本消失，林业工业的发展规模也逐渐萎缩。2015 年大小兴安岭国有林区的木材产量仅有 0.19 万 m^3，人造板产量仅有 2.8 万 m^3，比 2010 年有巨大的下降。这也进一步说明，国有林区优势产业的衰退已经非常明显，林区经济转型发展进程中，急需寻找新的替代产业，去推动林业经济的新发展。

表 3-5 大小兴安岭国有林区主要产品产量表

年份	木材产量/m^3	木材销量/m^3	锯材产量/m^3	人造板产量/m^3			卫生筷子/标准箱
				胶合板	纤维板	刨花板	
2010	3 304 572	3 366 708	316 106	12 546	186 884	73 745	1 197 273
2011	1 198 604	1 374 759	218 163	23 980	269 948	150 061	1 036 340
2012	1 115 864	1 218 859	283 366	16 974	210 074	149 864	1 042 011
2013	913 727	1 231 396	216 690	25 060	199 321	165 968	716 200
2014	251 405	593 086	136 798	9 510	111 875	12 963	477 606
2015	1 865	12 908	39 112	14 934	5 310	7 733	170 996

资料来源：国家林业局，2010～2015。

3.2.3 国有林区人力资本不足

在国有林区长期的发展中，林业职工（林区人力资源）对森林资源的开发及国有林区的建设做出了重要的历史性贡献。曾经的国有林区人力资源数量充足，质量也较高。但是随着国家社会经济的发展，特别是改革开放后林区以外的区域的迅速崛起，其对人力资源的吸引力度远远大于国有林区。另外，国有林区大部分处于偏远山区，林区基础设施建设落后，加之冬季漫长严寒，气候条件恶劣，居民的生活水平不高，医疗卫生等条件差，林区对教育发展的资金投入力度不足等，使得国有林区的人才培养与引进一直处于不足的状态。

2000年开始，天保工程和国有林区“限伐”政策的实施，以及2015年开始全面停止天然林商业性采伐政策的实施，使得国有林区木材生产的主导产业彻底退出林区经济系统，进而造成大量林业职工成了林区劳动力中的富余人员，他们基本上都处于一种“隐性失业”状态。随着国家对国有林区富余职工的转岗、分流等安置政策的实施，大量林区职工开始离开国有林区。仅黑龙江省国有林区，离开本单位仍保留劳动关系人员的数量从2001年的12.3592万人降到2015年的9.4891万人。富余人员的转岗、分流以及离开林区自谋职业等，是国有林区转型发展中的一个重要表现，在某种程度上也促进了国有林区的转型发展。然而，国有林区目前现有的人力资源总体质量不高，主要表现为林区人力资源教育水平低、年龄老化等，在某种程度上阻碍了国有林区社会经济的转型发展。

1. 国有林区人力资源教育水平低

仅就黑龙江省国有林区来看，2015年黑龙江省国有林区在岗职工中，中专及中专以下学历的有142 873人，占当年在岗职工的65.57%，超过半数的林区职工学历比较低，而大学及大学以上学历占在岗职工的比例仍然比较小，仅占了当年在岗职工的11.84%（表3-6）。由这一层面来看，黑龙江省国有林区在岗职工整体学历水平不高，特别是大学及大学以上学历的高学历人才匮乏。

表3-6　2015年黑龙江省国有林区在岗职工学历结构分布情况

学历结构	人数/人	比例/%
中专及中专以下学历	142 873	65.57
大专学历	49 232	22.59
大学及大学以上学历	25 795	11.84
总数	217 900	100

数据来源：《黑龙江省森林工业综合统计资料汇编》（2015）。

同时，黑龙江省国有林区在岗职工的专业技术水平不高，专业技术人员比较少，占在岗职工比例低。由图 3-1 可知，2000～2015 年，黑龙江省国有林区在岗职工中的专业技术人员呈现波动变化的趋势，而专业技术人员占在岗职工的比例总体上呈现波动上升的发展趋势。其中，2000～2007 年，林区的专业技术人员占在岗职工的比例在 25%附近波动，2008～2015 年，专业技术人员占在岗职工的比例在 33%附近波动。

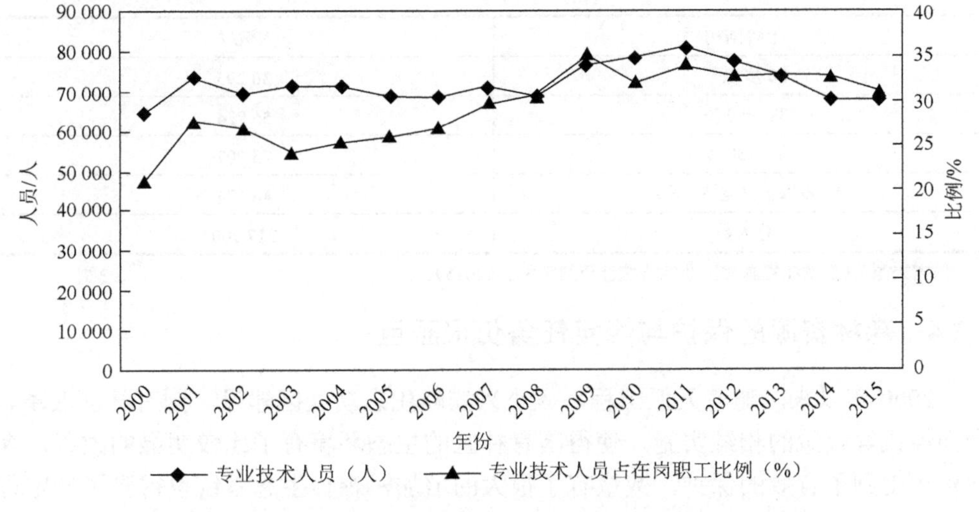

图 3-1　2000～2015 年黑龙江省国有林区专业技术人员变化图

2. 国有林区人力资源年龄老化

黑龙江省国有林区在岗职工老龄化情况在不断加剧。根据《黑龙江省森林工业综合统计资料汇编》（2000～2015）可知，在 2000～2015 年的 16 年间，40 岁以下职工人数呈现逐年减少的趋势，41 岁以上的职工人数呈现逐年增加的趋势。在 2009 年，41 岁以上的职工人数远远超过了 40 岁以下（含 40 岁）的职工人数，占在岗职工人数的比例达到 55.84%，41～50 岁年龄段的职工人数取代了 31～40 岁年龄段的职工人数，成为黑龙江省国有林区职工中人数最多的年龄段群体，林区职工老龄化趋势严重。由表 3-7 可知，2015 年黑龙江省国有林区在岗职工中 30 岁以下的有 30 295 人，31～40 岁的有 55 724 人，40 岁以下（含 40 岁）的职工占当年在岗职工的比例仅有 39.48%，而 41 岁以上的职工人数占在岗职工人数的比例达到了 60.52%，由此可见，黑龙江省国有林区在岗职工人口老龄化情况很严重。另外，到 2015 年年底，黑龙江省国有林区在岗职工 217 900 人，年末离退休人员人数达到 265 943 人，林区的离退休人员人数已经超过了当年的在岗职工人数，职工赡养比例（在岗职工数：年末离退休人员数）达到了1：1.22，这也进一步表明了林区职工老龄化严重，社会赡养的负担重。黑龙江省国有林区条件落后难以留住人才，使得林区发展的后备人力资本严重短缺，而且，林区人口老龄化的加剧，使得林区的社会赡养比例上升，沉重的社会赡养负担也给林区的经济转型和发展带来了很大的负担。

表3-7　2015年黑龙江省国有林区在岗职工年龄结构分布情况

年龄结构	人数/人
30岁以下	30 295
31～40岁	55 724
41～50岁	85 707
51岁以上（含51岁）	46 174
总人数	217 900

数据来源：《黑龙江省森林工业综合统计资料汇编》（2015）。

3.2.4　森林资源的保护与修复任务仍很艰巨

2000年以来，随着天保工程、大小兴安岭生态功能区建设、国有林区改革、全面停伐等政策的相继实施，使得国有林区的生态环境有了比较明显的改善，森林资源得到了有效的保护，数量有了很大的增加，森林生态系统也得到了一定程度的恢复。但是目前国有林区仍然存在森林资源质量不好、结构不太合理等问题，影响国有林区经济转型的发展质量和效益。如根据国家林业与草原局发布的《天然林资源保护工程东北、内蒙古重点国有林区效益监测国家报告（2015）》中的相关统计数据可知，截至2015年，黑龙江省国有林区天保工程区内的幼中龄林面积683.61hm^2，占80.62%，幼中龄林蓄积量55 430.67万m^3，占74.06%；而成过熟林面积为27.33万hm^2，仅占3.22%，成过熟林蓄积量3756.96万m^3，仅占5.02%。这些都表明国有林区经济转型中的森林及其生态系统保护的任务还非常艰巨，经济的转型发展必须要以保护森林、保护生态为根本前提。

3.3　国有林区经济转型能力评价

3.3.1　评价指标体系及数据来源

在遵循客观性、完整性、稳定性和有效性等普遍性原则的基础上，同时满足科学性和可操作性相统一、全面性和重点突出性相统一、可比性和可靠性相统一、相对独立性等原则（谢忠秋等，2013；余凤鸣等，2012），利用中国知网数据库对近年来经济转型能力的测度指标进行频率统计，选出研究使用频率较高的指标，并结合大小兴安岭国有林区经济发展的实际特点（韦惠兰等，2008；徐期瑚，2009），构建了测度大小兴安岭国有林区经济转型能力的评价指标体系，见表 3-8。

表 3-8　经济转型能力评价指标体系

目标层	控制层	指标层
经济转型能力（x）	经济实力（x_1）	人均总产值（x_{11}）/万元
		人均销售产值（x_{12}）/万元
	经济结构（x_2）	木材加工产品占总产值比例（x_{21}）/%
		非木材产品占总产值比例（x_{22}）/%
		第二产业比例（x_{23}）/%
		第三产业比例（x_{24}）/%
		林业投资完成额（x_{25}）/万元
	经济质量（x_3）	资本保值增值率（x_{31}）/%
		流动资产周转率（x_{32}）/%
		木材产销率（x_{33}）/%
	经济效益（x_4）	全员劳动生产率（x_{41}）/（元/人）
		职工平均工资（x_{42}）/元
		总资产贡献率（x_{43}）/%

经济转型能力的指标都是正向指标，且大部分都是相对指标，所以这里以实际数值计入进行评价。该部分的研究范围限定在黑龙江大兴安岭国有林区（不包括内蒙古林区）和小兴安岭国有林区范围内，共 25 个林业局作为研究的基本单元，所采用的数据主要来源于《中国林业统计年鉴》（2013）、《中国统计年鉴》（2013）。另外，部分数据是在实地调研时由当地林业局提供，还有少数数据是从国有林区相关网站上获得。由于很多统计指标发生变化，本着数据可获得性原则，这里主要分析 2013 年的国有林区经济转型能力。

3.3.2　评价模型选择

这里采用最常用的综合评价法，即线性加权函数法对经济转型能力进行评价。经济转型能力评价指标体系的每一个指标都从不同的侧面在一定程度上反映了经济转型能力的情况，采用线性加权函数法能够更全面地对经济转型能力进行综合评价。根据线性加权函数法的计算方法，设正数 x_1，x_2，x_3，…，x_m 为描述某区

域经济转型能力的 m 项指标，为了能够对国有林区经济转型能力进行评价，给出经济转型能力评价的模型为

$$f(x)=\sum_{i=1}^{m}a_i\overline{x}_i \tag{3-1}$$

式中，$f(x)$ 为该区域经济转型能力综合指数；a_i 为第 i 个指标的权重值；$\overline{x}_i$ 为第 i 个指标的隶属度值。

3.3.3 各指标权重系数的确定

选取主成分分析法来确定各指标的权重值。主成分分析法通过对现实数据资料的分析，通过降维的方法，把多个复杂的因素归一为几个主要因素（主成分或主因子）。原则上，提取的主成分应该保证累计贡献率在85%以上。而这几个主要因素可以尽可能多地保留原始因素所表示的信息，并具有较强的可解释性。然后通过求出的主成分载荷矩阵，利用方差极大正交旋转法，可以求出因子载荷矩阵。再利用原始数据的相关系数矩阵与每一列因子载荷向量建立回归方程，可求出各个系数主成分分量贡献值，根据其与对应方差贡献的组合，便可以求得各个评价指标的权重值（侯景新和尹卫红，2004）。

1. 计算相关系数矩阵

对大小兴安岭国有林区25个林业局的原始数据做无量纲化处理，然后在SPSS软件下运作，将无量纲化处理的数据输入后，利用因子分析，得到评价指标的相关系数矩阵（表3-9），特征值、贡献率、累积贡献率见表3-10。

表3-9 2013年大小兴安岭国有林区经济转型能力评价指标相关系数矩阵表

	x_{11}	x_{12}	x_{21}	x_{22}	x_{23}	x_{24}	x_{25}	x_{31}	x_{32}	x_{33}	x_{41}	x_{42}	x_{43}
x_{11}	1.000	0.436	0.432	0.364	0.274	−0.040	−0.050	0.159	0.511	0.133	0.430	0.516	0.454
x_{12}	0.436	1.000	0.358	−0.183	0.285	−0.252	0.006	0.313	0.562	0.052	0.287	0.364	0.243
x_{21}	0.432	0.358	1.000	0.057	0.321	−0.439	−0.020	0.400	0.364	−0.219	0.284	0.163	0.610
x_{22}	0.364	−0.183	0.057	1.000	−0.334	0.394	0.020	0.090	−0.110	0.160	0.239	−0.169	−0.014
x_{23}	0.274	0.285	0.321	−0.334	1.000	−0.472	0.031	0.135	0.164	−0.176	0.122	−0.003	0.119
x_{24}	−0.040	−0.252	−0.439	0.394	−0.472	1.000	0.050	−0.063	−0.374	0.190	0.101	−0.177	−0.256
x_{25}	−0.050	0.006	−0.020	0.020	0.031	0.050	1.000	−0.031	−0.032	0.022	0.026	0.006	0.020
x_{31}	0.159	0.313	0.400	0.090	0.135	−0.063	−0.031	1.000	0.272	0.038	0.157	−0.139	0.350
x_{32}	0.511	0.562	0.364	−0.110	0.164	−0.374	−0.032	0.272	1.000	0.092	0.244	0.538	0.369

续表

	x_{11}	x_{12}	x_{21}	x_{22}	x_{23}	x_{24}	x_{25}	x_{31}	x_{32}	x_{33}	x_{41}	x_{42}	x_{43}
x_{33}	0.133	0.052	−0.219	0.160	−0.176	0.190	0.022	0.038	0.092	1.000	−0.218	−0.074	−0.248
x_{41}	0.430	0.287	0.284	0.239	0.122	0.101	0.026	0.157	0.244	−0.218	1.000	0.131	0.303
x_{42}	0.516	0.364	0.163	−0.169	−0.003	−0.177	0.006	−0.139	0.538	−0.074	0.131	1.000	0.285
x_{43}	0.454	0.243	0.610	−0.014	0.119	−0.256	0.020	0.350	0.369	−0.248	0.303	0.285	1.000

表 3-10 特征值、贡献率和累积贡献率表

成分	特征值 D	贡献率 E_i	累计贡献率 E_a
1	3.730	28.690	28.690
2	1.919	14.758	43.448
3	1.460	11.233	54.681
4	1.199	9.221	63.902
5	1.019	7.835	71.737
6	0.911	7.004	78.741
7	0.812	6.243	84.984
8	0.518	3.984	88.968
9	0.445	3.422	92.390
10	0.410	3.151	95.541
11	0.274	2.111	97.652
12	0.233	1.791	99.443
13	0.072	0.557	100.000

2. 计算因子载荷矩阵

由表 3-10 可知，前 8 个主成分累积贡献率已达 88.968%，超过一般标准 85%，仅损失信息量的 11.032%，故取前 8 个主成分作为主因子，计算出主因子载荷矩阵，并对主因子载荷矩阵运用方差极大正交旋转法求得因子载荷矩阵（表 3-11）。

表 3-11 2013 年大小兴安岭国有林区经济转型能力评价指标因子载荷矩阵表

	F_1	F_2	F_3	F_4	F_5	F_6	F_7	F_8
x_{11}	0.296	0.282	0.599	0.532	0.035	0.120	0.358	−0.064
x_{12}	0.157	0.820	0.204	−0.084	−0.084	0.041	0.194	0.011
x_{21}	0.648	0.164	0.093	0.243	−0.472	−0.182	0.199	−0.005
x_{22}	0.064	−0.123	−0.088	0.905	0.136	0.115	−0.205	0.009

续表

	F_1	F_2	F_3	F_4	F_5	F_6	F_7	F_8
x_{23}	0.082	0.136	−0.031	−0.134	−0.237	−0.079	0.926	0.022
x_{24}	−0.106	−0.122	−0.067	0.228	0.884	0.074	−0.233	0.030
x_{25}	0.000	0.000	−0.004	0.003	0.024	0.012	0.015	0.999
x_{31}	0.739	0.419	−0.367	−0.005	0.072	0.140	0.004	−0.048
x_{32}	0.210	0.659	0.448	0.026	−0.352	0.117	−0.059	−0.027
x_{33}	−0.122	0.127	−0.006	0.150	0.124	0.895	−0.039	0.021
x_{41}	0.082	0.496	0.071	0.493	0.204	−0.544	0.148	0.033
x_{42}	0.021	0.246	0.899	−0.102	−0.068	−0.056	−0.067	0.008
x_{43}	0.811	0.021	0.374	0.046	−0.102	−0.238	0.041	0.037

3. 指标权重值的求算

为了确定经济转型能力评价指标的权重，利用原始数据的相关系数矩阵 R 与每一列因子载荷向量 f_k 建立回归方程：

$$R\times\overline{a_k}=\overline{f_k} \tag{3-2}$$

即

$$\begin{cases} r_{11}a_{1k}+r_{12}a_{2k}+\cdots+r_{1m}a_{mk}=f_{1k} \\ r_{21}a_{1k}+r_{22}a_{2k}+\cdots+r_{2m}a_{mk}=f_{2k} \\ \vdots \\ r_{m1}a_{1k}+r_{m2}a_{2k}+\cdots+r_{mm}a_{mk}=f_{mk} \end{cases} \tag{3-3}$$

其次，通过上式求得系数 $\overline{a_k}$，公式为 $\overline{a_k}=R^{-1}\overline{f_k}$。

最后，上述 a_{mk} 描述了第 k 个系数主成分分量贡献，它与对应的方差贡献 E_k 的组合，便是需要确定的第 m 个评价指标的权重值。利用下面公式计算：

$$\overline{B_m}=\sum_{k=1}^{s}\left|a_{mk}\right|E_k \tag{3-4}$$

式中，s 指因子个数，m 指评价指标的个数，经过上述公式求得 $\overline{B_m}$，在对 $\overline{B_m}$ 进行归一化处理获得评价指标权重。

根据上面的计算公式，求得大小兴安岭国有林区经济转型能力评价指标权重值（表 3-12）。

表 3-12　大小兴安岭国有林区经济转型能力评价指标权重值表

指标	x_{11}	x_{12}	x_{21}	x_{22}	x_{23}	x_{24}	x_{25}	x_{31}	x_{32}	x_{33}	x_{41}	x_{42}	x_{43}
权重	0.138	0.049	0.047	0.009	0.041	0.143	0.051	0.182	0.005	0.089	0.014	0.049	0.185

3.3.4 指标隶属度值的确定

考虑经济转型能力评价指标体系中指标间的“好”与“坏”在很大程度上带有模糊性，因此采用模糊隶属度函数法对各指标进行量化。由于所选指标均为正向指标，指标值越大对系统发展越有利。因此，采用正向指标计算公式进行处理，即

$$z_{ij}=\frac{x_{ij}-\min(x_j)}{\max(x_j)-\min(x_j)} \tag{3-5}$$

运用上述模糊隶属度函数法对大小兴安岭国有林区所属的 25 个林业局经济转型能力评价指标进行量化，求得大小兴安岭国有林区各林业局的指标隶属度值（表 3-13）。

表 3-13 大小兴安岭国有林区经济转型能力测度指标隶属度值

地点	x_{11}	x_{12}	x_{21}	x_{22}	x_{23}	x_{24}	x_{25}	x_{31}	x_{32}	x_{33}	x_{41}	x_{42}	x_{43}
大小兴安岭	0.399	0.305	0.500	0.350	0.413	0.354	1.000	0.334	0.330	0.407	0.199	0.597	0.778
大兴安岭	0.645	0.364	0.760	0.463	0.419	0.239	0.341	0.330	0.485	0.348	0.259	0.747	0.866
小兴安岭	0.335	0.290	0.391	0.303	0.411	0.402	0.638	0.338	0.175	0.533	0.139	0.447	0.689
松岭	0.779	0.470	0.749	0.235	0.809	0.168	0.016	0.328	0.278	0.121	0.302	0.594	0.866
新林	0.929	0.576	0.773	0.475	0.471	0.083	0.027	0.334	1.000	0.492	0.000	0.927	0.840
塔河	0.411	0.277	1.000	0.300	0.475	0.279	0.041	0.323	0.381	0.486	0.122	0.702	0.858
呼中	0.380	0.190	0.613	0.693	0.071	0.231	0.013	0.335	0.175	0.133	0.091	0.774	0.848
阿木尔	0.171	0.111	0.466	0.009	0.159	0.151	0.006	0.330	1.000	0.482	0.057	0.629	0.877
图强	0.533	0.273	0.837	0.444	0.292	0.056	0.001	0.330	0.175	0.702	0.153	0.521	0.864
西林吉	1.000	0.403	0.652	0.939	0.172	0.676	0.045	0.327	0.588	0.342	1.000	0.707	0.883
十八站	0.818	0.581	0.865	0.051	0.955	0.039	0.020	0.352	0.588	0.406	0.423	0.938	0.872
韩家园	0.969	0.568	0.855	0.238	0.338	0.000	0.005	0.320	0.794	0.252	0.243	1.000	1.000
双丰	0.098	0.190	0.860	0.286	0.466	0.133	0.004	0.336	0.072	0.343	0.125	0.000	0.710
铁力	0.581	0.462	0.206	0.185	0.364	0.361	0.040	0.337	0.485	0.451	0.132	0.866	0.827
桃山	0.000	0.104	0.275	0.000	0.139	0.059	0.000	0.337	0.072	0.000	0.098	0.690	0.815
朗乡	0.620	0.540	0.946	0.386	0.870	0.220	0.006	1.000	0.588	0.327	0.242	0.266	0.944
南岔	0.128	1.000	0.390	0.049	0.347	0.269	0.034	0.365	0.485	0.409	0.322	0.401	0.726
金山屯	0.320	0.250	0.438	0.395	0.193	0.531	0.045	0.334	0.072	0.364	0.108	0.098	0.755

续表

地点	x_{11}	x_{12}	x_{21}	x_{22}	x_{23}	x_{24}	x_{25}	x_{31}	x_{32}	x_{33}	x_{41}	x_{42}	x_{43}
美溪	0.392	0.123	0.308	0.288	0.587	0.556	0.004	0.320	0.278	0.342	0.431	0.448	0.644
乌马河	0.238	0.241	0.292	0.003	0.004	0.993	0.012	0.311	0.072	0.203	0.087	0.868	0.582
翠峦	0.379	0.078	0.242	0.056	1.000	0.249	0.048	0.000	0.000	0.057	0.007	0.435	0.704
友好	0.640	0.568	0.223	0.209	0.539	0.104	0.026	0.352	0.588	0.811	0.089	0.771	0.611
上甘岭	0.312	0.002	0.453	0.806	0.306	0.308	0.001	0.320	0.000	0.006	0.159	0.317	0.646
五营	0.588	0.000	0.000	1.000	0.000	1.000	0.004	0.322	0.072	1.000	0.013	0.310	0.685
红星	0.260	0.000	0.327	0.108	0.215	0.305	0.027	0.320	0.072	0.674	0.104	0.264	0.679
新青	0.465	0.235	0.414	0.164	0.502	0.212	0.022	0.341	0.175	0.847	0.100	0.654	0.778
汤旺河	0.646	0.504	0.622	0.531	0.198	0.657	0.030	0.334	0.175	0.706	0.018	0.606	0.675
乌伊岭	0.192	0.228	0.109	0.391	0.390	0.245	0.023	0.194	0.278	0.652	0.016	0.458	0.000

3.3.5 评价结果与分析

在计算出各指标的权重 a_i 和隶属度值 $\bar{x}_i$ 后，利用经济转型能力计算模型［式（3-1）］，可计算出大小兴安岭国有林区 25 个林业局的经济转型能力综合指数（表 3-14）。

表 3-14 大小兴安岭国有林区经济转型能力综合指数表

地点	经济转型能力指数 $f(x)$	地点	经济转型能力指数 $f(x)$	地点	经济转型能力指数 $f(x)$	地点	经济转型能力指数 $f(x)$
大小兴安岭	0.489	阿木尔	0.381	桃山	0.279	友好	0.457
大兴安岭	0.509	图强	0.461	朗乡	0.631	上甘岭	0.324
小兴安岭	0.449	西林吉	0.607	南岔	0.403	五营	0.523
松岭	0.490	十八站	0.543	金山屯	0.406	红星	0.365
新林	0.539	韩家园	0.539	美溪	0.418	新青	0.464
塔河	0.479	双丰	0.329	乌马河	0.427	汤旺河	0.530
呼中	0.403	铁力	0.483	翠峦	0.303	乌伊岭	0.215

运用 SPSS 软件对各林业局的经济转型能力综合指数进行聚类分析，得到国有林区各林业局经济转型能力分类图（图 3-2）。

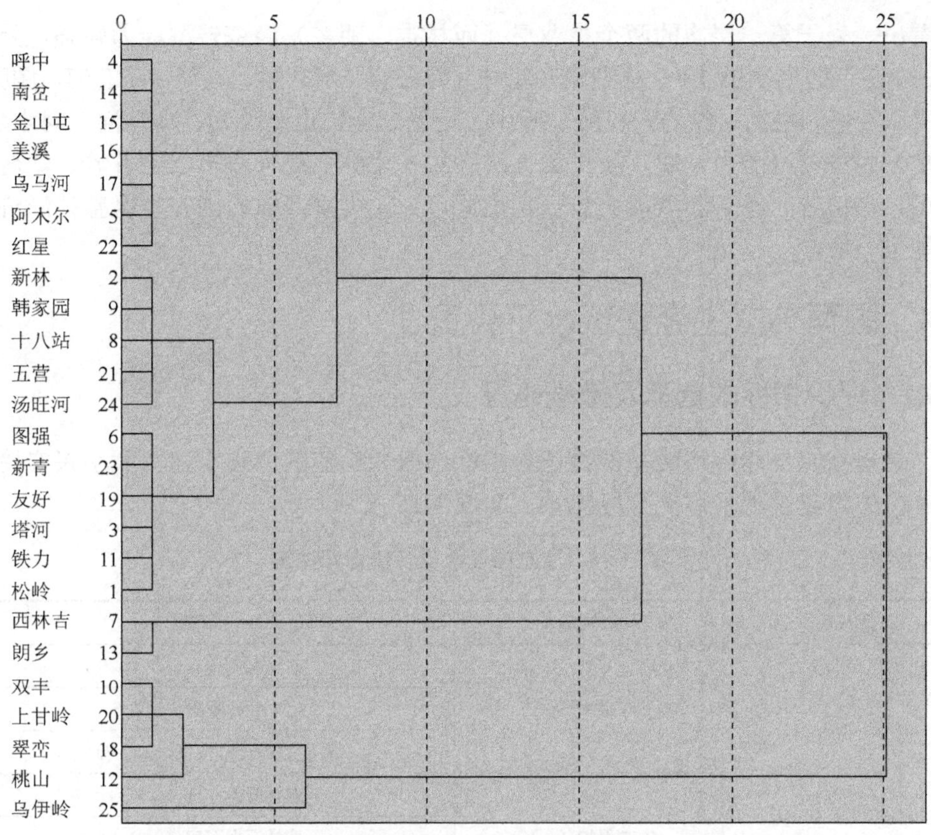

图 3-2 大小兴安岭国有林区各林业局经济转型能力聚类分析图

从图 3-2 可以看出，大小兴安岭国有林区各林业局的经济转型能力按第一列可以分成如下五个层次（括号内数据为各林业局经济转型能力指数得分）：

第一层次：西林吉（0.607）、朗乡（0.631）；

第二层次：新林（0.539）、韩家园（0.539）、十八站（0.543）、五营（0.523）、汤旺河（0.530）；

第三层次：图强（0.461）、新青（0.464）、友好（0.457）、塔河（0.479）、铁力（0.483）、松岭（0.490）；

第四层次：呼中（0.403）、南岔（0.403）、金山屯（0.406）、美溪（0.418）、乌马河（0.427）、阿木尔（0.381）、红星（0.365）；

第五层次：双丰（0.329）、上甘岭（0.324）、翠峦（0.303）、桃山（0.279）、乌伊岭（0.215）。

按第二列可以分为三个层次，即将上述第二、三、四层次合为一层。由此可以看出，处于第一层次的两个林业局（西林吉、朗乡）经济转型能力较强，处于第二、三、四层次的 18 个林业局（新林、韩家园、十八站、五营、汤旺河、图强、新青、友好、塔河、铁力、松岭、呼中、南岔、金山屯、美溪、乌马河、阿木尔、红星）经济转型能力一般，处于第五层次的 5 个林业局（双丰、上甘岭、翠峦、桃山、乌伊岭）经济转型能力较弱。由此可见，大小兴安岭国有林区整体经济转型能力一般。

3.4 国有林区生态建设水平评价

3.4.1 评价指标的选取及数据来源

这里按照上述经济转型能力评价指标选取和构建的原则，建立大小兴安岭国有林区生态建设水平评价指标体系，如表 3-15 所示。

表 3-15 生态建设水平评价指标体系

目标层	控制层	指标层
生态建设水平（y）	生态水平（y_1）	林地利用率（y_{11}）/%
		人均水资源量（y_{12}）/t
		人均旅游资源价值（y_{13}）/元
	生态保护（y_2）	森林覆盖率（y_{21}）/%
		自然景观保存率（y_{22}）/%
		生物多样性保存率（y_{23}）/%
	生态治理（y_3）	三废处理达标率（y_{31}）/%
		地表水质达标率（y_{32}）/%

注：表中各指标的数据来源同表 3-8。

3.4.2 评价准则及评价模型

生态建设水平指标基本上都是正向指标，但有些指标值的准确数据很难查找到，特别是对具体的每个林业局而言，比如森林覆盖率，对于 2013 年大小兴安岭林区的森林覆盖率不难查询，但要具体到每一个林业局的准确数值却有很大难度。因此，通过咨询专家们的意见，参考大小兴安岭国有林区的相关数据资料，采取主观赋值法对难以准确查找数据的指标进行赋值。

（1）林地利用率。70%以下取值为 1，70%～80%取值为 3，80%～90%取值为 5，90%以上取值为 7。

（2）人均水资源量。200t 以下取值为 1，200～300t 取值为 3，300～400t 取值为 5，400～500t 取值为 7，500t 以上取值为 9。

（3）人均旅游资源价值。200 元以下取值为 1，200～300 元取值为 3，300～400 元取值为 5，400～500 元取值为 7，500 元以上取值为 9。

（4）森林覆盖率。70%以下取值为 1，70%～80%取值为 3，80%～90%取值为 5，90%以上取值为 7。

（5）自然景观保存率。70%以下取值为 1，70%～80%取值为 3，80%～90%取值为 5，90%以上取值为 7。

（6）生物多样性保存率。50%以下取值为 1，50%～70%取值为 3，70%～90%取值为 5，90%以上取值为 7。

（7）三废处理达标率。60%以下取值为 1，60%～70%取值为 3，70%～80%取值为 5，80%～90%取值为 7，90%以上取值为 9。

（8）地表水质达标率。70%以下取值为 1，70%～80%取值为 3，80%～90%取值为 5，90%以上取值为 7。

这里主要采用线性加权函数法对生态建设水平进行综合评价。因此，运用上述方法，同样设正数 y_1，y_2，y_3，…，y_n 为描述某区域生态转型能力的 n 项指标，并建立国有林区生态建设水平评价的计算模型为

$$g(y)=\sum_{j=1}^{n} b_j \overline{y}_j \tag{3-6}$$

式中，$g(y)$ 为该区域生态建设水平综合指数；b_j 为第 j 个指标的权重值；$\overline{y}_j$ 为第 j 个指标的隶属度值。

3.4.3 指标权重系数及其隶属度值

采用经济转型能力评价中相同的方法与步骤，求得国有林区生态建设水平评价指标的权重值，如表 3-16 所示。

表 3-16 大小兴安岭国有林区生态建设水平评价指标权重值表

指标	y_{11}	y_{12}	y_{13}	y_{21}	y_{22}	y_{23}	y_{31}	y_{32}
权重	0.170	0.080	0.176	0.167	0.110	0.094	0.108	0.094

采用经济转型能力评价中应用的模糊隶属度函数法求算国有林区 25 个林业局的生态建设水平评价指标的隶属度值 $\overline{y}_i$，如表 3-17 所示。

表 3-17　大小兴安岭国有林区生态建设水平评价指标隶属度值

地点	y_{11}	y_{12}	y_{13}	y_{21}	y_{22}	y_{23}	y_{31}	y_{32}
大小兴安岭	1.00	0.50	0.50	0.50	1.00	0.50	0.50	1.00
大兴安岭	1.00	0.50	0.75	0.50	1.00	1.00	0.50	1.00
小兴安岭	1.00	0.50	0.50	0.50	1.00	0.50	0.50	0.00
松岭	1.00	0.50	0.75	0.50	1.00	0.50	0.00	1.00
新林	1.00	0.50	0.50	1.00	1.00	1.00	0.50	1.00
塔河	1.00	1.00	0.50	1.00	1.00	1.00	0.50	1.00
呼中	1.00	0.50	0.50	1.00	1.00	1.00	1.00	1.00
阿木尔	1.00	0.50	0.00	1.00	0.00	0.50	0.50	1.00
图强	0.00	0.50	0.25	0.50	1.00	0.50	0.50	1.00
西林吉	1.00	0.50	1.00	1.00	1.00	1.00	1.00	1.00
十八站	0.00	0.50	0.50	0.00	1.00	1.00	0.00	0.00
韩家园	0.00	0.50	0.25	0.00	1.00	0.50	0.50	1.00
双丰	1.00	0.50	0.25	0.50	0.00	1.00	0.50	1.00
铁力	1.00	0.50	0.75	0.50	1.00	0.50	0.50	0.00
桃山	0.00	0.50	0.25	0.00	1.00	1.00	0.50	1.00
朗乡	1.00	0.50	0.50	1.00	0.00	0.00	0.00	0.00
南岔	0.00	0.50	0.25	0.50	0.00	1.00	0.50	0.00
金山屯	1.00	0.00	0.75	1.00	1.00	1.00	0.50	1.00
美溪	0.00	0.50	0.75	0.50	1.00	0.50	0.50	0.00
乌马河	1.00	1.00	0.25	1.00	1.00	0.50	1.00	1.00
翠峦	1.00	0.50	0.50	1.00	1.00	1.00	0.00	0.00
友好	0.00	0.50	0.50	0.50	1.00	0.50	0.50	0.00
上甘岭	0.00	0.00	0.75	0.50	1.00	0.50	0.50	1.00
五营	1.00	0.50	1.00	1.00	1.00	1.00	1.00	1.00
红星	1.00	0.50	0.00	1.00	1.00	0.50	0.50	0.00
新青	1.00	0.50	0.50	1.00	1.00	0.00	0.50	1.00
汤旺河	1.00	1.00	1.00	1.00	1.00	0.50	0.50	1.00
乌伊岭	1.00	0.50	0.00	0.50	1.00	0.50	0.50	0.00

3.4.4　评价结果与分析

在计算出生态建设水平各指标的权重 b_j 和隶属度值 $\overline{y}_j$ 后，利用生态建设水平计算模型［式（3-6）］，可求算出国有林区 25 个林业局的生态建设水平综合指数表（表 3-18）。

表 3-18 大小兴安岭国有林区生态建设水平综合指数表

地点	生态建设水平指数 $g(y)$	地点	生态建设水平指数 $g(y)$	地点	生态建设水平指数 $g(y)$	地点	生态建设水平指数 $g(y)$
大小兴安岭	0.687	阿木尔	0.573	桃山	0.436	友好	0.423
大兴安岭	0.778	图强	0.473	朗乡	0.466	上甘岭	0.521
小兴安岭	0.593	西林吉	0.960	南岔	0.316	五营	0.960
松岭	0.677	十八站	0.332	金山屯	0.822	红星	0.589
新林	0.818	韩家园	0.389	美溪	0.467	新青	0.724
塔河	0.858	双丰	0.580	乌马河	0.821	汤旺河	0.899
呼中	0.872	铁力	0.637	翠峦	0.670	乌伊岭	0.505

运用 SPSS 软件对各林业局的生态建设水平综合指数进行聚类分析，得到国有林区各林业局生态建设水平聚类分析图（图 3-3）。

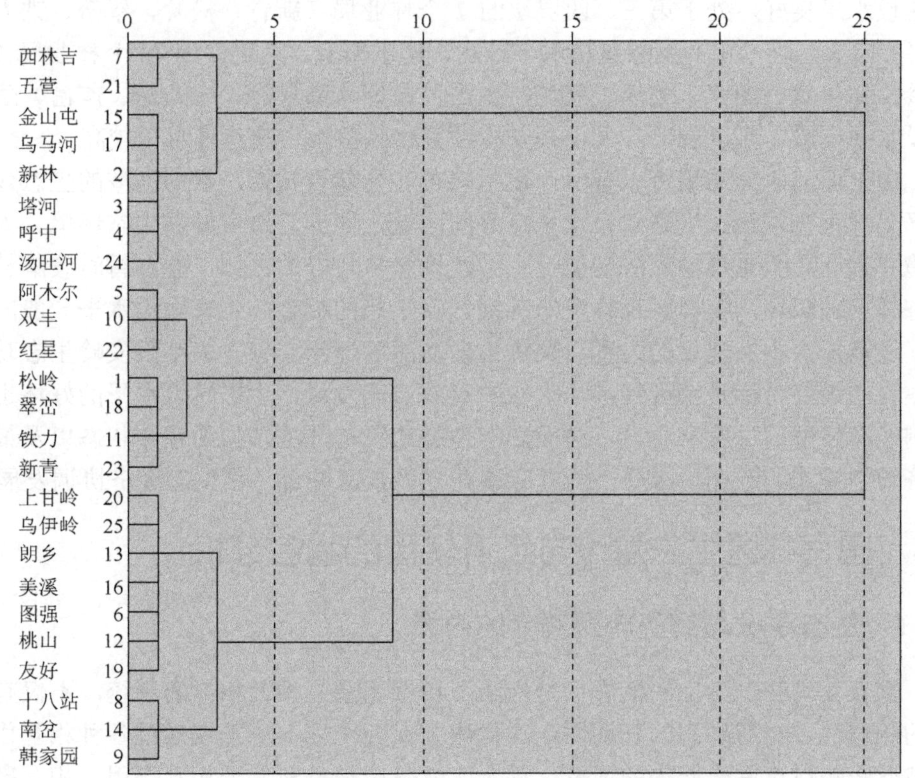

图 3-3 大小兴安岭国有林区各林业局生态建设水平聚类分析图

从图 3-3 可以看出，对国有林区各林业局的生态建设水平进行聚类分析，按第一列可以分成如下六个层次（括号内数据为各林业局生态建设水平指数得分）：

第一层次：西林吉（0.960）、五营（0.960）；

第二层次：汤旺河（0.899）、呼中（0.872）、塔河（0.858）、金山屯（0.822）、乌马河（0.821）、新林（0.818）；

第三层次：新青（0.724）、松岭（0.677）、翠峦（0.670）、铁力（0.637）；

第四层次：红星（0.589）、双丰（0.580）、阿木尔（0.573）；

第五层次：上甘岭（0.521）、乌伊岭（0.505）、图强（0.473）、美溪（0.467）、朗乡（0.466）、桃山（0.436）、友好（0.423）；

第六层次：韩家园（0.389）、十八站（0.332）、南岔（0.316）。

按第二列可以分为三个层次，即将上述第一、二层次合为一层，第三、四层次合为一层，第五、六层次合为一层。由此我们可以看出，处于第一、二层次的 8 个林业局（西林吉、五营、汤旺河、呼中、塔河、金山屯、乌马河、新林）生态建设水平良好，处于第三、四层次的 7 个林业局（新青、松岭、翠峦、铁力、红星、双丰、阿木尔）生态建设水平较高，处于第五、六层次的 10 个林业局（上甘岭、乌伊岭、图强、美溪、朗乡、桃山、友好、韩家园、十八站、南岔）生态建设水平一般。可以看出，大小兴安岭国有林区整体生态建设水平较高。

由上面的研究结果可以看出，在生态功能区建设初期，不同区域的生态建设水平仍然存在差距。生态建设水平良好的区域，能够营造良好的生态环境、人居环境和招商环境来推动经济转型；生态建设水平较好的区域，能够暂时缓解林区生态环境被破坏，使林区森林资源得到休养生息的机会；生态建设水平一般的区域，还需加大生态建设的力度，促进生态功能的逐步完善。大小兴安岭生态功能区建设的最终目标是实现经济与生态的高效协同发展，生态建设水平的好坏也将影响经济转型的进度和质量，进而影响生态建设与经济转型的耦合状态以及最终经济转型模式的选择。因此，两者应该并举，紧密结合，使生态经济协调发展。

3.5 国有林区生态建设与经济转型的耦合分析

3.5.1 生态建设与经济转型耦合的内涵

耦合作为物理学上的概念，是指两个相近相通又相差相异的系统，不仅有静态的相似性，也有动态的互动性，这样两个或两个以上的系统通过各种相互作用而彼此影响以至联合起来的现象。耦合度就是用来反映系统相互作用、相互影响的程度，耦合度越大，表明系统间的相互影响的程度越大。由此，可以把生态系统与经济系统两个系统之间通过各自的耦合元素产生相互彼此影响的程度定义为生态系统与经济系统耦合度，其大小反映了生态系统与经济系统的相互作用（饶斌，2010）。

虽然作为反映生态系统与经济系统耦合程度的重要指标的耦合度对判别生态环境与经济系统耦合作用的强度以及预警两系统的走向等具有十分重要的意义，但是，在有些情况下，耦合度却很难反映出生态环境与经济系统的整体功能或发展水平。两个区域耦合度相当，但可能两个区域的生态环境质量水平和经济发展水平不同，一个可能都在高水平耦合，另一个可能都在低水平耦合。因此，单纯依靠耦合度判别有可能产生误导，而耦合协调度则能够度量区域生态环境与经济发展耦合发展水平高低，它能反映出区域生态环境与经济整体功能或发展水平大小（马金珠等，2004）。

国有林区生态经济系统是由区域内的经济子系统和生态子系统耦合而成的复合系统。它们相互联系又相互独立，既相互支持又相互制约。生态功能区建设的过程中，生态与经济耦合的具体形态会因生态功能区的不同建设阶段、不同区域的经济发展与生态建设的不同状况而表现出不同的耦合形态，据此，国有林区的经济转型模式也会相应地选择适合的、最优的转型模式。

3.5.2 生态建设与经济转型耦合度及耦合协调度计算模型

1. 耦合度计算模型

这里采用离散系数来反映生态建设与经济转型的耦合度。离散系数也叫变异系数，它能够反映出两组数据的离散和变异程度，如果两组数据较离散，则说明系统间的相互作用较小，耦合度也就较低，反之，耦合度就高。选择离散系数反映耦合度，是因为离散系数只是一个比值，没有单位，因此可以度量不同量纲几组资料的变异度，故可以用它来比较量纲不同的系统间的离散程度。由于经济转型能力指数 $f(x)$ 与生态建设水平指数 $g(y)$ 是两个不同系统的量，故用离散系数能较好地反映二者的耦合度。离散系数是标准差 S 与均数 $\bar{x}$ 之比，其公式为

$$C_v = \frac{S}{\bar{x}}$$

式中，C_v 为离散系数；S 为标准差；$\bar{x}$ 为平均值。$S = \sqrt{\frac{\sum_{i=1}^{n}(x_i - \bar{x})}{n-1}}$，$\bar{x} = \frac{f(x)+g(y)}{2}$，则

$$C_v = \sqrt{2 \times \left\{ 1 - \frac{f(x) \cdot g(y)}{\left(\frac{f(x)+g(y)}{2} \right)^2} \right\}} \tag{3-7}$$

要使耦合度高，就要使变异系数小，从公式（3-7）中可看出，使 C_v 越小的充要条件是：$C^* = \frac{f(x) \cdot g(y)}{\left(\frac{f(x)+g(y)}{2} \right)^2}$；$C^*$ 越大越好。

根据上述充要条件，为了能够计算出多系统间的耦合度，本书给出系统间耦合度的计算模型为

$$C = \left\{ \frac{f(x) \cdot g(y)}{\left(\frac{f(x)+g(y)}{2} \right)^2} \right\}^n \tag{3-8}$$

式中，C 为耦合度；n 为系统的个数，在这里 n=2，总共有两个系统（生态系统与经济系统）。

耦合度值 $C \in [0,1]$。当 C=1 时，耦合度最大，系统间相互作用、相互影响的程度最大，系统之间或系统内部要素之间达到良性共振耦合，系统将趋向新的、更高级的功能体；当 C=0 时，耦合度极小，系统间不存在相互作用和相互影响，系统之间或系统内部要素之间处于无关状态，系统将向无序发展。

2. 耦合协调度计算模型

耦合度主要反映生态系统与经济系统相互作用、相互影响的强度。但是耦合度在有些情况下却很难反映出生态环境与经济系统的整体功能或发展水平。两个区域耦合度 C 相当，但可能两个区域的生态环境质量水平和经济发展水平不同，一个可能是都在高水平耦合，另一个可能是都在低水平耦合。为此，为了能更好反映区域生态环境与经济耦合水平的高低，构建生态环境与经济耦合协调度模型，其算法可表示为

$$\begin{aligned} D &= \sqrt{C \cdot T} \\ T &= \alpha f(x) + \beta g(y) \end{aligned} \tag{3-9}$$

式中，D为耦合协调度；C为耦合度；T为生态与经济效益的综合评价指数，反映经济系统与生态系统的整体协同效应；α、β为待定权数。本书认为对大小兴安岭国有林区来讲，经济转型与生态建设同等重要，因此，按$\alpha=\beta=0.5$为其赋值。

耦合协调度综合了生态环境与经济发展耦合度以及这两者综合评价指数，因此，它具有更强的稳定性和更大的使用范围，可用于同一区域不同时期或同一时期不同区域之间的生态环境与经济耦合发展定量分析与评价。

3.5.3 生态建设与经济转型耦合度及耦合协调度的评价

根据耦合度、耦合协调度计算模型以及前文求出的国有林区经济转型能力指数$f(x)$和生态建设水平指数$g(y)$，可分别求出大小兴安岭国有林区所属的25个林业局的生态建设与经济转型的综合评价指数T、耦合度C和耦合协调度D（表3-19）。

表3-19 大小兴安岭国有林区生态建设与经济转型耦合度及耦合协调度

地点	经济转型能力指数$f(x)$	生态建设水平指数$g(y)$	综合评价指数T	耦合度C	耦合协调度D
大小兴安岭	0.489	0.687	0.588	0.944	0.745
大兴安岭	0.509	0.778	0.643	0.914	0.767
小兴安岭	0.449	0.593	0.521	0.962	0.708
松岭	0.490	0.677	0.584	0.950	0.744
新林	0.539	0.818	0.678	0.917	0.789
塔河	0.479	0.858	0.669	0.846	0.752
呼中	0.403	0.872	0.637	0.747	0.690
阿木尔	0.381	0.573	0.477	0.921	0.662
图强	0.461	0.473	0.467	1.000	0.683
西林吉	0.607	0.960	0.783	0.901	0.840
十八站	0.543	0.332	0.438	0.887	0.623
韩家园	0.539	0.389	0.464	0.949	0.663
双丰	0.329	0.580	0.454	0.853	0.623
铁力	0.483	0.637	0.560	0.963	0.734
桃山	0.279	0.436	0.358	0.906	0.570

续表

地点	经济转型能力指数 $f(x)$	生态建设水平指数 $g(y)$	综合评价指数 T	耦合度 C	耦合协调度 D
朗乡	0.631	0.466	0.549	0.955	0.724
南岔	0.403	0.316	0.359	0.971	0.591
金山屯	0.406	0.822	0.614	0.784	0.694
美溪	0.418	0.467	0.442	0.994	0.663
乌马河	0.427	0.821	0.624	0.811	0.711
翠峦	0.303	0.670	0.487	0.736	0.599
友好	0.457	0.423	0.440	0.997	0.663
上甘岭	0.324	0.521	0.422	0.894	0.615
五营	0.523	0.960	0.742	0.834	0.787
红星	0.365	0.589	0.477	0.892	0.652
新青	0.464	0.724	0.594	0.907	0.734
汤旺河	0.530	0.899	0.715	0.871	0.789
乌伊岭	0.215	0.505	0.360	0.702	0.503

从表 3-19 中可以看出，大小兴安岭国有林区整体生态系统与经济转型耦合协调度为 0.745，耦合状态处于中级水平。大兴安岭国有林区耦合协调度略高于小兴安岭林区。其中仅西林吉林业局超过 0.8，松岭、新林、塔河、铁力、朗乡、乌马河、五营、新青、汤旺河 9 个林业局的耦合协调度位于 0.7～0.8；呼中、阿木尔、图强、十八站、韩家园、双丰、金山屯、美溪、友好、上甘岭、红星 11 个林业局的耦合协调度位于 0.6～0.7；桃山、南岔、翠峦、乌伊岭 4 个林业局的耦合协调度位于 0.5～0.6。

3.5.4 生态建设与经济转型耦合的分区

为了能够准确地反映两大系统的耦合关系，在借鉴前人研究的基础上（刘耀彬和宋学锋，2005），以上面计算的生态建设水平综合指数、经济转型能力综合指数和耦合协调度为基础，建立了大小兴安岭国有林区的生态建设与经济转型耦合发展的评判标准和耦合的基本类型（表 3-20）。

表 3-20 区域生态与经济耦合发展的分类体系及其判别标准

第一层次	第二层次		第三层次（基本类型）	
	D	类型	$f(x)$与 $g(y)$的关系	类型
耦合协调发展类（可接受区间）	0.90～1.00	优质协调发展类	$f(x)< g(y)$	优质协调发展生态主导型
			$f(x)= g(y)$	优质协调发展同步型
			$f(x)> g(y)$	优质协调发展经济主导型
	0.80～0.89	良好协调发展类	$f(x)< g(y)$	良好协调发展生态主导型
			$f(x)= g(y)$	良好协调发展同步型
			$f(x)> g(y)$	良好协调发展经济主导型
	0.70～0.79	中级协调发展类	$f(x)< g(y)$	中级协调发展生态主导型
			$f(x)= g(y)$	中级协调发展同步型
			$f(x)> g(y)$	中级协调发展经济主导型
	0.60～0.69	初级协调发展类	$f(x)< g(y)$	初级协调发展生态主导型
			$f(x)= g(y)$	初级协调发展同步型
			$f(x)> g(y)$	初级协调发展经济主导型
过渡发展类（过渡区间）	0.50～0.59	勉强协调发展类	$f(x)< g(y)$	勉强协调发展生态主导型
			$f(x)= g(y)$	勉强协调发展同步型
			$f(x)> g(y)$	勉强协调发展经济主导型
	0.40～0.49	濒临失调衰退类	$f(x)< g(y)$	濒临失调衰退经济损益型
			$f(x)= g(y)$	濒临失调衰退共损型
			$f(x)> g(y)$	濒临失调衰退生态损益型
失调衰退类（不可接受区间）	0.30～0.39	轻度失调衰退类	$f(x)< g(y)$	轻度失调衰退经济损益型
			$f(x)= g(y)$	轻度失调衰退共损型
			$f(x)> g(y)$	轻度失调衰退生态损益型
	0.20～0.29	中度失调衰退类	$f(x)< g(y)$	中度失调衰退经济损益型
			$f(x)= g(y)$	中度失调衰退共损型
			$f(x)> g(y)$	中度失调衰退生态损益型
	0.10～0.19	严重失调衰退类	$f(x)< g(y)$	严重失调衰退经济损益型
			$f(x)= g(y)$	严重失调衰退共损型
			$f(x)> g(y)$	严重失调衰退生态损益型
	0～0.09	极度失调衰退类	$f(x)< g(y)$	极度失调衰退经济损益型
			$f(x)= g(y)$	极度失调衰退共损型
			$f(x)> g(y)$	极度失调衰退生态损益型

根据表 3-20 的评判标准和基本类型，对照表 3-19 的计算结果，结合大小兴安岭国有林区经济与生态综合效益 $f(x)$和 $g(y)$的对比关系，可将大小兴安岭国有林区所属的 25 个林业局的生态建设与经济转型的耦合关系划分为四大类七小类，分别是良好协调发展类、中级协调发展类、初级协调发展类和勉强协调发展类，即良好协调发展生态主导型、中级协调发展生态主导型、中级协调发展经济主导型、初级协调发展生态主导型、初级协调发展经济主导型、勉强协调发展生态主导型、勉强协调发展经济主导型，并得出该地区 25 个林业局生态与经济耦合发展状况分区表（表 3-21）。

表 3-21　大小兴安岭国有林区经济转型与生态建设耦合发展状况分区表

<table>
<tr><th>第一层次</th><th>第二层次</th><th>第三层次</th><th>林业局</th></tr>
<tr><td rowspan="6">耦合协调发展类（可接受区间）</td><td>良好协调发展类</td><td>良好协调发展生态主导型</td><td>西林吉</td></tr>
<tr><td rowspan="2">中级协调发展类</td><td>中级协调发展生态主导型</td><td>松岭、新林、塔河、铁力、乌马河、五营、新青、汤旺河</td></tr>
<tr><td>中级协调发展经济主导型</td><td>朗乡</td></tr>
<tr><td rowspan="2">初级协调发展类</td><td>初级协调发展生态主导型</td><td>呼中、阿木尔、图强、双丰、金山屯、美溪、上甘岭、红星</td></tr>
<tr><td>初级协调发展经济主导型</td><td>十八站、韩家园、友好</td></tr>
<tr><td rowspan="2">过渡发展类（过渡区间）</td><td rowspan="2">勉强协调发展类</td><td>勉强协调发展生态主导型</td><td>桃山、翠峦、乌伊岭</td></tr>
<tr><td>勉强协调发展经济主导型</td><td>南岔</td></tr>
</table>

由表 3-19 和表 3-21 可知，大小兴安岭国有林区整体生态建设与经济转型耦合协调度为 0.745，属于中级协调发展类型。在大小兴安岭国有林区 25 个林业局中，耦合协调度最高的是西林吉林业局，达到了 0.840，属于良好协调发展类型；最低的是乌伊岭林业局，耦合协调度为 0.503，属于勉强协调发展类型，而大部分林业局都处于［0.6，0.8］区间，属于耦合协调发展类（可接受区间）。这反映出在大小兴安岭生态功能区建设初期，国有林区的生态建设与经济转型的协调性整体仍偏低，未来生态功能区建设中，经济转型发展与生态环境保护力度亟待加强，经济转型过程中要将提高生态建设与经济转型耦合度作为一个基本准则，选择合适的、最优的经济转型模式。

由表 3-19 可知，在大小兴安岭国有林区 25 个林业局中，各林业局间 T 值差距较小，说明各林业局的经济转型发展及生态保护水平相对比较一致。由表 3-21 可知，在大小兴安岭国有林区 25 个林业局中，20 个属于生态主导型，仅 5 个属于经济主导型，这符合生态功能区建设的目标和要求。生态功能区建设的最终目标是实现国有林区经济与生态的高效协调发展，在国有林区未来的经济转型发展中，要不断采取措施，促进生态与经济的协调发展。同时，大小兴安岭国有林区在今后的经济转型发展中，应正视现存的经济与生态发展状况，考虑生态建设与经济转型的不同耦合形态，来选择适合各具体林区的适宜的经济转型发展模式，实现林区经济转型，使经济与生态向着更加协调的方向发展，促进大小兴安岭国有林区可持续发展和生态功能区的建设。

3.6 国有林区经济转型模式选择及分区配置

大小兴安岭国有林区经济转型模式的选择或者建立，应该充分考虑大小兴安岭国有林区生态建设与经济转型的不同耦合状态，并要立足各具体林区（林业局）经济发展的现实状况，确定适合各具体林区（林业局）发展的经济转型模式，这是大小兴安岭国有林区经济转型的关键和重点。

3.6.1 国有林区经济转型模式的选择

大小兴安岭国有林区是典型的森林资源型地区，其经济转型也属于资源型地区的经济转型。目前对资源型地区经济转型模式的研究，大多数学者从不同的角度进行研究，如从经济转型运行机制来看，有政府主导型、市场调节型、政府主导与市场调节相结合三种转型模式；从经济转型基本路径来看，可细分为转型时点上的早期、中期、晚期三种转型模式；从经济转型中产业结构转换来看，有产业延伸型、产业更新型、多元产业复合发展型三种转型模式（袁榴艳等，2007）。

大小兴安岭国有林区经济转型及生态功能区建设都是长期的系统工程，是不断演化发展的过程。因此，大小兴安岭国有林区经济转型模式的选择要考虑这种阶段性的特点以及区域性的特征。任何一种经济转型模式也都是动态发展的，会随着地区社会经济的发展演进而不断调整和变形。如前所述，在生态功能区建设初期，大小兴安岭国有林区应该在现有发展的基础上，把产业结构的调整、升级作为生态功能区建设初期国有林区经济转型的重点。因此，在生态功能区建设初期，大小兴安岭国有林区经济转型模式的选择，总体上应该选择产业结构转换维度的产业链延伸模式、产业更新模式和多元产业复合发展模式。

1. 产业链延伸模式

产业链延伸模式主要是对现有产业或曾经的优势产业的全产业链条的延伸，大力发展现有产业或曾经的优势产业的前后相关联产业以及旁侧关联产业，以一种预防的方式进行经济转型。这种模式一般是针对区域赋存的资源量较丰富区域。产业链延伸模式的主导思想是把原来仅着眼于林木资源的利用扩大到对整个森林生态系统任何组分进行全面、合理、充分的利用，充分发掘森林资源的潜力和价值，不断延长林业产业链条，国有林区接续产业的发展即是产业链延伸模式的体现。所以，国有林区产业延伸的方式体现的是“相关产业多元化”发展战略，即从森林资源特定现状出发，发展前后及旁侧关联的相关产业，延长产业链，建立起资源深度加工和利用的产业群。如围绕国有林区曾经的优势产业——木材采运业，向前发展森林生态培育产业、林下经济产业，向后发展木材产品、林下经济产品的深加工业，在横向上加强配套产业的发展，通过上下游产业的协同关系，形成接续联动发展格局。

（1）向上延伸。从 2014 年开始，在大小兴安岭国有林区开始实施全面停止天然林商业性采伐政策，使得国有林区曾经的优势产业——木材采运业消失，而林区的产业转型发展还必须要依托森林资源进行产业链的延伸。木材采运业或林产品加工业的上游产业为森林资源的营造和抚育产业，上游产业的发展是国有林区经济转型的基础，通过国家财政扶持（如中央财政造林补贴和森林抚育补贴政策）等措施，扩大森林资源培育产业及林下经济产业的发展。上游产业的发展促进了生态恢复和生态效益的提升，同时，也为因木材采运业的消失而处于失业（或隐性失业）下岗的林业职工提供了新的就业岗位。

（2）向下延伸。下游产业的发展主要是对森林所产出的初级产品进行精深加工，大力发展林产品及林下经济产品精深加工业，提高产品的附加值，运用先进的生产工艺，打造出国有林区的特色品牌。在此基础上，发展林产品仓储物流产业及充分利用森林资源所蕴含的巨大的生物质能源资源潜力，大力发展森林生物质能源产业，使国有林区成为未来国家新兴能源的重要供给基地。生态功能区建设下国有林区经济转型的主导方向是逐渐从林区以木材采运加工为主导的传统产业向充分发挥森林生态功能的生态产业转变，因此，下游产业发展的同时，要注重进行产业的生态化改造。争取相关政策的扶持，在国有林区内建立林业生态产业园区，通过园区的运行，形成林业产业发展的规模效应和集群效益。

（3）横向延伸。林产品的精深加工业，特别是林下经济产品的精深加工业、生物质能源产业的发展以及森林资源的培育业等产业的发展，对林业先进的生产技术、生产工艺、生产设施等有强大的需求，这会促进生产服务性产业在林区的建立和发展（也成为吸纳剩余劳动力的重要力量）。同时，围绕生产经营活动，还可以大力发展生活服务业，特别是生态旅游产业的发展对生活服务业有明显的需求。

产业链延伸模式可以在产业转型的初期充分发挥国有林区已有的资源优势和条件，同时上下游产业在生产、管理和技术方面具有明显的相关性及连续性，实施产业转型的难度较小、周期短、成本费用低，职工群众比较容易适应和接受。但产业链延伸模式最终没有摆脱林木资源的束缚，且整个产业链的链接因素单一，使得这一模式的稳定性差，比较脆弱。

2. *产业更新模式*

产业更新模式是完全不依托或基本不依托原有的资源基础，开发建立全新的产业体系，这是国有林区产业转型长期追求的目标。由于全面停止天然林商业性采伐政策的影响，大小兴安岭国有林区原有的木材生产、加工为主导的比较优势丧失，同时，现有森林资源生态系统的脆弱性，以及国家在生态文明建设中对森林资源保护的要求，使得国有林区在发展接续产业的同时，必须要考虑开发建立新兴的产业，以此作为林区经济发展新的增长点，并逐渐形成新的经济主导产业或优势产业。

大小兴安岭生态功能区建设下，国有林区在替代产业挑选的过程中要把握“森林保护、经济发展、质量提升、民生改善及可持续发展”的基本要求，避免重蹈“资源枯竭-经济衰退”现象的再次发生。替代产业寻找的根本出发点是找到新的资源比较优势。借鉴国内外相关区域的发展经验，国有林区应该充分依托和利用森林的林上、林中、林下资源，大力发展非林非木产业，如碳汇经济、森林旅游（森林康养）、清洁能源产业等新的产业链，着力打造地方特色和优势产业，将地区自然资源及生态优势转化为经济发展和社会进步的要素资源。这些产业的发展将能吸纳林区大量剩余劳动力，提高林区职工生活水平，促进社会和谐进步。新兴产业替代传统产业的模式存在一个跨越式发展的节点。这种激进的发展模式需要强大的科技、成本支撑，林区的经济发展会突然降低到最低点，再慢慢攀升，需要一段较长时期的等待，具有一定的风险性。

3. *多元产业复合发展模式*

多元产业复合发展模式与产业链延伸模式、产业更新模式不同，相对比较温和，属于渐进型发展。它是以上两种模式的有机结合，通常是在产业转型初期主要表现为产业链延伸模式，产业转型后期则主要表现为产业更新模式。

在这种模式的初期，林区主导产业逐步由木材产业转变为以林下产品精深加工业为主导的产业群。大量加工企业在一定区域内的聚集除了导致聚集经济，还有利于企业之间的技术外溢并由此促进技术进步和新产业的发展。多元产业复合发展模式的基本路线是：林区主导产业逐步由木材产业转变为上下游产业，随着新兴产业的不断发展，优势的不断增加，逐渐成为新的主导产业（张米尔，2004）。

这种模式的实行，将接续产业和新兴替代产业合并到经济体系中运行，可以最大限度地降低经济转型的风险。显然，与以上两种路径相比，复合发展模式具有更多的优点。该模式主要考虑替代产业对于产业的选择、技术的推进、职工的共识等都需要时间，而产业链的延伸正好可以弥补过渡期存在的经济问题，以二者的并行发展来保障国有林区转型初期经济社会的稳定发展。该转型模式，既继承了产业链延伸模式在产业接续初期能充分利用资源优势的特点，又避免了在产业接续后期的短期性；同时，它也避免了产业结构代谢模式的高投入和结构性震荡，促进林区经济实现平稳转型。

3.6.2 国有林区经济转型模式的分区配置

大小兴安岭国有林区内部区域发展的不平衡，以及前面的评价结果都显示，大小兴安岭国有林区区域间生态经济发展程度存在很大的差异，在这种情况下，国有林区经济转型的模式选择应充分考虑区域差异性特征，选择符合国有林区内部各具体林区发展现状的经济转型模式，这样才能更好地促进经济转型及国有林区整体的转型发展。在上述分析的国有林区经济转型的三种模式中，如果能根据各具体林区区域的特点和现实发展状况，为每一不同区域选择最佳的产业转型模式，则将会为该区域内经济转型带来降低成本、加快转型速度、降低转型风险等益处。因此，如何分区配置各区域最适合的经济转型模式成为经济转型实施阶段的重点和难点。只有将经济转型模式结合该区域的实际情况进行分析，比较各个转型模式的优缺点，才能选择出对该区域经济转型行之有效的最优模式。因此，根据前文研究得出的大小兴安岭国有林区经济转型与生态建设耦合发展状况分区表，结合影响大小兴安岭国有林区经济转型模式选择的相关因素，特别是区位因素，本书认为，不同的生态经济耦合状态的区域，应选择符合该区域客观环境条件的最优的经济转型模式，具体如表 3-22 所示。

表 3-22 国有林区经济转型模式的分区配置表

耦合状态	林业局	最优经济转型模式
良好协调发展类	西林吉	产业更新模式
中级协调发展类	松岭、新林、塔河、铁力、乌马河、五营、新青、汤旺河、朗乡	多元产业复合发展模式
初级协调发展类	呼中、阿木尔、图强、双丰、金山屯、美溪、上甘岭、红星、十八站、韩家园、友好	
勉强协调发展类	桃山、翠峦、乌伊岭、南岔	产业链延伸模式

（1）良好协调发展类型的区域应选择产业更新模式。处于良好协调发展的区

域，经济发展已经到了较高水平，积累了大量的资金、技术和人才方面的资源，替代产业已经有初步发展；生态建设进程处于加速阶段，能够营造良好的生态环境、人居环境和招商环境，具备比较好的生态基础和经济基础来推动经济转型。产业更新模式是最彻底的产业转型，需要利用森林资源开发所积累的资金、技术和人才，或借助外部力量，建立起基本不依赖原有林木资源的全新产业群，把原来从事森林资源开发的人员转移到新兴产业上。

这类区域选择产业更新模式正好可以利用资源开发所积累的资金、技术和人才，寻找新的优势，并以此为根基扩大、形成新的经济主导产业，实现主导产业的完全置换和产业结构的根本转型。且这类区域一般具有廉价的资源、充足的动力，大量空闲的土地和劳动力，能够吸引外部投资，外来投资的进入不仅仅带来资金，还伴随着先进的技术、管理思想和思维观念，这对该区域的产业转型具有非常重要的推动作用。

（2）中级和初级协调发展类型的区域应选择多元产业复合发展模式。处于中级和初级协调发展的区域，要么是生态建设水平较高，而经济发展水平一般，要么是经济发展水平较高，而生态建设水平一般，总体上，经济发展和生态建设进程不一致，发展不匹配，替代产业发展尚处于初步探索阶段，未形成规模。多元产业复合发展模式是将木材产业上下游产业和新兴替代产业合并到经济体系中运行，相对比较温和，属于渐进型发展，可以最大限度地降低经济转型的风险发生。这种模式通常是在转型的初期表现为产业延伸，随着以林木为主导产业向前向后关联产业的延伸，生态功能逐步完善，新兴产业不断发展，逐步演化为以产业复合为特征的综合型发展方式。

这类区域选择多元产业复合发展模式，可以在木材产业的主导地位下降，新产业逐渐上升的过程中实现经济转型。在这种产业转型初期，林区主导产业逐步由木材产业转变为以生态产业为主导的产业群。大量相关联企业在一定区域内的聚集和配套服务有利于企业之间的技术外溢并促进技术进步和新产业的发展。随着资源深加工产业群的建立和发展，企业间的技术外溢和乘数效应日益增强，为其他产业的发展提供了条件（王志宏和李成军，2005）。

（3）勉强协调发展类型的区域应选择产业链延伸模式。处于勉强协调发展的区域，生态基础和经济基础均比较薄弱。生态建设刚刚起步，生态环境没有明显改善；经济结构单一，发展缓慢，下游加工业薄弱，对外输出的主要是未经加工的初级产品，产业布局不合理，没有形成竞争优势。产业链延伸模式主要是在原有优势资源（森林资源）开发的基础上，发展前后及旁侧关联的相关产业，建立起资源深度加工和利用的产业群。

这类区域选择产业链延伸模式可以以林产品（特别是林下经济产品）生产为中心，通过上下游产业的协同关系，形成联动发展，且在转型的初期能够充分发挥该地的资源优势，同时上下游产业在生产、管理和技术方面具有明显的相关性，转型的实施难度较小。随着产业链的延伸，上下游企业和配套服务企业的数量不断增加，大量生产经营相关联的企业在一定空间内的聚集所带来的专业化生产、低运输成本、低交易费用、便捷的沟通和配套服务将形成集聚效应，该地区经济也将因此获得竞争优势。

3.7 国有林区经济转型模式效果检验

为了进一步论证上述经济转型模式选择的适当性和有效性，本部分选择产业链延伸模式，检验其对国有林区经济转型的促进作用。实践中，林下经济产业作为产业链延伸模式中一个重要产业得到了中央和地方各级政府的重视并大力促进其发展。2012 年国务院办公厅下发了《国务院办公厅关于加快林下经济发展的意见》，明确提出了发展林下经济的总体要求，主要任务及政策措施，全面推动林下经济的快速发展。国家林业局也积极推进林下经济的发展，在 2012 年下发了国家林业局关于贯彻落实《国务院办公厅关于加快林下经济发展的意见》的通知，提出关于林下经济发展的 22 项具体工作任务及有关要求。黑龙江省森工总局 2013 年也出台了《黑龙江省森工林区林下经济发展规划（2013—2020 年）》，以积极推动林下经济的发展。本部分主要选择黑龙江省国有林区，检验其林下经济发展是否促进了林区整体经济的转型发展。

3.7.1 指标的选取及解释

1. 指标的选取

在遵循数据质量的完整性、科学性、代表性、准确性、一致性、数据可获得性等原则的基础上，满足可操作性和科学性相统一、重点突出和全面性相统一、可靠性和可比性相统一以及相对独立性等原则（耿玉德和张朝辉，2013；姜传军和吕洁华，2008），同时参考国内学者提出的国有林区经济转型评价指标体系（王玉芳等，2016；耿玉德和张朝辉，2013），并且结合黑龙江省国有林区的发展特点，构建了黑龙江省国有林区林下经济发展和林区经济转型的指标体系（表 3-23），其中选取黑龙江省国有林区经济转型值作为其被解释变量，林下经济发展中具有代表性的指标变量作为其解释变量来进行研究。选取的所有指标数据主要源自《中国林业统计年鉴》（2000～2015）。

表 3-23 黑龙江省国有林区经济转型和林下经济发展相关指标

指标类型	符号	具体指标	符号	单位
国有林区经济转型	*Y*	第三产业从业人数占从业人数比例	*Y*1	%
		第三产业产值占林业总产值比例	*Y*2	%
		固定资产投资额	*Y*3	万元
		在岗职工年均工资	*Y*4	元
		投资中非国家投资比例	*Y*5	%
林下经济发展	*X*	林下种植业产值	*X*1	万元
		林下养殖业产量	*X*2	万只
		林产品加工业产值	*X*3	万元
		林下旅游业产值	*X*4	万元

2. 指标变量解释

国有林区经济转型指标反映了林区的经济发展情况、人员的安置情况、职工的收入情况以及国有林区对经济转型的投资情况等。国有林区经济转型（*Y*）中的林区经济发展情况用第三产业产值占林业总产值比例（*Y*2）来反映，人员的安置情况用第三产业从业人数占从业人数比例（*Y*1）来反映，职工的收入情况用在岗职工年平均工资（*Y*4）来反映，国家和政府对国有林区经济转型基础建设情况用固定资产投资额（*Y*3）来反映，在国有林区经济转型上林区自身的投资情况用投资中非国家投资比例（*Y*5）来反映。

本书选择了林下种植业产值（*X*1）、林下养殖业产量（*X*2）、林产品加工业产值（*X*3）以及林下旅游业产值（*X*4）四个指标来衡量林下经济的发展情况。其中林下种植业产值包括水果种植与采集产值、茶及其他饮料作物的种植与采集产值（不包括茶产业的产值）、林下中草药种植与采集、森林食品种植与采集和花卉及其他观赏植物种植产值五种产值之和，林下养殖业产量是年末大牲畜存栏数和年末家禽存栏数之和，林产品加工业产值主要是非木质林产品加工制造业的产值，林下旅游业产值主要就是林业旅游与休闲服务业产值。

3.7.2 数据的收集与处理

由于 2000～2015 年各年度林业统计年鉴中各个统计指标、统计口径的变更，有些指标的数据在某一年份或某几年是缺失的，为了保持数据的完整性，研究中运用了线性内插值法对有些指标缺失的数据进行了补充。

同时，为了更容易在不改变时序数据特征及降低和消除数据可能存在的大幅度波动和异方差的情况下得到平稳数列，对反映国有林区经济转型（*Y*）各指标的数据以及反映林下经济发展的各指标的数据进行了对数化处理，处理后的各指标如表 3-24 所示。

表 3-24　对数化处理后的各指标值

年份	ln*Y*	ln*X*1	ln*X*2	ln*X*3	ln*X*4
2000	21.930 830 47	9.168 476 168	8.898 775 359	5.062 595 033	8.990 441 551
2001	22.242 205 61	9.134 646 528	9.177 713 869	5.236 441 963	9.118 553 976
2002	22.653 361 61	8.926 517 51	9.757 710 053	5.375 278 408	9.233 861 567
2003	25.657 697 68	8.901 638 932	10.212 845 5	5.459 585 514	9.336 444 249
2004	25.163 958 01	8.665 268 309	10.762 466 92	5.899 897 354	10.226 186 8
2005	25.79 101 33	8.492 285 556	11.140 875 79	5.934 894 196	10.355 040 76
2006	27.423 673 49	8.015 657 615	11.1276 893 6	5.929 589 143	10.724 500 1
2007	28.168 440 02	10.098 889 85	11.304 929 11	5.855 071 922	10.994 336 45
2008	28.739 421 55	10.169 460 68	11.420 042 34	5.823 045 895	11.334 253 24
2009	29.583 735 54	10.427 564 98	11.698 566 51	5.476 463 552	11.665 981 26
2010	29.916 099 16	10.442 696 53	11.759 707 41	5.877 735 782	11.950 115 31
2011	29.311 781 19	10.573 289 34	12.803 875 65	6.284 134 161	12.336 951 77
2012	30.965 336 91	10.610 660 9	12.784 128 79	6.522 092 798	12.659 788 09
2013	29.840 510 31	10.688 780 82	13.270 704 07	6.336 825 731	12.860 395 83
2014	29.724 298 33	10.792 304 31	13.293 947 49	6.326 940 395	12.937 521 85
2015	29.717 692 05	10.886 108 95	13.538 895 02	6.171 190 446	13.083 377 2

3.7.3　VAR 模型的建立

考虑林下经济发展的特殊性以及林下经济产业的多样性，同时考虑国有林区经济转型的影响因素的多元性，这里选择向量自回归（vector auto regression，VAR）模型，来检验林下经济发展与国有林区经济转型之间的相关性。

VAR 模型是处理多个相关经济指标的分析与预测最容易操作的模型之一，实质上 VAR 模型是考察多个变量之间的动态互动关系的模型，其模型的一般形式如下式所示：

$$y_t = \sum_{i=p} \phi_i y_{t-i} + Hx_t + \varepsilon_t, t = 1,2,3,\cdots,T$$

式中，y_t表示 n 维内生变量的列向量 y_t=（y_{1t}，y_{2t}，y_{3t}，…，y_{kt}）；x_t表示 d 维外生变量列向量，它可以是常数变量、线性趋势项或其他随机变量；p 是自回归滞后阶数；ϕ_i是 $n\times n$ 维的待估系数矩阵；H 为 $n\times d$ 维的待估系数矩阵；ε_t为 n 维误差列向量，这些误差列向量不与它们的滞后值和等式右边的变量相关。

用 4 个反映林下经济的指标与反映国有林区经济转型指标建立双变量 VAR 模型，即黑龙江省国有林区经济转型与林下经济发展指标之间的双变量系统，主要包括国有林区经济转型与林下种植业产值、国有林区经济转型值与林下养殖业产量、国有林区经济转型值与林产品加工业产值、国有林区经济转型值与林下旅游业产值。综合滞后阶数的判断准则（AIC 准则和 SC 准则）以及方程参数的拟合度和系数的显著性的结果，各变量的最大滞后阶数取 2。运用 EViews6.0 估计了各个变量的向量自回归方程参数，估计的结果如表 3-25 所示。

表 3-25　各个变量的向量自回归方程参数估计

	Y	*X*1	*X*2	*X*3	*X*4
	0.647 082	0.185 357	0.011 829	0.080 041	0.163 691
Y(−1)	−0.521 73	−0.267 23	−0.077 2	−0.085 92	−0.037 29
	[1.240 27]	[0.693 63]	[0.153 23]	[0.931 62]	[4.389 59]
	0.281 102	−0.370 639	0.076 885	−0.096 109	0.035 887
Y(−2)	−1.051 74	−0.538 69	−0.155 62	−0.173 2	−0.075 17
	[0.267 27]	[−0.688 03]	[0.494 04]	[−0.554 92]	[0.477 38]
	−0.642 84	0.047 329	0.076 094	−0.105 144	0.029 502
*X*1(−1)	−1.033 06	−0.529 13	−0.152 86	−0.170 12	−0.073 84
	[−0.622 27]	[0.089 45]	[0.497 80]	[−0.618 06]	[0.399 55]
	−0.309 355	−0.271 715	0.152 531	−0.105 287	0.033 753
*X*1(−2)	−1.029 06	−0.527 08	−0.152 27	−0.169 46	−0.073 55
	[−0.300 62]	[−0.515 51]	[1.001 72]	[−0.621 31]	[0.458 90]
	1.120 588	−0.794 927	0.481 097	0.669 188	0.437 232
*X*2(−1)	−2.070 7	−1.060 6	−0.306 4	−0.340 99	−0.148 01
	[0.541 16]	[−0.749 51]	[1.570 16]	[1.962 46]	[2.954 17]

续表

	Y	X1	X2	X3	X4
X2(−2)	−2.296 762	−0.874 909	0.798 837	−0.3187 47	0.102 536
	−2.725 52	−1.396	−0.403 29	−0.448 83	−0.194 81
	[−0.842 69]	[−0.626 73]	[1.980 79]	[−0.710 18]	[0.526 34]
X3(−1)	−0.607 624	−0.720 516	0.710 284	0.311 695	0.115 974
	−3.131 54	−1.603 96	−0.463 37	−0.515 69	−0.223 83
	[−0.194 03]	[−0.449 21]	[1.532 87]	[0.604 42]	[0.518 14]
X3(−2)	0.744 174	0.404 42	−1.177 646	−0.843 835	−0.425 532
	−3.078 69	−1.576 89	−0.455 55	−0.506 99	−0.220 05
	[0.241 72]	[0.256 47]	[−2.585 10]	[−1.664 42]	[−1.933 78]
X4(−1)	−0.062 42	2.705 556	−0.729 143	0.052 444	−0.210 98
	−5.301 7	−2.715 5	−0.784 49	−0.873 06	−0.378 94
	[−0.011 77]	[0.996 34]	[−0.929 45]	[0.060 07]	[−0.556 76]
X4(−2)	1.449 375	0.150 269	0.211 668	0.167 048	0.330 489
	−2.890 65	−1.480 58	−0.427 73	−0.476 02	−0.206 61
	[0.501 40]	[0.101 49]	[0.494 87]	[0.350 93]	[1.599 56]
C	8.884 936	5.914 468	1.210 857	4.908 69	−0.284 755
	−16.934 8	−8.673 93	−2.505 83	−2.788 76	−1.210 43
	[0.524 65]	[0.681 87]	[0.483 22]	[1.760 17]	[−0.235 25]
R^2	0.923 616	0.885 917	0.993 3	0.904 838	0.998 702
调整后的 R^2	0.669 002	0.505 638	0.970 968	0.587 632	0.994 376
残差平方和	5.643 017	1.480 406	0.123 553	0.153 028	0.028 829
回归标准差	1.371 498	0.702 473	0.202 939	0.225 852	0.098 029
F 统计量	3.627 522	2.329 654	44.478 56	2.852 522	230.857 6
对数似然统计量	−13.504 67	−4.137 952	13.245 88	11.748 2	23.432 87
AIC 信息准则	3.500 667	2.162 565	−0.320 839	−0.106 886	−1.776 124
SC 信息准则	4.002 784	2.664 681	0.181 277	0.395 23	−1.274 008
因变量均值	28.046 93	9.835 08	11.776 88	5.948 053	11.407 05
因变量标准差	2.383 871	0.999 096	1.191 047	0.351 708	1.307 184

注：()中的为估计系数的标准差，[ ]是估计系数的 t 统计量的值。

通过检验所有的特征根都位于单位圆内即所有根系数均小于 1（表 3-26，图 3-4）。若 VAR 模型的所有根系数位于单位圆内即均小于 1，则 VAR 模型是平稳的，反之，则为非平稳的。由表 3-26 和图 3-4 可以得出 VAR 模型是平稳的，即下面的广义脉冲响应函数、方差分解分析可以顺利进行。

表 3-26　VAR 模型滞后结构检验

单位根	系数
-0.954 704	0.954 704
0.929 466 − 0.119 232i	0.937 082
0.929 466 + 0.119 232i	0.937 082
0.380 249 − 0.792 756i	0.879 233
0.380 249 + 0.792 756i	0.879 233
−0.350 471 − 0.275 163i	0.445 583
−0.350 471 + 0.275 163i	0.445 583
0.018 602 − 0.349 349i	0.349 844
0.018 602 + 0.349 349i	0.349 844
0.275 236	0.275 236

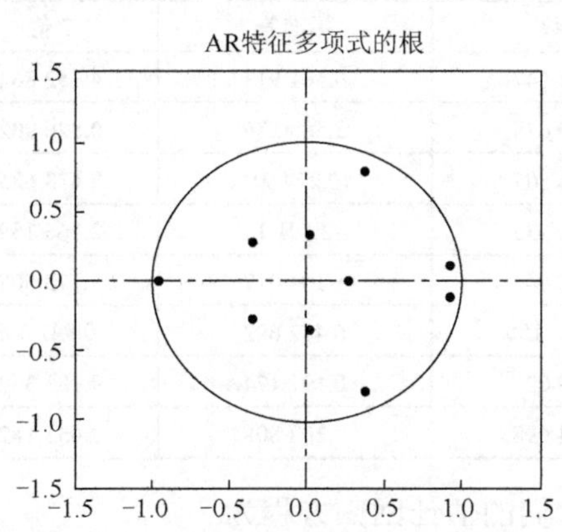

图 3-4　向量自回归特征多项式根模倒数

3.7.4　时序数列的平稳性检验与协整检验

选用单位根检验法中的 ADF 检验法对国有林区经济转型和林下经济发展各时序变量是否平稳进行检验（表 3-27）。

表 3-27　各时序变量的单位根检验（ADF）结果

变量序列	ADF 检验值	1%显著水平	5%显著水平	滞后期	结论
$D_2\ln Y$	−4.690 640	−4.200 056	−3.175 352	2	平稳
$D\ln X1$	−4.191 552	−4.004 425	−3.098 896	0	平稳
$D\ln X2$	−4.853 165	−4.004 425	−3.098 896	0	平稳
$D_2\ln X3$	−4.765 770	−4.057 910	−3.119 910	0	平稳
$D\ln X4$	−4.285 452	−4.004 425	−3.098 896	0	平稳

注：D 为一阶差分，D_2 为二阶差分。

由表 3-27 的结果可见，最大滞后阶数取 2，样本区间在 5%的显著水平下，拒绝所有变量存在单位根的假设，说明选用的 2000～2015 年的时间序列变量都是平稳的。需要进一步检验 $\ln Y$ 与 $\ln X1$、$\ln X2$、$\ln X3$、$\ln X4$ 之间的协整性。

一般有两种方法来检验各变量之间的协整关系，分别为 Johansen 极大似然法和 E-G 两步法，在此采用 E-G 两步法来检验变量间的协整关系。具体检验步骤为：

用最小二乘法（OLS）分别对 $\ln Y$ 和 $\ln X1$、$\ln X2$、$\ln X3$、$\ln X4$ 进行静态回归分析，分析结果如表 3-28 所示。

表 3-28　最小二乘法（OLS）的检验结果

变量	系数	标准差	T 值	概率
$\ln X1$	2.333 547	0.561 913	4.152 864	0.001 0
$C1$	4.550 635	5.503 236	0.826 902	0.042 2
$\ln X2$	1.896 807	0.224 91	8.433 625	0.000 0
$C2$	5.612 735	2.591 1	2.166 159	0.048 0
$\ln X3$	5.711 642	1.104 017	5.173 508	0.000 1
$C3$	−6.101 156	6.472 692	−0.942 599	0.036 1
$\ln X4$	1.929 021	0.197 174	9.783 362	0.000 0
$C4$	5.864 698	2.208 808	2.655 142	0.018 8

由表 3-28 可得，它们的估计回归方程为

$$\ln Y_{t1}=4.550635+2.333547\ln X1_t+e_{t1}$$

$$\ln Y_{t2}=5.612735+1.896807\ln X2_t+e_{t2}$$

$$\ln Y_{t3}=-6.101156+5.711642\ln X3_t+e_{t3}$$

$$\ln Y_{t4}=5.864698+1.929021\ln X4_t+e_{t4}$$

式中，e_{t1}、e_{t2}、e_{t3} 为各个估计回归方程的残差序列。检验以上四个残差序列的平稳性。与检验时序平稳性的方法一样，检验结果见表 3-29。

表 3-29　ADF 检验结果

变量序列	ADF 检验值	1%显著水平	5%显著水平	结论
e_{t1}	−3.638 502	−4.004 425	−3.098 896	平稳
e_{t2}	−4.160 946	−4.057 910	−3.119 910	平稳
e_{t3}	−3.250 885	−3.959 148	−3.081 002	平稳

从表 3-29 中可以得出，估计回归方程的 e_{t1}、e_{t2}、e_{t3} 的 ADF 检验值都小于 5%显著水平下的临界值，即估计回归方程的残差序列是平稳序列。检验结果说明 ln*Y* 与 ln*X*1、ln*X*2、ln*X*3、ln*X*4 之间存在协整关系。

3.7.5　林下经济发展和国有林区经济转型的广义脉冲响应函数分析

建立的 VAR 模型已通过稳定性检验，可以进行广义脉冲响应函数分析。其中描述一个扰乱项发生变化或者模型受到某种程度的冲击时对系统所带来的动态影响称之为广义脉冲响应函数。为了分析国有林区经济转型与林下经济发展之间的动态影响关系选用广义脉冲响应函数，这里将冲击响应期设定为 20 期，分析结果如表 3-30 所示。

表 3-30　广义脉冲响应分析结果

时期	ln*X*1 对 ln*Y* 的响应	ln*X*2 对 ln*Y* 的响应	ln*X*3 对 ln*Y* 的响应	ln*X*4 对 ln*Y* 的响应
1	0.071 662	−0.092 7	−0.059 0	−0.004 6
2	0.125 871	0.006 4	0.001 4	0.116 8
3	0.199 557	0.079 43	−0.001 16	0.139 198
4	0.156 969	0.098 131	0.006 778	0.134 212
5	0.119 735	0.096 595	0.011 146	0.118 238
6	0.092 079	0.089 123	0.013 452	0.103 365
7	0.074 178	0.081 003	0.014 139	0.101 331
8	0.062 55	0.073 607	0.013 927	0.081 804
9	0.054 634	0.067 106	0.013 267	0.074 045
10	0.048 82	0.061 372	0.012 42	0.067 481
11	0.044 213	0.056 251	0.011 523	0.061 747
12	0.040 334	0.051 626	0.010 641	0.056 626
13	0.036 938	0.047 418	0.009 804	0.051 992
14	0.033 893	0.043 571	0.009 022	0.047 767
15	0.031 129	0.040 046	0.008 298	0.043 898
16	0.028 605	0.036 809	0.007 63	0.040 349

续表

时期	lnX1 对 lnY 的响应	lnX2 对 lnY 的响应	lnX3 对 lnY 的响应	lnX4 对 lnY 的响应
17	0.026 29	0.033 836	0.007 015	0.037 09
18	0.024 166	0.031 104	0.006 449	0.034 095
19	0.022 215	0.028 593	0.005 929	0.031 342
20	0.020 421	0.026 285	0.005 45	0.028 812
累计值	0.065 712 95	0.047 781 05	0.005 409 4	0.068 277 59

脉冲响应函数分析结果不依赖于模型中变量的次序，它能够比较明显地反映出受冲击后变量的动态变化。利用脉冲分析的结果（表 3-30）和各个变量的脉冲响应图可以更加清晰地说明国有林区经济转型与林下经济发展各指标变量之间的动态变化关系。

（1）林下种植业与国有林区经济转型的动态关系。林下种植业产值与国有林区经济转型的脉冲响应分析结果如表 3-30 和图 3-5 所示。

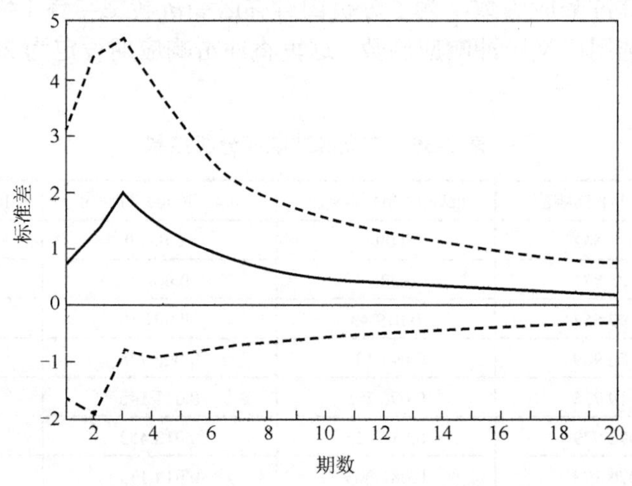

图 3-5　林下种植业产值对国有林区经济转型的脉冲响应曲线

就林下种植业产值对国有林区经济转型的一个标准差冲击的响应来看，lnY 当期反映为正值（0.071 662），第三期达到最大值（0.199 557），而后平稳下降，在整个分析期内的 lnX1 对 lnY 的累积响应值为 0.065 712 95，即 X1 对 Y 有正向影响，表明林下种植业对黑龙江省国有林区经济转型具有促进作用。

（2）林下养殖业与国有林区经济转型的动态关系。林下养殖业产量与国有林区经济转型的脉冲响应分析结果如表 3-30 和图 3-6 所示。

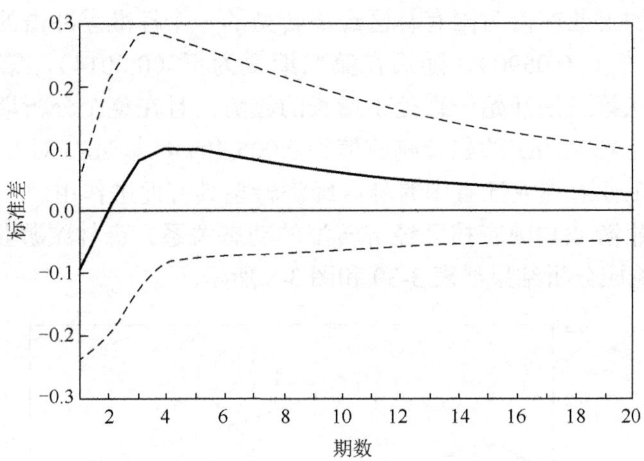

图 3-6 林下养殖业产量对国有林区经济转型的脉冲响应曲线

就林下养殖业产量对国有林区经济转型的一个标准差冲击的响应来看，当期冲击为负值（−0.0927），从第二期开始处于增长的趋势，到第四期达到最大 0.098 131，而后一直处于下降趋势，到分析期结束一直都是处于正值，ln$X$2 对 ln$Y$ 的累计响应值为 0.047 781 05，即 ln$X$2 对 ln$Y$ 有正向影响，表明林下养殖业对国有林区经济转型具有促进作用。

（3）林产品加工业与国有林区经济转型的动态关系。林产品加工业与国有林区经济转型的脉冲响应分析结果如表 3-30 和图 3-7 所示。

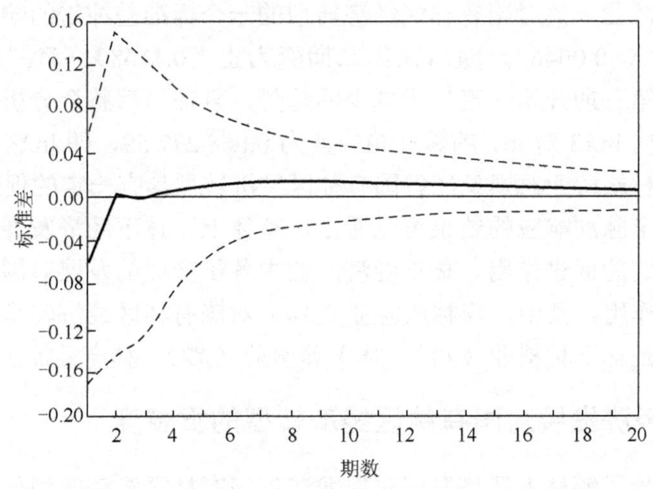

图 3-7 林产品加工业产值对国有林区经济转型的脉冲响应曲线

就林产品加工业产值对国有林区经济转型的一个标准差冲击的响应来看，当期冲击值为负值（−0.0590），随后在第二期变为正（0.0014），第三期又变为负（−0.001 16），从第三期开始一直处于增长的趋势，且在整个分析期内均为正，在整个分析期内 ln*X*3 对 ln*Y* 的累计响应值为 0.005 409 4，即 ln*X*3 对 ln*Y* 有正向影响，表明林产品加工业对黑龙江省国有林区经济转型具有促进作用。

（4）森林旅游业与国有林区经济转型的动态关系。森林旅游业与国有林区经济转型的脉冲响应分析结果如表 3-30 和图 3-8 所示。

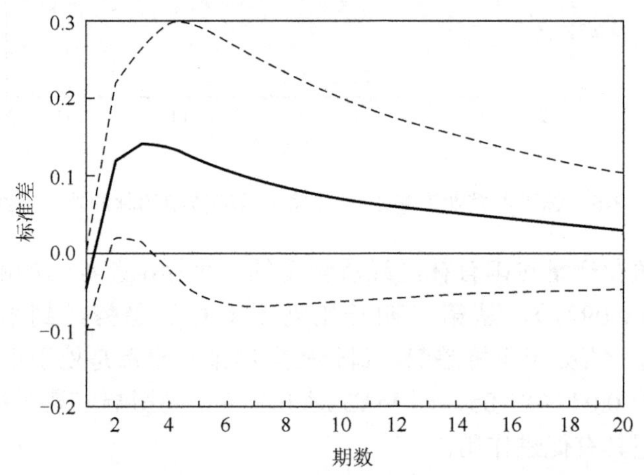

图 3-8　林下旅游业产值与国有林区经济转型的脉冲响应曲线

就森林旅游业产值对国有林区经济转型的一个标准差冲击的响应来看，当期冲击值为负值（−0.0046），随后在第二期变为正（0.1168），第三期达到最大值 0.139 198，从第三期开始一直处于减少的趋势，且在以后整个分析期内均为正，在整个分析期内 ln*X*3 对 ln*Y* 的累计响应值为 0.068 277 59，即 ln*X*4 对 ln*Y* 有正向影响，表明森林旅游业对黑龙江省国有林区经济转型具有一定的促进作用。

从上述各个脉冲响应的结果可以看出，整体上，林下经济发展对国有林区经济转型具有一定的促进作用。林下经济产业中各子产业的发展对国有林区经济转型也均有促进作用，其中，森林旅游业（*X*4）对国有林区经济转型的促进作用最大，其次分别是林下种植业（*X*1）、林下养殖业（*X*2）、林产品加工业（*X*3）。

3.7.6　林下经济发展对国有林区经济转型的贡献度

为了进一步了解林下经济发展对黑龙江省国有林区经济转型促进的程度，这里建立预测方差分解模型进行分析，预测方差分解的结果如表 3-31 所示。

表 3-31 林下经济发展指标对国有林区经济转型的预测方差分解

时期	lnX1 对 lnY 的贡献率	lnX2 对 lnY 的贡献率	lnX3 对 lnY 的贡献率	lnX4 对 lnY 的贡献率
1	2.399 08	10.357 05	6.982 404	16.904 67
2	6.980 114	6.757 582	5.527 045	41.516 71
3	16.448 47	9.549 805	5.067 047	51.650 09
4	21.163 43	13.471 49	4.929 953	53.515 43
5	23.596 03	16.455 32	4.990 464	52.613 79
6	24.826 38	18.451 85	5.159 919	51.068 04
7	25.465 36	19.784 49	5.368 093	49.581 57
8	25.817 71	20.706 31	5.575 586	48.341 47
9	26.030 41	21.371 87	5.764 633	47.357 26
10	26.172 17	21.870 8	5.929 668	46.588 1
11	26.275 02	22.255 88	6.070 78	45.987 25
12	26.354 26	22.559 47	6.190 258	45.514 98
13	26.417 63	22.802 51	6.290 982	45.140 58
14	26.469 39	22.999 25	6.375 756	44.841 1
15	26.512 2	23.159 85	6.447 081	44.599 54
16	26.547 83	23.291 78	6.507 103	44.403 27
17	26.577 6	23.400 68	6.557 634	44.242 78
18	26.602 55	23.490 95	6.600 197	44.110 84
19	26.623 5	23.566	6.636 065	44.001 88
20	26.641 1	23.628 58	6.666 302	43.911 57
平均值	23.196 011 7	19.496 575 85	5.981 848 5	45.294 546

林下经济发展对国有林区经济转型的贡献程度如表 3-31、图 3-9、图 3-10、图 3-11 以及图 3-12 所示。从表 3-31、图 3-9、图 3-10、图 3-11 以及图 3-12 可以看出，整体上林下经济发展对国有林区经济转型的贡献大体上呈现增加的态势，其中森林旅游业（*X*4）对国有林区经济转型的贡献率最大，最高时达到了 53.52%，森林旅游业的平均贡献率为 45.29%，高于其他林下经济产业；其次是林下种植业（*X*1），其对国有林区的贡献率是逐渐增加的，20 期内的平均贡献率是 23.20%；第三是林下养殖业（*X*2），其贡献率在第一期到第二期是降低的，从第二期开始林下养殖业对国有林区经济转型的贡献率处于增长的趋势，平均贡献率为 19.50%；最后是林产品加工业（*X*3），其贡献率为 6%左右。

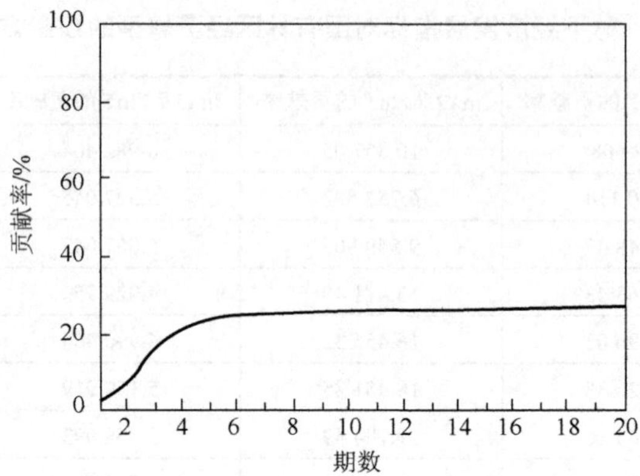

图 3-9 林下种植业对经济转型的贡献率

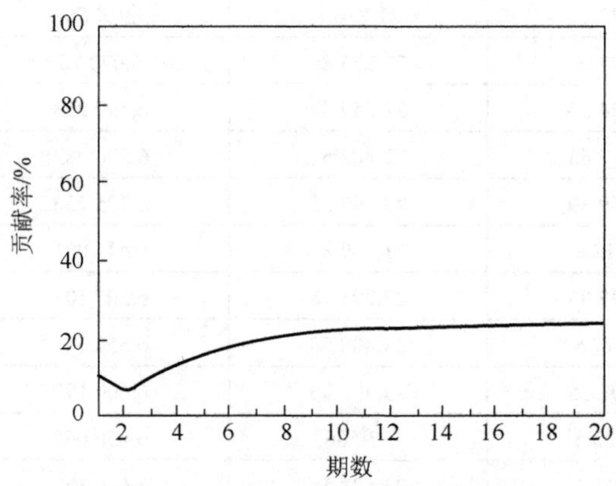

图 3-10 林下养殖业对经济转型的贡献率

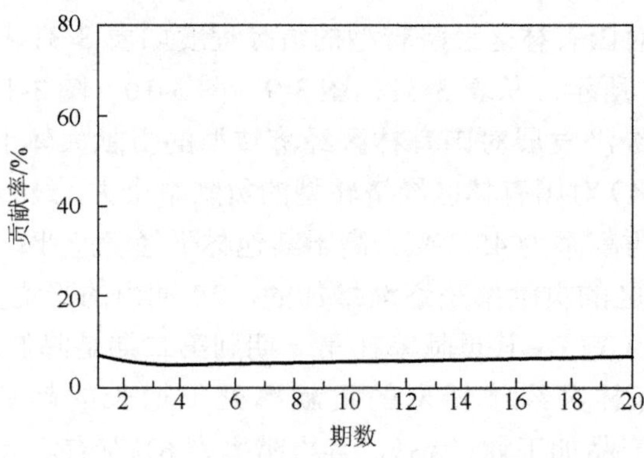

图 3-11 林产品加工业对经济转型的贡献率

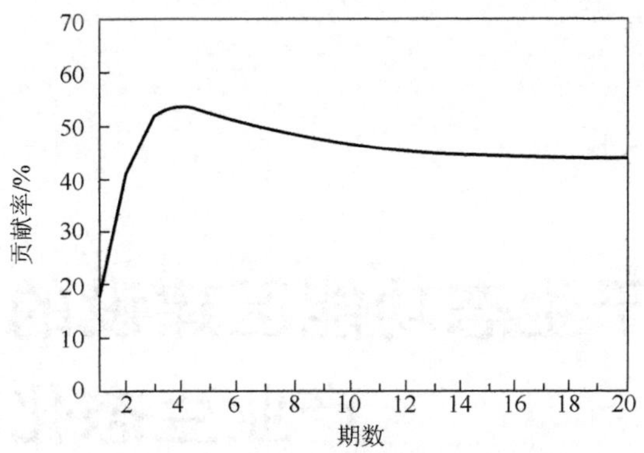

图 3-12 森林旅游业对经济转型的贡献率

尽管如此，现阶段林下经济发展对黑龙江省国有林区经济转型的整体贡献率并不是很高，其平均贡献率只有 20%左右，其中只有森林旅游业的贡献率最高。这可能是因为黑龙江省国有林区林下经济尚处于初级阶段，相关的产业链条、产业体系尚未完善，特别是林下经济产品的精深加工产业发展还不发达等。但是从本研究中的相关变化趋势可以预测，未来黑龙江省国有林区林下经济发展对林区经济转型发展的促进作用将会逐渐增大，贡献率也会逐渐提高。

3.8 本章小结

本章基于国有林区经济转型发展的现状和生态建设现状，分析了国有林区经济转型的现实基础和障碍，构建评价指标体系，分别测算了国有林区生态建设水平和经济转型能力，并据此测算并分析了国有林区生态建设与经济转型的耦合关系。根据经济转型能力的测度以及生态建设与经济转型的不同耦合状态，本章提出了国有林区经济转型的具体模式选择，并根据大小兴安岭国有林区各林业局不同耦合发展类型，为各不同类型的耦合区域选择了最优的经济转型模式，最后，选取产业链延伸模式中的林下经济产业，检验了该产业转型模式对国有林区经济转型的促进作用。

4 基于生态功能区建设的国有林区产业生态化转型评价

现阶段，国有林区经济转型的主要表现就是林区的产业转型。生态功能区建设使得国有林区生态的主导功能越来越凸显，因此，国有林区的产业转型必须受森林资源及生态保护的约束，从而建设国有林区生态型产业体系或产业结构成为国有林区经济转型的终极目标。自 2000 年天保工程实施以来，国有林区就开始了新的经济转型发展的历程，然而，目前国有林区转型发展中，林业产业处于一种什么样的状态？产业转型能否解决经济系统与自然生态系统的固有矛盾，能否解决经济效率与环境保护之间的矛盾，能否系统、整体地协调人类社会与自然环境的相互关系，使人类社会的发展与自然生态系统的发展达到动态平衡？因此，有必要去评价一下目前国有林区产业转型的生态化程度，分析其影响因素，以更好地促进国有林区经济转型和生态保护。

4.1 产业生态化

简单地理解，产业生态化即由传统产业发展模式向生态型产业发展模式转变的过程。产业生态化是一个动态演化的发展过程。学者们基于不同的视角对产业生态化的内涵进行了不同的解释。

（1）基于产业生态化目的视角。厉无畏和王慧敏（2002）指出："产业生态化是产业依据自然生态系统有机循环原理建立的发展模式，将不同工业企业、不同类型产业之间形成类似产业生态链的关系，从而达到充分利用资源、物质循环利用、消除环境污染、提高经济发展规模和质量的目的。"此角度强调对资源的充分利用，通过减少废物的产生与排放，进而促进产业的可持续发展。

（2）基于产业生态化过程的视角。郭守前（2002）提出："产业生态化是基于产业生态学理论，遵循产业与物质能量生物共生的循环原理，通过优化产业生态系统结构，从而实现产业由传统的、直线式的发展向与生态环境和谐发展体系转变的动态过程，其本质是生产全过程的生态化。”

（3）基于产业生态系统的视角。刘则渊和代锦（1994）认为：“产业生态化就是通过运用现代生态化技术对产业生产方式进行改造、重组经济结构，将产业活动与自然资源的消耗以及对环境的影响纳入生态系统中，实现产业活动与生态系统的良性循环和可持续发展。”

综上所述，本节借鉴郭守前对产业生态化的界定，认为林业产业的生态化是由传统林业产业向现代的、生态型林业产业发展演化的过程，是以生态经济学和产业生态学理论为指导，以实现自然资源有效利用、减少废物排放、提高经济效益为目的，模仿自然生态系统中的食物链，来改造林业产业链，由传统单一线性发展方式向现代的、生态型产业结构、产业系统演化，进而实现产业活动与生态系统的良性循环和可持续发展的动态变化的过程。这样的林业产业结构体系的建立，既符合生态功能区建设国有林区产业发展的约束和要求，也有利于促进国有林区的转型发展及可持续发展。林业产业生态化转型的最终目标是要在林业产业系统内实现林业产业结构生态化、产业组织生态化、产业生产方式生态化以及产业生产技术的生态化。

4.2 林业产业生态化转型评价指标构建

在遵循数据质量的完整性、准确性、一致性、数据可获得性等原则的基础上，同时考虑可操作性和科学性相统一、重点突出和全面性相统一、可靠性和可比性相统一等原则（耿玉德和张朝辉，2013；姜传军和吕洁华，2008），并参考国内学者对产业生态化评价研究的指标体系（张兆臣和仇方道，2010；秦曼和杜元伟，2017；赵丹阳等，2016），考虑国有林区及其林业产业的特点，构建如下评价指标体系，具体见表 4-1。

表 4-1 黑龙江国有林区林业产业生态化评价指标体系

一级指标	二级指标	三级指标
产业生态化水平	X_1 产业结构生态化	X_{11}：林业第一产业产值占林业总产值比例
		X_{12}：林业第二产业产值占林业总产值比例
		X_{13}：林业第三产业产值占林业总产值比例
		X_{14}：全员劳动生产率
		X_{15}：单位 GDP 能耗

续表

一级指标	二级指标	三级指标
产业生态化水平	X_1产业结构生态化	X_{16}：能源消费弹性系数
		X_{17}：固体废物综合利用率
		X_{18}：废水排放达标率
	X_2产业组织生态化	X_{21}：林业第一产业聚集程度
		X_{22}：林业第二产业聚集程度
		X_{23}：林业第三产业聚集程度
		X_{24}：就业区位熵
		X_{25}：R&D 占 GDP 比例
		X_{26}：农林牧渔业从业人员比例
		X_{27}：制造业从业人员比例
		X_{28}：服务业从业人员比例

4.3 产业生态化程度评价标准

目前，国内外对于产业生态化程度的衡量并未形成统一公认的、明确的评判标准，本研究以生态经济学、产业经济学为理论基础，遵循“正态分布”的规律，同时参考王薇薇（2007）、张文龙（2009）、汤薇（2013）等学者在研究产业生态化问题时所采用的评价标准，对林业产业生态化水平综合指标的取值范围即林业产业生态化程度(表 4-2)以及在产业生态化每一阶段所具有的特征做出如下界定。

表 4-2 林业产业生态化程度

林业产业生态化水平综合指标的取值范围	生态化程度
［0.1，0.2］	低级程度
（0.2，0.4］	初级程度
（0.4，0.6］	中级程度
（0.6，0.8］	高级程度
（0.8，1］	完全程度

（1）低级程度的产业生态化主要表现为林区出现产业生态危机。在此阶段，产业资源的承载力极差，产业的效益完全以生态代价换取，产业系统与其所处的

经济、社会及自然环境系统严重对立，林区的生存环境极度恶化。

（2）初级程度的产业生态化主要表现为林区产业生态出现失衡。在此阶段，产业效益较差，产业资源的承载力较低，产业发展的生态代价较高，产业系统与其所处的经济、社会、自然环境系统之间的矛盾冲突问题较重，但有相对和谐的迹象出现，林区自然环境出现恶化且有加剧的趋势。

（3）中级程度的产业生态化主要表现为林区产业生态潜在失衡。在此阶段，产业效益较好，产业的资源承载力较高，产业的发展有一定的生态代价，产业系统与其所处的经济、社会及自然环境系统相对和谐，但林区自然环境仍遭受一定程度的破坏，如不加以保护和改善，极有可能向失衡的方向发展。

（4）高级程度的产业生态化主要表现为林区产业生态平衡。在此阶段，林区产业效益很好，产业资源的承载力也很高，产业发展的生态代价较低，产业系统与其所处的经济、社会及自然环境系统可以和谐发展，林区自然环境很少遭到破坏并且没有持续恶化的倾向。

（5）完全程度的产业生态化主要表现为林区产业生态繁荣发展。在此阶段，林区产业的效益和产业资源的承载力均处于极高的水平，产业发展的生态代价几乎为零，产业活动基本实现了无废物排放的理想状态，产业系统与其所处的经济、社会及自然环境系统极为和谐。

4.4 林业产业生态化转型程度评价

4.4.1 评价方法

1. 熵权法

熵权法的基本思想是根据各指标传递出的信息量的多少来确定其权重值，用该方法确定的权重，能客观真实地反映指标数据中的隐含信息，避免因指标差异过小导致的选择偏差。其计算步骤如下。

假设 m 个评价项目，n 个评价指标，相应指标的原始数据的评价矩阵如下：

$$x=\left(x_{ij}\right)_{n\times m}=\begin{bmatrix} x_{11}\ x_{12}\cdots x_{1m} \\ x_{21}\ x_{22}\cdots x_{2m} \\ \cdots\ \cdots\cdots\cdots \\ x_{n1}\ x_{n2}\cdots x_{nm} \end{bmatrix}_{n\times m} \qquad (i=1,2,\cdots,n;j=1,2,\cdots,m)$$

式中，x 是第 i 个指标下第 j 个评价项目的评价值。

（1）计算第 i 个指标下第 j 个评价项目的评价值。

$$p_{ij}=\frac{x_{ij}}{\sum_{j=1}^{m}x_{ij}}(i=1,2,3,\cdots,n;j=1,2,3,\cdots,m) \tag{4-1}$$

（2）计算第 i 个指标的熵值。

$$e_i=-k\sum_{j=1}^{m}p_{ij}\ln p_{ij}\left(i=1,2,3,\cdots,n\right) \tag{4-2}$$

式中，$k=\frac{1}{\ln m}$。

（3）计算第 i 个指标的熵权 u_i。

$$u_i=\frac{1-e_i}{\sum_{i=1}^{n}\left(1-e_i\right)}\left(i=1,2,3,\cdots,n\right) \tag{4-3}$$

2. TOPSIS 模型法

TOPSIS（technique for order preference by similarity to an ideal solution）模型法是多目标决策分析中一种常用的有效方法，又称为优劣解距离法，是根据有限个评价对象与理想化目标的接近程度进行排序的方法，是在现有的对象中进行相对优劣的评价（张新莉，2017）。其计算过程如下。

（1）数据的标准化处理。由于指标的正负关系有所不同，因此在本书中采用归一法对指标进行标准化处理。

正向指标（越大越好）处理方式：$r_{ij}=\frac{v_{ij}-\min\left(v_{ij}\right)}{\max\left(v_{ij}\right)-\min\left(v_{ij}\right)}$ （4-4）

逆向指标（越小越好）处理方式：$r_{ij}=\frac{\max\left(v_{ij}\right)-v_{ij}}{\max\left(v_{ij}\right)-\min\left(v_{ij}\right)}$ （4-5）

式中，i 为评价指数；j 为评价年数；r_{ij} 为第 i 个指标在第 j 年的标准化数值。

（2）构建标准化评价矩阵。设国有林区林业产业生态化水平的原始评价指标矩阵为

$$V=\begin{bmatrix} v_{11} & v_{12} & \cdots & v_{1n} \\ v_{21} & v_{22} & \cdots & v_{2n} \\ \vdots & \vdots & \vdots & \vdots \\ v_{m1} & v_{m2} & \cdots & v_{mn} \end{bmatrix} \tag{4-6}$$

（3）正负理想解确定。

正理想解：设 Y^{+}评价数据中第 i 个指标在第 j 年内的最大值，即最偏好的方案。

$$Y^+ = \left\{ \max_{1 \leqslant i \leqslant m} y_{ij} \mid i = 1, 2, \cdots, m \right\} = \left\{ y_1^+, y_2^+, \cdots, y_m^+ \right\} \tag{4-7}$$

负理想解：设 Y^- 评价数据中第 i 个指标在第 j 年内的最小值，即最不偏好的方案。

$$Y^- = \left\{ \min_{1 \leqslant i \leqslant m} y_{ij} \mid i = 1, 2, \cdots, m \right\} = \left\{ y_1^-, y_2^-, \cdots, y_m^- \right\} \tag{4-8}$$

（4）距离计算。

$$D_j^+ = \sqrt{\sum_{i=1}^{m} \left(y_i^+ - y_{ij} \right)^2} \tag{4-9}$$

$$D_j^- = \sqrt{\sum_{i=1}^{m} \left(y_i^- - y_{ij} \right)^2} \tag{4-10}$$

式中，D_j^+ 为第 i 个指标到 Y^+ 的距离，D_j^- 为第 j 个指标到 Y^- 的距离。

（5）计算评价对象与理想解的贴进度。

$$T_j = \frac{D_j^-}{D_j^+ + D_j^-} \tag{4-11}$$

式中，T_j 为第 j 年产业生态化程度接近产业完全生态化的程度，一般称为贴近度，取值范围介于[0,1]。T_j 越大，越接近完全的产业生态化，产业生态化程度也就越高，反之，产业生态化程度越小。

4.4.2 评价与分析

1. 指标数据来源及处理

本研究中各评价指标的数据主要选取《中国林业统计年鉴》（2007～2016）、《黑龙江统计年鉴》（2007～2016）以及中经网等相关网站；对上述所选取的指标的原始数据进行相关处理，先利用公式（4-4）、公式（4-5）对各指标原始数据进行计算，然后通过公式（4-6）对经过上述计算后的数据进行归一化的处理，处理后的数据见表 4-3。

表 4-3 标准化处理后的数据序列

指标	2007 年	2008 年	2009 年	2010 年	2011 年	2012 年	2013 年	2014 年	2015 年	2016 年
X_{11}	0	0.032 468	0.828 571	0.768 831	0.736 364	0.861 039	1	0.707 792	0.776 623	0.974 026
X_{12}	0.425 124	0.502 484	0	0.075 94	0.236 338	0.252 661	0.303 052	0.699 077	0.825 408	1
X_{13}	0	0.085 897	0.025	0.064 103	0.192 949	0.269 231	0.383 333	0.596 795	0.744 872	1

续表

指标	2007年	2008年	2009年	2010年	2011年	2012年	2013年	2014年	2015年	2016年
X_{14}	0.142 567	0.094 073	0	0.231 163	1	0.911 139	0.404 381	0.417 366	0.528 84	0.626 976
X_{15}	0.076 923	0.230 769	0.5	0.230 769	0	0.269 231	0.5	1	0.807 692	0.884 615
X_{16}	0	0	0	1	0	0.333 333	0.333 333	0	0	0
X_{17}	0	0.454 545	1	0.297 727	0.545 455	0.427 273	0.593 182	0.488 636	0.290 909	0.543 182
X_{18}	0.490 741	0.601 852	0	0.342 593	0.138 889	0.759 259	0.791 667	0.907 407	0.990 741	1
X_{21}	1	0.896 552	0.775 862	0.672 414	0.465 517	0.396 552	0.155 172	0.086 207	0.034 483	0
X_{22}	1	0.963 415	0.804 878	0.707 317	0.560 976	0.365 854	0.243 902	0.121 951	0.048 78	0
X_{23}	0.846 154	0.967 033	1	0.736 264	0.428 571	0.329 67	0.252 747	0.054 945	0	0.175 824
X_{24}	0.180 412	0	0.211 34	0.515 464	0.670 103	1	0.350 515	0.077 32	0.314 433	0.097 938
X_{25}	0.413 408	0	0.078 212	0.329 609	0.145 251	1	0.955 307	0.659 218	0.905 028	0.910 615
X_{26}	1	0	0.255 586	0.467 575	0.433 243	0.474 114	0.062 125	0.209 264	0.290 463	0.000 545
X_{27}	0.930 584	1	0.995 976	0.428 571	0.488 934	0.537 223	0.135 815	0	0.503 018	0.736 419
X_{28}	0.053 191	0	0.109 929	0.379 433	0.432 624	1	0.425 532	0.773 05	0.734 043	0.730 496

在16个指标中，正向的指标有8个分别为X_{13}、X_{14}、X_{21}、X_{22}、X_{23}、X_{24}、X_{25}、X_{28}；逆向的指标有8个分别为X_{11}、X_{12}、X_{15}、X_{16}、X_{17}、X_{18}、X_{26}、X_{27}。

2. 指标权重的确定

通过公式（4-1）～公式（4-3）确定各指标的权重，结果如表4-4所示。

表4-4 各评价指标的权重

X_{11}	X_{12}	X_{13}	X_{14}	X_{15}	X_{16}	X_{17}	X_{18}
0.023 809	0.033 165	0.054 708	0.047 531	0.043 02	0.153 56	0.076 826	0.057 721
X_{21}	X_{22}	X_{23}	X_{24}	X_{25}	X_{26}	X_{27}	X_{28}
0.080 959	0.066 686	0.074 688	0.042 041	0.056 523	0.089 716	0.058 577	0.040 471

3. 构建加权规范化矩阵

结合表4-4中的数据，运用公式（4-6）计算得到如下的加权规范化矩阵Y。

$$
Y=\begin{vmatrix}
0 & 0.000773 & 0.019727 & 0.018305 & 0.017532 & 0.0205 & 0.023809 & 0.016852 & 0.018491 & 0.023191 \\
0.014099 & 0.016665 & 0 & 0.002519 & 0.007838 & 0.00838 & 0.010051 & 0.023185 & 0.027375 & 0.033165 \\
0 & 0.004699 & 0.001368 & 0.003507 & 0.010556 & 0.014729 & 0.020971 & 0.032649 & 0.04075 & 0.054708 \\
0.006776 & 0.004471 & 0 & 0.010987 & 0.047531 & 0.043307 & 0.019221 & 0.019838 & 0.025136 & 0.029801 \\
0.003309 & 0.009928 & 0.02151 & 0.009928 & 0 & 0.011582 & 0.02151 & 0.04302 & 0.034747 & 0.038056 \\
0 & 0 & 0 & 0.15356 & 0 & 0.051187 & 0.051187 & 0 & 0 & 0 \\
0 & 0.034921 & 0.076826 & 0.022873 & 0.041905 & 0.032826 & 0.045572 & 0.03754 & 0.022349 & 0.041731 \\
0.028326 & 0.034739 & 0 & 0.019775 & 0.008017 & 0.043825 & 0.045696 & 0.052376 & 0.057187 & 0.057721 \\
0.080959 & 0.072584 & 0.062813 & 0.054438 & 0.037688 & 0.032104 & 0.012563 & 0.006979 & 0.002792 & 0 \\
0.066686 & 0.064246 & 0.053674 & 0.047168 & 0.037409 & 0.024397 & 0.016265 & 0.008132 & 0.003253 & 0 \\
0.063198 & 0.072226 & 0.074688 & 0.05499 & 0.032009 & 0.024622 & 0.018877 & 0.004104 & 0 & 0.013132 \\
0.007585 & 0 & 0.008885 & 0.021671 & 0.028172 & 0.042041 & 0.014736 & 0.003251 & 0.013219 & 0.004117 \\
0.023367 & 0 & 0.004421 & 0.01863 & 0.00821 & 0.056523 & 0.053997 & 0.037261 & 0.051155 & 0.051471 \\
0.089716 & 0 & 0.02293 & 0.041949 & 0.038869 & 0.042536 & 0.005574 & 0.018774 & 0.026059 & 4.89E-05 \\
0.054511 & 0.058577 & 0.058341 & 0.025104 & 0.02864 & 0.031469 & 0.007956 & 0 & 0.029465 & 0.043137 \\
0.002153 & 0 & 0.004449 & 0.015356 & 0.017509 & 0.040471 & 0.017222 & 0.031286 & 0.029707 & 0.029564
\end{vmatrix}
$$

4. 计算距离

首先利用公式（4-7）和公式（4-8）确定正负理想解，再结合上文中所计算出的规范化矩阵，利用公式（4-9）、公式（4-10）计算求得2007～2015年黑龙江省国有林区生态化水平与正（D^+）负（D^-）理想解之间的距离，具体见表4-5。

表4-5　黑龙江省国有林区生态化程度与正负理想解之间的距离

正理想解 D^+	0.203 498	0.203 498	0.208 965	0.133 148	0.206 974	0.159 63	0.189 231	0.225 526	0.221 275	0.223 167
负理想解 D^-	0.166 379	0.144 531	0.152 343	0.191 631	0.109 1	0.141 306	0.114 137	0.105 576	0.116 622	0.132 717

5. 计算贴近度

依据表4-5中的数据，采用公式（4-11）计算得出2007～2016年黑龙江省国有林区产业生态化的贴近度即产业生态化的程度，具体见表4-6。

表 4-6　2007～2016 年黑龙江省国有林区林业产业生态化的贴近度

年份	2007	2008	2009	2010	2011	2012	2013	2014	2015	2016
产业生态化贴近度值	0.372 921	0.345 14	0.318 862	0.376 232	0.345 173	0.469 555	0.590 036	0.421 643	0.415 283	0.449 822

6. 评价结果分析

通过上述计算，得到 2007～2016 年黑龙江省国有林区林业产业生态化程度的贴近程度值，即林业产业的生态化程度。根据表 4-6 以及前文中所提及的表 4-2 的生态化程度的评价标准，得到 2007～2016 年各年度黑龙江省国有林区林业产业生态化程度的具体划分，如表 4-7 所示。

表 4-7　2007～2016 年黑龙江省国有林区林业产业生态化程度划分

年份	产业生态化程度
2007	初级程度
2008	初级程度
2009	初级程度
2010	初级程度
2011	中级程度
2012	初级程度
2013	中级程度
2014	中级程度
2015	中级程度
2016	中级程度

总体上来看，2007～2016 年黑龙江省国有林区林业产业生态化程度并不高，2010 年之前基本上处于产业生态化的初级程度，2012 年之后基本上处于产业生态化的中级程度，只有在 2013 年的产业生态化程度基本上接近高级程度（贴近度值为 0.590 036）。

为了更好地分析和描述近 10 年黑龙江省国有林区林业产业生态化的演变趋势，依据表 4-6 和表 4-7 绘制林区产业生态化程度变化趋势图，如图 4-1 所示。

从图 4-1 中可以发现，2007～2016 年，黑龙江省国有林区林业产业的生态化程度总体上呈现出由初级程度向中级程度演化的动态趋势，在 2013 年，林业产业的生态化程度几乎接近高级成熟程度，但是，2014 年又开始下降，这可能与 2014

年黑龙江省国有林区开始试点“停止天然林商业性采伐”政策有关。从上述的变化趋势上也可以判断，生态功能区建设下，国有林区产业向生态型产业转型的进程还很长，需要从多方面采取措施，推进国有林区林业产业的生态化转型，以满足生态功能区建设的需求。

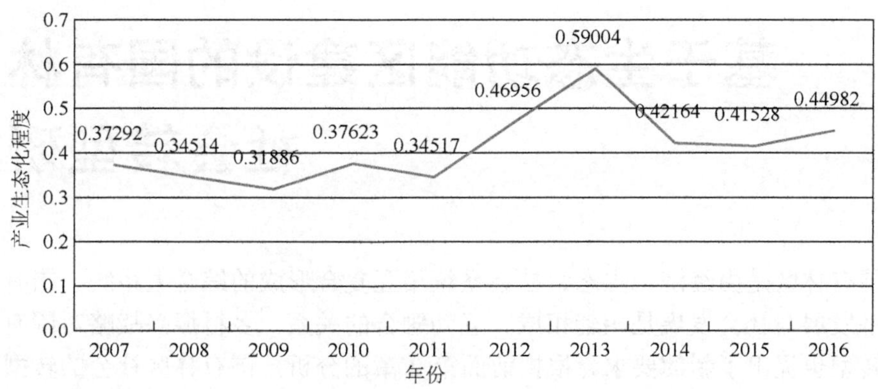

图 4-1　2007～2016 年黑龙江省国有林区林业产业生态化程度变化趋势图

4.5　本章小结

本章建立了国有林区林业产业生态化程度评价指标体系，基于熵权法及TOPSIS 模型法，评价 2007～2016 年国有林区林业产业生态化的程度。研究结果表明，总体上黑龙江省国有林区林业产业的生态化程度呈现出由初级程度向中级程度演化的动态趋势，2010 年之前基本上处于产业生态化的初级程度，2012 年之后基本上处于产业生态化的中级程度，在 2013 年，林业产业的生态化程度几乎接近高级成熟程度（贴近度值为 0.590 036）。总体上看，国有林区林业产业转型有向高级生态化程度演化的趋势，但是路程还很长，需要从多方面加以推进。

5 基于生态功能区建设的国有林区社会转型研究

国有林区是由经济、生态、社会系统相互复合形成的综合大系统。国有林区的经济发展与社会发展是相辅相成、互动融合的关系。乡村振兴战略对国有林区社会转型也提出了新的要求。根据前面第 2 章的分析，国有林区社会的转型是由传统形态的社会资本向现代形态的社会资本转变的过程。国有林区社会转型的总体目标是建设成为生态型现代化社会。生态型社会的建设要大力发展生态文化、建设生态文明，促进生态型社会组织建设。注重"以人为本"，充分重视国有林区社会微观主体的生存和发展问题，引导社会主体行为的重塑。具体而言，社会转型在微观层面上，要明确林区社会微观主体——林区职工的生存状态及对社会转型的响应能力，改变职工的价值取向，以生态文明规范社会主体的行为；中观层面上，推进林区社会组织的生态型改造；宏观层面上，推进林区生态文化的建设和国有林区社会管理体制的变革（管理体制变革的内容将单独在第 7 章进行分析）。

5.1 国有林区社会转型发展的现实基础

近年来，在生态功能区建设以及天然林资源保护等外部政策环境的影响下，伴随国有林区经济的转型发展，国有林区社会也发生了一定的变化，社会建设取得了一些好的进展，如居民生活质量不断改善、社会保障日渐完备、医疗教育水平不断提高等，这些都为国有林区社会转型发展提供了很好的现实基础。

5.1.1 国有林区社会保障体系不断完善

根据《中国林业统计年鉴》（2016）的相关统计，截至 2015 年年末，黑龙江国有林区共有 50 个林业局（龙江森工集团所属 40 个林业局，大兴安岭林业集团公司所属10个林业局）、724个林场（所），共有林业人口207万，其中林业系统单位年末人数372 401人，离退休职工358 295人，在岗职工年平均工资316 77.5元，离退休人员年生活费3540.07万元。目前，企业年末在岗人员中参加基本养老保险和基本医疗保险，参保率分别为89.3%、100%。黑龙江国有林区利用天保工程政策，促进了林区基础设施建设和社会事业发展，林区道路、给排水、供电、供暖等设施得到改善。特别在2010年国家下发《国有林区棚户区改造工程项目管理办法》后，大小兴安岭国有林区实施棚户区改造工程，林区生活条件得到极大改善。工程实施以前，人均居住面积仅14.2m^2，集中连片棚户区高达90%，涉及52.59万户，自工程实施以来，林区共拆迁棚户区32万户、1600万m^2，新建和维修改造46.23万户，整合撤并188个山上林场（所），迁移人口12万。

5.1.2 国有林区文化建设发展较快

“十二五”期间，仅黑龙江省国有林区社会文化建设累计投入就有5个多亿，极大地改善了林区文化环境，满足了职工群众精神文化需求。龙江森工通过实施文化惠民工程，大力加强林场（所）综合文化站建设、林区电影放映和图书馆、展览馆等文化工程建设，截至2013年年底，已建成大型文化广场23个，小型休闲广场500余个，文化场馆40余个。2013年，龙江森工总局党委先后组织了“走进生态文明新时代”主题系列文化活动，开展大型主题广场文化活动50余场，各林业局社区、校园开展各类文化活动、体育竞技赛事500多场（次）。大兴安岭林区共建成超万平方米的大型文化休闲广场15个，中小型文化休闲广场96个，总投资近1.5亿元。改扩建了地区艺术剧院，新建了地区群众艺术馆和地区博物馆，地区图书馆得到重新修缮。全区有6个乡镇文化站得到国家专项扶持资金150万元，另有31个乡镇文化站已列入扶持计划，扶持资金投入约600万元，全区共有古文化遗址和近现代文化遗址40处，其中省级文物保护单位4处。以地区艺术剧院和各县区局文体局为主体，每年送戏下乡近200场次，自2006年以来，专业院团和各县区局业余文艺演出队、管乐队、电影放映队深入基层演出累计达290余场，电影放映117场，共开展广场文化演出活动376场，观众达80余万人次。

5.1.3 推进国有森工企业剥离社会管理职能取得一定进展

国有森林资源大体上分布在偏远山区，森林资源开发初期，为了更好地服务森林资源的开发，形成了以场定居的模式，由此，国有森工企业历史地承担起所在区域的社会管理职能，形成了国有林区特有的“企业办社会”的模式。这种“企业办社会”的发展模式在国有林区开发建设初期有其存在的合理性和必要性，然而，改革开放后，随着国有企业的不断深化改革，以及现代林业建设和国家对国有林区的生态主导的需求等，使得这种特殊的企业和社会管理模式越来越不适应新时代的要求，其弊端也日益显现。伴随国家国有企业的改革，国有森工企业也不断进行改革，其中剥离社会职能，实施“政企分开”的改革一直贯穿于国有森工企业改革过程中，并一直是国有森工企业改革的重点和难点。2005 年和 2008 年，吉林森工集团和内蒙古森工集团抓住东北老工业基地振兴的有利时机，在所在省的大力推动下，已经完成了大部分企业承担的社会职能的剥离、移交地方政府的任务，取得了明显的成效。

2015 年，中共中央、国务院出台的《国有林区改革指导意见》中，明确提出国有林区改革的总体目标是建立有利于保护和发展森林资源、有利于改善生态和民生、有利于增强林业发展活力的国有林区新体制，到 2020 年基本理顺中央与地方、政府与企业的关系，实现政企、政事、事企，管办分开。到 2017 年 7 月，龙江森工集团就已经完成了剥离移交社会职能 10 项，移交机构 374 个，移交人员 192 03 人，这为国有林区社会转型奠定了一定的基础。但是国有林区后续的社会职能剥离的任务仍很艰巨，仅龙江森工集团目前还承担着 10 大类 70 余项社会职能，共计 2094 个机构，涉及在册职工 8.2 万人。

5.2 国有林区社会转型发展的主要障碍

虽然总体上，国有林区社会的转型发展取得了一定的成效，但是从国有林区整体可持续发展的目标及生态功能区建设的目标而言，国有林区社会发展中仍存在一些不足，阻碍着国有林区社会的转型发展，并进而影响国有林区整体的转型。

5.2.1 国有林区职工生存状况不容乐观

国有林区职工是国有林区开发建设中的最基层的微观主体，也是国有林区发展中最重要的利益主体，为国有林区的发展做出了重要的历史性贡献。生态功能区建设下，国有林区社会的转型与变革，首先会对这一利益群体的生产与发展产生冲击，并要求这一群体要适应这些变革，进行个体行为的重塑，努力成为社会变革的受益者，并进而推进国有林区社会的变革。长期以来，国有林区职工生存状态的脆弱性，特别是林区职工家庭的贫困问题是一个不争的事实。朱洪革和井月（2013）测度了 2008 年黑龙江省国有林区职工家庭的贫困发生率、贫困深度和贫困强度，结果表明：重点国有林区的贫困发生率（4.2%）与同期全国贫困发生率比较接近，但是，其贫困的强度和贫困的深度较大，并且重点国有林区职工家庭的贫困具有多维性。朱洪革等（2015）运用 A-F 多维贫困测量方法，从教育、健康和生活水平 3 个维度共 8 个指标测量重点国有林区的多维贫困，结果表明：2013 年重点国有林区有 35.7%的职工住户家庭存在至少 3 个指标的贫困，特别是卫生设施、饮用水和生活燃料 3 个指标对他们多维贫困指数的贡献率最大。

可见，国有林区相对丰裕的自然资源与林业职工家庭的贫困构成了林区发展中的一个长期而重要的矛盾，并阻碍着国有林区的转型和发展。生态功能区建设下，职工家庭的贫困成为这一利益群体重塑自己的过程中所面临的最大障碍，也是国有林区改革推进的最大的障碍。因此，生态功能区建设下，国有林区社会的转型及其社会文化的建设，应首先从改变职工家庭的贫困及其生存状态作为突破口。对国有林区职工生存状态内容的研究，将在后文单独成章进行详细分析。

5.2.2 国有林区社会建设投资水平不高

自生态功能区建设以来，国家财政对国有林区的投资更多地投向了生态建设与保护，这符合生态功能区建设的目标和要求。2015 年大小兴安岭国有林区生态建设与保护的实际投资额高达 1 098 929 万元，比 2011 年增加了 76.68%（表 5-1）。同时，国家财政对国有林区社会建设的投资力度却很弱，从表 5-1 可见，仅在 2012 年和 2013 年国家财政对大小兴安岭国有林区社会性基础建设的投资额有所增加，从 2012 年的 233 995 万元，增加到 2013 年的 239 724 万元，2014 年和 2015 年起投资额呈现大幅下降，2015 年，仅有 57805 万元。国家财政对大小兴安岭国有林区科技教育的投资也仅是在 2011 年和 2012 年有较大幅度的增加，2012 年之后其投资额呈现急剧的下降，2014 年其投资额仅为 167 万元，2015 年没有这项投资。缺少建设资金的支持和保障，是国有林区社会建设水平不高，社会转型发展势头不强的主要原因。

表 5-1 大小兴安岭国有林区 2011～2015 年林业投资情况 （单位：万元）

<table>
<tr><th rowspan="2"></th><th rowspan="2"></th><th rowspan="2">本年计划投资</th><th colspan="5">实际完成投资</th><th rowspan="2">科技教育</th><th rowspan="2">社会性基础建设</th></tr>
<tr><th>生态建设与保护</th><th>林业支持与保障</th><th>林业产业发展</th><th>合计</th><th>其中：国家投资</th></tr>
<tr><td rowspan="3">2011 年</td><td>全国国有林区</td><td>2 944 677</td><td>1 034 855</td><td>1 198 707</td><td>43 666</td><td>2 661 447</td><td>1 728 625</td><td>60 604</td><td>—</td></tr>
<tr><td>黑龙江国有林区</td><td>1 956 424</td><td>621 985</td><td>988 422</td><td>—</td><td>1 812 282</td><td>1 110 625</td><td>3 591</td><td>—</td></tr>
<tr><td>（其中：龙江集团）</td><td>（1 553 810）</td><td>（455 455）</td><td>（963 945）</td><td>（—）</td><td>（1 419 400）</td><td>（880 224）</td><td>（155）</td><td>（—）</td></tr>
</table>

续表

		本年计划投资	实际完成投资					科技教育	社会性基础建设
			生态建设与保护	林业支持与保障	林业产业发展	合计	其中：国家投资		
2011 年	大兴安岭	402 614	166 530	24 477	—	392 882	230 401	3 436	—
2012 年	全国国有林区	2 853 593	1 147 376	161 935	17 001	2 777 453	1 896 056	87 495	531 581
	黑龙江国有林区	1 654 530	601 255	45 081	2 973	1 694 421	1 122 603	18 360	233 995
	（其中：龙江集团）	（1 367 858）	（459 367）	（19 744）	（1 344）	（1 346 997）	（907 505）	（5 290）	（222 354）
	大兴安岭	286 672	141 888	25 337	1 629	347 424	215 098	13 070	11 641
2013 年	全国国有林区	33 177 547	18 705 774	2 216 819	10 776 201	37 822 690	13 942 080	79 853	634 859
	黑龙江国有林区	1 434 239	735 324	72 328	9 017	1 376 668	1 156 906	1 200	239 724
	（其中：龙江集团）	（987 641）	（553 265）	（65 569）	（2 016）	（983 223）	（983 223）	（1 200）	（238 647）
	大兴安岭	446 598	182 059	6 759	7 001	393 445	251 381	—	1 077
2014 年	全国国有林区	37 985 074	19 479 662	2 327 390	16 200 261	43 255 140	16 314 880	76 814	523 695
	黑龙江国有林区	1 146 085	795 215	15 763	1 074	988 740	914 974	167	79 001
	（其中：龙江集团）	（865 621）	（563 644）	（13 907）	（1 074）	（707 758）	（663 862）	（167）	（77 722）
	大兴安岭	280 464	231 571	1 856	—	280 982	251 112	—	1 279
2015 年	全国国有林区	38 674 287	20 172 014	2 272 730	15 646 727	42 901 420	16 298 683	76 193	474 881
	黑龙江国有林区	1 292 753	1 098 929	16 946	4 420	1 279 915	1 245 214	—	57 807
	（其中：龙江集团）	（979 201）	（823 416）	（11 429）	（4 400）	（969 827）	（947 286）	（—）	（54 599）
	大兴安岭	313 552	275 513	5 517	20	310 088	297 928	—	3 208

数据来源：国家林业局，2011～2015。

5.2.3 国有林区社会组织发展仍显滞后

社会组织是指一定数量的社会人为了达到某种共同目标，自然而然地形成，或按一定的宗旨和程序建立起来的利益共同体，通常包括各种冠以“学会”“研究会”“协会”“商会”“促进会”“联合会”等名称的会员制组织，以及包括基金会和各种民办学校、民办医院、民办社会福利设施等各类公益服务实体在内的非会员制组织（王名，2009）。社会组织是能够良性调节社会关系的社会力量和社会中介，是一种必要的能够妥善处理社会矛盾、社会问题和社会风险的新机制、新实体和新主体，在推进社会转型中具有不可替代的独特优势。

国有林区社会组织是指一定数量的社会成员为了达到某种共同目标，自发形成或按一定宗旨和程序建立起来的利益共同体。本书中的国有林区社会组织包括国有森工企业、林业合作组织、林业协会、民办公益性服务实体等。这些社会组织具有生产功能、载体功能、管理功能、整合功能和效率功能。

1. 国有森工企业社会负担过重

企业作为社会主要经济组织，本质性任务是为社会提供产品，即向社会微观主体供给物质资本。由于历史的特殊原因，国有森工企业扮演着国有林区最重要的经济组织形式的同时，还扮演着重要的社会组织角色，向社会供给物质资本的同时，还承担着向社会供给社会资本的责任。龙江森工和大兴安岭林业集团长期实行着“政企合一”管理体制，承担着大量的社会职能，尤其是黑龙江省国有林区这种现象更为严重。黑龙江省国有林区相关统计资料显示，龙江森工集团共承担着文教宣传、医疗卫生、“三供一业”、城镇环卫、劳动和社会保障、民政救济、公安检法、机关行政管理等共 10 类 80 余项社会管理职能，涉及 2524 个机构，这方面的在册职工 10.5 万人，在岗职工 8.5 万人，占全部职工的 29.5%。经过 2015～2017 年的初步剥离移交之后，目前还承担着 70 余项社会职能，涉及 2094 个机构，8.2 万职工。

伴随着经济社会的不断发展，企业承担的政府经费及社会性支出呈现逐年攀升的趋势，这部分压力往往被转移到森林资源头上。森工企业承担过多的社会管理责任，制约了企业自身发展，不符合生态功能区建设的需求，探索实行森林资源管理与开发利用分开、事企分开，从事森林资源开发利用的林业企业全部推向市场，增强林业企业经营活力是非常有必要的。《大小兴安岭林区生态保护与经济转型规划（2010—2020 年）》提出了要深化林业体制改革，积极推进政企分开、事企分开，加快推进企业分离办社会职能，林业企业所承担的政府及社会职能移交地方政府。这将有利于减轻国有林区森工企业的社会负担，促进森工企业的发展。

2. 国有林区林业合作组织发展落后

林业合作组织是一种分散的林业生产者通过互助合作而组织起来的一种社会化经济形式，成立的目的是解决社会化的市场经济与小规模的个体经营之间的矛盾，维护林业生产者自身的经济利益和社会地位，实现生产、加工、销售的有机衔接（龙贺兴等，2017），也可以为林农（职工）提供其他非生产方面的帮助。因此，林业合作组织不仅仅是为林业职工提供技术、信息的平台，更是林业职工获取社会资本的重要渠道，为林业职工社会资本的积累提供了重要帮助。

近年来，随着国有林区林下经济的不断发展，无论是产业发展需要，还是林业职工维护自身经济利益和社会地位的需求，都迫切要求国有林区林业合作组织的发展。根据实地调查和黑龙江省国有林区的相关统计资料，截至2013年上半年，黑龙江省国有林区有271家林业专业合作社，较2012年增长62.2%，应该说增长的速度很快。其中包括43家苗木花卉种植合作组织，37家食用菌养殖合作组织，49家林果栽植合作组织，44家林木种苗繁育、管护合作组织，42家林下中草药种植合作组织，26家梅花鹿、野猪、林蛙、蜜蜂等林下养殖合作组织，30家山野菜采集加工合作组织。虽然近2年来，国有林区林业专业合作组织发展迅速，但与农业合作组织以及南方集体林区林业合作组织相比，国有林区林业合作组织的发展整体仍显滞后。国有林区目前的林业专业合作组织主要是围绕当地主导产业、优势产业和特色产业，由林区能人创办，由种植大户带动，以“企业+职工家庭+基地”的形式发展起来的，涉及林下种植业、养殖业、采集加工业、森林旅游及绿化苗木繁育等领域。一些林业局的林业专业合作组织已发展成为具有本地特色和一定规模的绿色产业基地，在带动职工就业增收、促进国有林区经济转型及职工身份转换等方面起到了重要作用。

5.2.4 生态文化在国有林区社会文化中的核心地位需要加强

文化对整个社会的发展具有重要的影响和作用，是区域社会发展强大的内在驱动力。在区域社会发展中，区域文化内蕴以及人们的价值取向对区域发展表现出了巨大而持续的影响作用。区域环境的差异性孕育了不同的社会文化，国有林区具有区位特殊性以及资源禀赋特殊性，在国有林区长期的社会发展过程中，伴随森林资源的开发利用与管理，形成了具有区域特色的国有林区社会文化，这种特殊的地域文化是国有林区社会转型进程中宏观层面的一个重要影响因素。

总体上而言，国有林区社会文化是具有林区特色的物质财富与精神财富的总和，是国有林区文化环境、精神文明、行为准则、道德规范和价值观念等方面构成的综合系统。国有林区社会文化的本质是一种生态文化，是依托森林资源以及林区人们对森林资源的利用而形成的一种生态文化，核心是以生态文化（生态文明）为主导的国有林区人们的价值观念与行为准则。国有林区社会文化是在价值观的基础上产生的，是价值观在不同层次、不同角度、不同方面和不同时期的体现和具体化。国有林区社会文化的发展，既有自身原典文化的继承，也有外来文化的移植和嫁接。

实质上，国有林区社会文化是伴随着森林文明的兴起而形成的，在人类认识森林和林业地位及作用不断更新中，国有林区的社会文化也在逐渐演变着（王玉芳和蒋敏元，2005）。自新中国成立初期到 20 世纪 70 年代末期，林业在国家经济建设进程中发挥着重要的作用，国有林区丰富的森林资源为地区及国家经济发展提供大量物质基础，这一阶段的国有林区的价值形态集中表现为过分关注森林资源的经济价值与作用；20 世纪 70 年代末期到 90 年代初期，经济建设获得显著成就的同时，环境问题日益凸显，国家提出了新的林业发展战略目标，即建设比较完备的林业生态体系和比较发达的林业产业体系，国有林区的文化形态也随之发生了变化，文化中的生态特色和生态元素日益显现；20 世纪 90 年代之后，林业发展在兼顾三大效益的基础上优先发展生态效益，生态文明在国有林区文化形态中占据了越来越重要的地位，伴随国有林区经济的转型发展，国有林区社会文化也开始由原始文化状态向现代的、生态文化形态转化。

特别是 2011 年大小兴安岭林区生态功能区建设的实施，对国有林区社会文化的转型发展带来了深远的影响，使国有林区社会文化由落后封闭的原始状态逐渐向现代的、生态文化转变。生态功能区建设更新了国有林区的社会发展理念，在可持续发展理念的基础上，强调了“生态就是资源、财富、形象、品牌、文化”“保护生态就是保护发展环境、保护发展优势”“树立保护生态就是保护发展基础、保护生产力”的理念。尽管如此，国有林区社会文化向生态文化转型发展的速度较慢，生态文化在国有林区社会文化中的发展程度和所处的核心地位仍需要进一步加强，以更好地适应生态功能区建设对国有林区社会文化建设的需求。

5.3 国有林区社会转型的主要内容及特点

5.3.1 国有林区社会转型的主要内容

截至目前，学术界对社会转型的界定基本上都是从宏观、中观、微观三个层面展开的。宏观层面上的社会转型，侧重于社会形态的本质性、方向性改变，如从农业社会转向工业社会；中观层面上，侧重于在同一社会形态下，社会生活在政治、经济、组织、文化、制度、道德等领域所发生的从“传统”到“现代”的整体性、结构性变动；微观层面上，侧重关注微观主体，涉及微观主体在社会生产中形成的具体组织关系与社会关系的调整等方面（王帆宇，2016）。

如前面第 2 章的内容所述，国有林区的社会转型是国有林区社会有机体的全面变革过程，本节中国有林区的社会转型，主要集中在中观层面和微观层面的转型。具体而言，国有林区社会转型在微观层面上，要关注社会微观主体——林区职工，要在明确林区社会微观主体的生存状态及其对社会转型的响应能力的基础上，通过不断改善和提高林区职工的生存状态来改变林区职工的个体行为及其价值取向。中观层面上，第一，关注国有林区社会组织发展，推进国有林区社会组织的生态型改造；第二，关注国有林区的社会文化，推进国有林区生态文化的建设与发展；第三，关注国有林区社会管理体制，推进国有林区社会管理体制由传统向现代的变革。

5.3.2 国有林区社会转型的特点

（1）国有林区的社会转型与国家总体社会转型发展的路径具有一致性。国有林区的社会转型基本上是伴随着国家总体上的社会经济转型发展变革的轨迹，特别是林业部门的改革与发展在时间和结构上基本上都是跟随着农业部门的改革与发展而进行的，农业政策改革的成功为林业政策的改革和发展提供了最早期的借鉴和激励。因此可以说，中国的改革对森林和林业部门的影响，是由其他部门的改革引起的，一部分源自林业内部响应外部门改革而对自身改革发展的渴望；一部分源自于其他部门改革和发展导致对林产品需求的增加（William et al.，2005）。但是国有林区的社会改革与转型发展并没有像农村社会改革和转型发展那样彻底和富有成效，并成了阻碍国有林区发展及国家社会经济发展、生态文明建设的重要方面。由此，在国家推进生态文明建设的重大战略的调整时期，在生态建设和经济建设的双重需求下，林业改革再次受到国家高度关注，并开启国有林区社会新的变革阶段。

（2）国有林区的社会转型具有后发性和外生性。虽然国有林区的改革和社会的转型发展，有其对自身改革发展的内在渴望和意愿，但总体上来看，国有林区的改革和社会转型更多的是外在驱动因素共同作用的结果，如国际社会对林业可持续发展及森林可持续经营的路径追求、中国自 1978 年开始改革开放的发展历程及其相关政策对林业和国有林区社会变革的影响和溢出效应、2000 年开始在国有林区实施天保工程、2010 年大小兴安岭林区生态功能区的建设以及 2015 年全面停止天然林商业性采伐政策的实施等外部因素共同推动国有林区改革和社会的转型发展进入一个新的历史时期。因此说国有林区改革和社会转型发展是在这些外在因素的强力推动下的改革，同时与中国其他行业的改革相比，其改革具有滞后性。

5.4 国有林区社会转型的路径选择

5.4.1 国有林区社会结构的分化

社会结构是指一个国家或地区占有一定资源、机会的社会成员的组成方式及其关系格局，包含人口结构、家庭结构、社会组织结构、城乡结构、区域结构、就业结构、收入分配结构、消费结构、社会阶层结构等若干重要子结构（安东尼·吉登斯和菲利普·萨顿，2015），其中社会阶层结构和社会组织结构是社会结构的核心要素。

国有林区社会是伴随对森林资源的开发以及国有森工企业的建立，在特殊的历史需求下形成的，因而，国有林区社会是依赖于国有森工企业的运行而运行并不断发展的。国有森工企业既是国有林区社会的重要组织，同时，有些森工企业又完全与林区社会重叠，如黑龙江省森工总局下属的伊春林业管理局，既是一个国有森工企业，同时森工企业的区域范围也是林区社会范围，二者完全重叠，伊春林业管理局既承担企业管理的职能，又承担林区社会的管理职能。国有林区社会的这种特殊性使得林区社会中的主要阶层和组织也都是要依赖于森工企业的存在、发展而存在、发展着的。如前所述，这种社会结构形态虽然在形成之初存在合理性和必要性，但是新的历史时期，这种不合理的社会结构不仅低效，而且也不符合新时代国家生态文明建设的总体要求，以及社会经济发展对林业及林区的需求。因此，2015 年中共中央、国务院《国有林区改革指导意见》的发布，使国有林区改革和社会经济转型发展进入深化发展的新时期，改革的重点集中在了国有林区管理体制改革（这部分内容将在第 7 章单独进行阐述）以及社会结构的变革上。

根据实地调查的情况，研究认为，国有林区社会转型的主要路径表现为社会结构的逐渐分化。这一方面表现为社会组织的逐渐分化。根据《国有林区改革指导意见》的要求，到 2020 年，基本理顺中央与地方、政府与企业的关系，实现政企、政事、事企、管办分开的目标。通过国有森工企业剥离办社会的职能，将纯粹的社会管理职能及相关的组织机构交给地方，实现了国有林区社会组织结构的分化。另一方面表现为国有林区林业职工社会身份的分化，即随着国有林区社会职能的逐渐剥离，林业职工逐渐脱离森工企业的组织结构或者对森工企业的依赖关系逐渐减弱。这也是国有林区社会转型中的一个典型的特殊性。从社会主体对社会组织的依附关系来看，一般性社会转型多是为了增加社会微观主体对社会组织的依附关系，而国有林区社会转型，首先要弱化社会微观主体对国有森工企业这一组织的依附关系，同时，推进林区社会微观主体通过其他社会组合完成社会关系网的扩建，即形成新的社会组织，如社区，实现国有林区社会微观主体的身份地位由“单位制转型为社区制”，特别是对于那些因改革影响而完全失业或隐性失业（如离开森工企业仍保留劳动关系，或仍在岗，但是实际中无任何工作活动内容的林业职工）的林业职工，对社区制应该有强烈的需求。所谓的“社区制”即为了承接从单位中转移出来的大量人员和社会职能而建立起来的一种新的“条块结合、以块为主”的社会网络组织体制（王帆宇，2016）。

5.4.2 社会微观主体行为重塑

国有林区社会微观主体即国有林区林业职工。国有林区（国有森工企业）的林业职工与一般企业的职工相比，具有其自身的特殊性。国有林区的林业职工与一般企业的职工相比，除了履行在企业中工作的职责和任务，获取经济收益，实现自身发展的目标外，由于国有林区和国有森工企业的特殊性，使得国有林区的林业职工又承担着保护所在区域的森林资源，可持续地管理森林资源的重任。同时，国有林区的社会转型，将最先冲击林业职工的生存与利益。因此，国有林区社会转型过程中，必须首先要关注受社会转型影响的林业职工的生存与发展，在此基础上去重塑林业职工的行为及价值取向等，这是国有林区社会转型中微观主体重塑的根本基础。关于国有林区职工生存与发展状态的分析，由于其内容量较大，故放在本章之后，单独成章分析。

从社会个体角度探讨社会转型最具有代表性的是 Parsons（1970）的个体行为模型研究，他认为社会个体的行为不仅随着社会结构的改变而变化，而且会反映社会发展阶段的特征，并将个体行为在“传统社会”与“现代社会”中的表现提炼为“五对行为模式变项”，如表 5-2 所示。

表 5-2 社会主体在社会转型中不同角度的行为倾向

行为模式变项	行为模式链两端	
	传统	现代
利益取向	个人取向	兼顾集体取向

续表

行为模式变项	行为模式链两端	
	传统	现代
目标取向	情感用事、目前享受	理性处事、长期目标
身份评价	以传统、世袭为轴心	以成就、才能为准则
待人接物	偏袒亲属、维护朋党	天下为公、一视同仁
社会分工	职务多元化、分工有限	职务专业化、分工精细

资料来源：Parsons，1970。

Parsons 对个体行为模型研究，为社会主体行为的研究提供了理论工具。在现实社会中，个体行为取向并非是上述表格中所提到的绝对传统或绝对现代，而往往是传统与现代兼而有之，区别在于传统因素和现代因素所占比例不同，因此，社会转型所追求的是现代因素对个体行为影响的程度的增加。

借助 Parsons 所提出的个体行为模型，本研究分别在利益取向、目标取向、身份评价这三个方面对主体行为重塑作进一步探讨。

（1）林区社会微观主体利益取向的转变。社会主体由“个人取向”向“兼顾集体取向”转变，需要社会文化宣传与社会组织建设的共同作用。社会主流文化与价值取向的宣传通过影响社会个体的价值观，进而有助于利益取向的转变。生态功能区建设所要求的社会文化是以生态文化为主流的，因此在国有林区社会建设中，需要大力宣传生态文化、生态文明的思想，引导林区职工传统朴素的生态思想向现代的生态文明转变，适应国有林区发展新形势。社会组织建设是通过影响个体参与社会的途径，培养个体的集体意识与观念，进而影响主体的利益取向。在国有林区社会转型中，通过生态型社会组织的建设，引导林区社会主体参与其中，增加社会资本的积累，培养集体意识与观念，在应对国有林区改革及社会转型对自身利益冲突中可以兼顾并有效平衡集体利益。

（2）林区社会微观主体目标取向的转变。根据 Parsons 的模型，社会主体的目标取向向“理性处事、长期目标”转变，除了受价值观引导以外，还受到整个社会发展趋向的影响。生态功能区建设这一宏观环境和目标，要求国有林区社会主体的行为目标更为理性和长远，既有利于微观主体（林业职工）自身更好地生存与发展，又能有利于国有林区森林生态的保护，促进国有林区建设与发展长远目标的实现。

（3）林区社会微观主体身份评价的改变。伴随着国有林区社会职能的逐渐剥离，林业职工逐渐脱离对森工企业的依赖和依附，其社会身份和地位也逐渐发生变化。林业职工对自身身份和地位的变化，会产生暂时的不适感，如果引导不好，将会影响林区社会的稳定。因此，政府就国有林区相关组织机构必须采取科学有效的措施，引导林业职工对于自我身份和地位转换的理性评价，认识到自身价值所在，在生态功能区建设推进下的国有林区社会发展中，把握机会，抛开“等靠要”等陈旧思想，努力提高自身的知识、技术和能力，寻求自身更好的发展。

社会主体的行为重塑是实现国有林区社会转型的微观层面路径，实现这一路径需要社会保障事业建设、生态文化宣传、生态企业的引导、合作组织建设等多方面共同努力。

5.4.3 生态型社会组织的构建

社会组织是社会发展的中观结构层次，在生态功能区建设目标的要求下，经过分化之后的国有林区社会组织的建设与发展，必须要走生态型的发展路径，同时，构建生态型的新型社会组织，这是社会转型的中观路径选择。社会组织作为社会的实体要素决定了一个社会的基本格局，生态型社会组织的建设与发展为国有林区生态型社会的建设与发展奠定了良好的基础。

生态型社会组织与传统型社会组织相比，要求组织结构要多样化，组织功能要专门化，组织治理要实现以人为本。

（1）国有林区社会组织结构由同质到异质的转化。国有林区改革过程中，重点要推进森工企业办社会职能的分离，这将实现国有林区社会组织结构由长期的同质化转型为异质化、多样化。国有林区社会是伴随着对森林资源的开发以及国有森工企业的建设发展而不断形成并发展起来的，在国有林区除了以血缘为主的家庭组织关系以外，社会微观主体主要就是依托森工企业这个组织单位开展社会活动，积累社会资本，从而使国有林区社会组织结构表现为高度的同质化。新时期，伴随国有林区的改革与发展，特别是生态功能区的建设对国有林区的要求，国有林区必须要改变长期以来的林业企业组织与林区社会组织合二为一的不合理的组织结构，需要将社会组织从森工企业中剥离出来，回归其本源，从而将实现社会组织的高度分化，同时，伴随国有林区经济社会发展的需求，新的社会组织将不断涌现，包括一些经济合作组织等，进而促进了国有林区社会管理体制由“层级型”向“网络型”的转化，组织结构也实现了从同质到异质的转化。

（2）国有林区社会组织功能从普化到专化的转变。组织功能是与组织结构相适应的，国有森工企业是国有林区社会中最重要的组织形式，由于长期以来的特殊组织结构，承担着各种各样林区社会管理的职能，如学校、银行、医疗、卫生、公检法等一系列社会事务，从而国有森工企业的组织功能表现为全面化、普遍化。这种组织功能的特点，造成了林区社会组织机构臃肿、职能界限不清，进而影响了林区社会组织的整体效率。而国有林区社会管理职能的逐渐剥离，以及新型社会组织的逐渐建立，国有森工企业的主导功能以及纯粹的社会组织的功能都将越来越明晰，也将越来越专门化，从而实现国有林区社会组织功能由普遍化到专门化的转变。

（3）国有林区社会组织治理要实现以人为本的治理模式。作为国有林区社会组织的重要组成部分，国有森工企业也经历了国家改革发展进程中的“现代企业制度改革”的阶段，并于 20 世纪 90 年代进行了国有森工企业的现代制度改革，成立了国家四大国有森工集团（龙江森工集团、吉林森工集团、内蒙古森工集团以及大兴安岭林业集团公司）。现代企业制度的一个重要表现是以人为本，实施现代的企业人力资源管理模式。然而，由于各种内外部的因素以及体制、机制等相关因素的影响，国有森工企业的现代化治理并没有充分实现。生态型社会组织的建设，必须要实现以人为本的管理模式，充分发挥人力资本对组织发展的作用。

此外，国有林区生态型社会组织的建设中，还有一个重要的方面，就是国有森工企业作为纯粹的企业，需要按照生态经济模式，将企业改造成生态型企业。所谓生态型企业是指企业中每一环节都具有内在可持续性和可恢复性，任何废物对于别的生产方式都存在价值。经过组织结构分化之后形成的纯粹的森工企业（或林产品加工企业）在进行生态化转型的过程中，首先要面对三个基本问题：第一，企业是否向国有森林资源索取过多，并且是否用一种不可持续的方式进行索取；第二，企业产生的污染物是否对环境造成破坏；第三，生产方式是否是高效集约的，是否造成巨大浪费。首先要依据这些原则去检验企业是否存在非生态化的现象，然后再按照生态经济或者生态产业的原理进行改造，使森工企业逐渐转型为生态型企业，为生态功能区建设及国有林区生态文明建设做出贡献。

5.4.4 社会文化与价值观的重构

新制度经济学认为：意识形态和价值观取向在维持社会稳定、促进社会发展等方面，具有积极作用。在区域社会发展中，地区文化内蕴以及人们的思想观念和价值取向对区域的可持续发展有着长期而持续的影响。要想实现区域社会转型，必须充分挖掘地域文化资源，高度重视发挥地域文化的特点，构建社会转型发展所需要的新的文化形态。

价值观是社会文化的基石和核心，一定社会的人群自觉改造其价值观念的过程就是文化的重构过程，社会文化的重构首先要关注社会个体价值观的构建。价值观的构建也是使林区文化从“传统层面”向“现代层面”转变的过程，具体包括以下方面。

（1）增强国有林区社会文化整体的凝聚力。我国传统文化对国有林区社会文化具有深远影响，我国传统文化中包含着很强的内聚力特征，但是这种传统意义上的内聚力是依赖于自然经济条件所形成的，只是血缘共同体和地域共同体的内聚力，带有一定封闭性。现代社会所追求的文化凝聚力，是具有共同目标、共同利益追求、团结协作的共同体，这样的凝聚力才能真正增强国有林区社会的竞争力。增强国有林区社会文化整体的凝聚力，具体可以通过社会组织的发展壮大来实现。

（2）以人为本、注重个体精神追求。以人为本的思想是我国传统文化的优秀成分，但传统的以人为本更加关注人的物质需求，忽略了“人是物质和精神的二元存在”这一实质性问题，因此也就忽略了“人的追求也是物质和精神的二元追求”。依据马斯洛的需求层次理论，人的需求是由物质性需求逐渐演化上升到精神性需求的，人总是力图突破物质的自我桎梏实现精神的自我。生态功能区的建设要求国有林区总体上要建设生态型文化，而生态型文化的建设要求社会主体的追求从物质层面逐渐引向精神层面，从而实现将国有林区社会文化提升到“精神层面的以人为本”，实现林区物质文明与精神文明共同繁荣发展。这一目标的实现可以通过加大林区文化事业的建设与投入、完善林区基础文化设施建设等方面来实现。

（3）传统的生态文化向现代生态文化的转变。国有林区的社会发展与经济建设是“依林而建，因林而兴”的，因此林区人们对森林的生态文明有着朴素的自然生态的思想观念。但由于受到文化基础设施和教育水平的落后，以及其他体制机制的影响，现代化的生态文化在国有林区的发展和传播受到了限制。在引导传统生态文明向现代生态文明转变的过程中，需要通过加强基础文化事业的发展来带动，也需要做好生态文化的宣传工作，具体可以通过广泛开展生态文化教育活动、运用各种文化传播媒介大力宣传生态文化等方式来实现。传统的生态文化向现代的生态文化的转变，是国有林区社会转型适应生态功能区建设以及国家生态文明建设战略的总体要求和发展方向，有利于形成适宜国有林区社会发展的生态文化理念和核心价值观，并将生态文化价值观融入国有林区的生产生活实践中，逐渐形成国有林区新的社会核心竞争力，促进国有林区社会的可持续发展。

5.5 本章小结

从国有林区社会转型的现实基础出发，本章分析了国有林区社会转型发展中所面临的诸多困境，如人力资源配置效率低、职工生存状况不乐观、林区社会建设投资不高、社会组织发展滞后等，明确了国有林区社会转型的主要内容。即微观层面上，要关注社会微观主体——林区职工，要在明确林区社会微观主体的生存状态及其对社会转型的响应能力的基础上，通过不断改善和提高林区职工的生存状态来改变林区职工的个体行为及其价值取向。中观层面上，第一，关注国有林区社会组织发展，推进国有林区社会组织的生态型改造；第二，关注国有林区的社会文化，推进国有林区生态文化的建设与发展；第三，关注国有林区社会管理体制，推进国有林区社会管理体制由传统向现代的变革。据此，本章提出了生态功能区建设下国有林区社会转型的路径选择：微观层面应重塑社会微观主体的行为，中观层面构建生态型社会组织，重塑国有林区社会文化和社会价值观。

6 基于生态功能区建设的国有林区林业职工家庭脆弱性研究

如前所述，国有林区社会转型的微观层面，要着力重塑林区社会微观个体行为及其价值取向，而这首先需要关注并解决林区职工的生存状态。生态功能区建设以及国有林区的各项改革，首先将会对国有林区林业职工及其家庭的生存与发展带来影响和冲击。天保工程二期实施的重点是改善国有林区民生，这对国有林区林业职工家庭是一个难得的历史机遇。全面停止天然林商业性采伐政策的实施，意味着林区职工家庭将失去最主要的收入来源。林业职工家庭是否有能力适应或应对这些变革，并能很好地利用这些历史机遇，增强自身的可持续生计能力呢？国有林区的发展应该是森林自然资本与社会资本间形成的特别契约，然而现实中，林区自然资源的丰裕与职工家庭的贫困或脆弱性可能构成了林区发展中的一个重要矛盾，并制约着国有林区的改革和发展。作为国有林区社会的最微观主体，社会转型进程中，需要考察国有林区职工家庭对外界变化的适应能力以及抵抗这些变化所带来风险的能力的强弱，并应采取措施帮助林业职工提升这种能力。本章的研究中把这种能力的不足或缺乏看作林业职工家庭脆弱性的一种表现。

6.1 国有林区林业职工家庭脆弱性的理论内涵

6.1.1 林业职工家庭脆弱性的概念

理论界对脆弱性问题的研究较久。早在 1974 年，美国学者 White 首次引入脆弱性概念（White，1974）之后，脆弱性理论就被应用到各学科领域研究中，重点集中在生态、气候、自然灾害、人体健康、区域经济和政治、银行金融、信息安全等自然科学、社会科学以及交叉学科领域（Mcanany and Yoffee, 2010；Smit et al., 1999；赵国杰和张炜熙，2006；陈华和伍志文，2004）。近年来学者们将脆弱性理论引入贫困问题的研究中（Tesliuc and Lindert，2002；李丽，2010）。现有对贫困脆弱性的研究，主要集中在发展中国家农村家庭贫困的脆弱性上，近年来国有林区脆弱性问题也开始受到关注，学者对林区生态环境脆弱性（向楠，2014）、林区贫困的测量（朱洪革等，2015；井月，2012）、职工收入和生存（朱洪革等，2014；王玉芳和李朝霞，2014）等问题进行了研究。基于已有的相关研究，考虑国有林区及林业职工家庭的特殊性，这里将国有林区职工家庭脆弱性界定为林区职工家庭在面对突发的或是长期的外在压力、冲击或风险的抵御能力，或是面临外在环境变化时的适应能力的不足、不安全或是易受灾的程度。

6.1.2 林业职工家庭脆弱性的表现维度

现有对国有林区职工家庭问题的研究主要集中在贫困、生计等方面。实质上，脆弱性与贫困有联系，但并不相同。贫困有时是脆弱性产生的一个主要根源；但脆弱性并不仅仅是一种短缺或匮乏，它更强调的是面临危险、冲击和外界压力时的自身抵御能力或者适应能力不足、不安全或者易受灾的程度。根据生计理论的内涵，本研究认为国有林区职工家庭脆弱性具体表现为物质资本脆弱性、人力资本脆弱性和社会资本脆弱性 3 个方面。

（1）物质资本脆弱性。物质资本是指长期存在的生产物资形式，如资金、生产性固定资产、耐用消费品、住房、土地资源等。物质资本脆弱性是指获取或应用物质资本的能力不足，或职工家庭所拥有的物质资本不足以抵御转型所带来的影响。依托国家林业局重点国有林区民生监测项目，2012～2014 年对东北国有林区职工家庭的实地调查发现，林业职工家庭拥有的物质资本较为匮乏。例如，林业职工家庭人均年收入绝大多数为 1 万～2 万元；家庭拥有的农林业生产性资产平均仅为 1886 元，且年增长率低于 5%；家庭平均耕地面积为 0.233 hm^2（3.5 亩），承包林地面积仅为 0.112 hm^2（1.68 亩）（主要是指职工家庭用于林下种植的承包土地，不包括承包无经营用途的山林）；80%以上的林业职工家庭拥 1 套住房，近一半的职工家庭住房面积小于 50m^2。可见林区林业职工家庭物质资本存量匮乏，在应对林区社会经济转型发展中的基础保障能力较弱。

（2）人力资本脆弱性。人力资本是指劳动者由于受到教育、培训等方面的投资而获得的知识、技能的总和。这种知识与技能可以为劳动者带来工资等收益，因而形成一种特定的资本——人力资本。本研究认为国有林区人力资本的脆弱性是指人力资本的拥有者由于自身存在的某些劣势（如知识技术落后等），使其抵御内外波动和影响的能力弱，维持人力资本持续发展的能力差。依托国家林业局重点国有林区民生监测项目，2012～2014 年对重点国有林区职工家庭的实地调查发现，林区职工家庭规模平均为 3 口人，家庭劳动力所占比例仅为 34%；在所调查的 1521 户职工家庭中，仅有 24%的家庭参加了职业技术培训，有近 70%的职工家庭的劳动力 1 年内几乎无人参加任何技术培训；家庭人均受教育年限为 10.26 年，而且对教育的投资能力也较弱。这些都体现了国有林区职工家庭在人力资本上的脆弱性。

（3）社会资本脆弱性。社会资本被认为是社会成员之间的关系网络、社会组织形态、组织规范等，是一种有价值、可利用的资源或资本（叶静怡和周晔馨，2010）。世界银行认为，社会资本不仅仅是支撑一个社会的制度加总，更是把它们合在一起的黏合剂，是经济增长的重要前提条件（李利，2011；王春超和周先波，2013）。国有林区职工家庭的社会资本是其在追求生计过程中所能利用的社会资源，包括社会网络、社会管理制度及社会文化等。本研究选取职工家庭及亲属中干部与管理人员数、家庭请客送礼支出、职工家庭向技术人员寻求帮助次数来考察其社会资本情况。根据重点国有林区民生监测项目的调查数据，2012～2014 年对国有林区职工家庭的实地调查发现，林业职工家庭成员中干部人数平均值仅为 0.21 人，亲属中干部或公职人员人数平均值为 0.93 人；林区职工家庭年均请客送礼支出为 3593 元，仅为城市家庭请客送礼支出的 1/3（杨文等，2012）；职工家庭向技术人员寻求帮助次数平均仅为 0.14 次。这都体现了国有林区职工家庭在社会网络关系上的薄弱，使其在面对外界环境变化时缺少外援的支持而表现出一定的脆弱性。

6.2 国有林区林业职工家庭脆弱性的形成

国有林区林业职工家庭脆弱性的形成是内外部环境因子的压力与职工家庭自身对因子响应能力共同作用的结果。内外部环境因子的压力是职工家庭脆弱性产生的最直接因素，是脆弱性产生的催化剂。职工家庭自身对因子的响应能力是林区职工家庭脆弱性产生最具原发性的因素。

6.2.1 林业职工家庭脆弱性形成的环境压力

这里将影响职工家庭脆弱性形成的环境压力因素归纳为政治法律环境（如天保工程、全面停伐政策、生态功能区建设等），经济环境（如市场机制、国民经济发展战略等），社会文化环境（如社会保障体系、社会关系、家庭结构等）和科技与自然环境（如自然地理气候条件、技术服务机构及技术人才等）。这些压力因素既单独作用又相互影响，共同作用于林区职工家庭系统，激发或者减弱林业职工家庭的脆弱性。

6.2.2 林业职工家庭对压力的响应能力

职工家庭对压力的响应表现在敏感性和抵抗力两个方面。

（1）敏感性。国有林区职工家庭对外部压力因素的敏感性不仅与上述压力因素有关，还与职工家庭自身状况相关，如劳动力比例、文化程度、技术水平、接受再教育的能力、就业能力等。在国有林区转型发展的新时期，全面停伐政策、天保工程、生态功能区建设、宏观经济政策等将直接影响职工家庭脆弱性的敏感性，此外，国民经济发展程度、社会保障体系建设、林区管理体制以及林区特殊的地理位置将间接影响职工家庭的敏感性。这些不同影响因素在同一外部影响因素的影响下所表现出的敏感性不同，而同一影响因素在不同影响因素的作用下敏感性也不同，一个因素的变化会引起其他因素发生变化，造成“链式”效应。例如，在压力因素变化下，林业职工家庭物质资本向脆弱性转变会引起其人力资本和社会资本向脆弱性转化，这种效应最终会对职工家庭系统产生影响。

（2）抵抗力。本研究将抵抗力看作林区职工家庭对外部环境变化的自适应能力和缓解外界变化压力造成的冲击与损失的能力。国有林区职工家庭自适应能力受其自身条件和外部政府、企业等组织援助的影响。由于地理位置偏远、经济发展相对落后、资源依赖性强等客观条件，以及职工家庭文化程度和再就业能力低、社会关系简单、技术服务机构和技术人才缺乏等问题，国有林区职工家庭对外部环境变化的抵抗能力表现差，缓解脆弱性的能力缺乏或不足。

6.2.3 林业职工家庭脆弱性的形成演化

林区职工家庭响应和抵抗内外部环境变化的冲击和影响的能力具有滞后性，使得林区职工家庭的脆弱性不能在短期内消除，进而产生进一步的积累和演化，形成“物质资本脆弱—人力资本脆弱—社会资本脆弱”的演化过程（图 6-1）。

国有林区的转型首先表现为经济功能的主导性转变为生态功能的主导性。对国有林区林业职工家庭来说，生态效益是负外部性的。目前国有林区职工的收入来源仍主要依托森林资源，在全面停止天然林商业性采伐政策下，职工家庭获得的经济收益具有弱质性，造成其发展的不稳定性，使得林区职工家庭更容易受到外界压力的影响和冲击。由图 6-1 可见，上述压力性因素的变化最先冲击林区职工家庭的物质资本，引起物质资本的匮乏，从而引发其物质资本的脆弱，这是职工家庭脆弱性形成的初始脆弱点；在压力因素的继续干扰下，物质资本脆弱性上升，脆弱性增加，引起职工家庭人力资本投入不足，导致其人力资本脆弱性；物质资本脆弱性和人力资本脆弱性相互耦合、相互刺激，将引起职工家庭在社会关

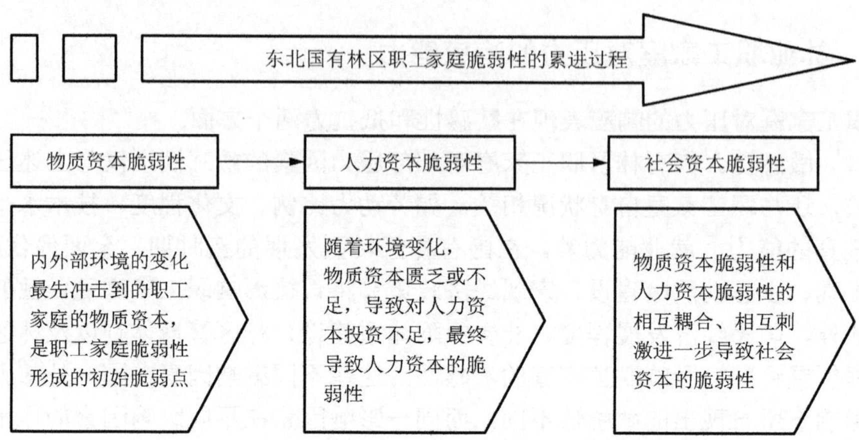

图 6-1　国有林区林业职工家庭脆弱性压力累进过程

系网络中处于弱势和被动状态，进而引发林区职工家庭社会资本陷入脆弱。当国有林区职工家庭的物质资本、人力资本和社会资本都变得脆弱了，三个脆弱点的相互耦合、相互影响，最终将导致林区职工家庭系统整体陷入脆弱性（图 6-2）。这种状态的长期演化将造成国有林区职工家庭发展的长期不可持续性。

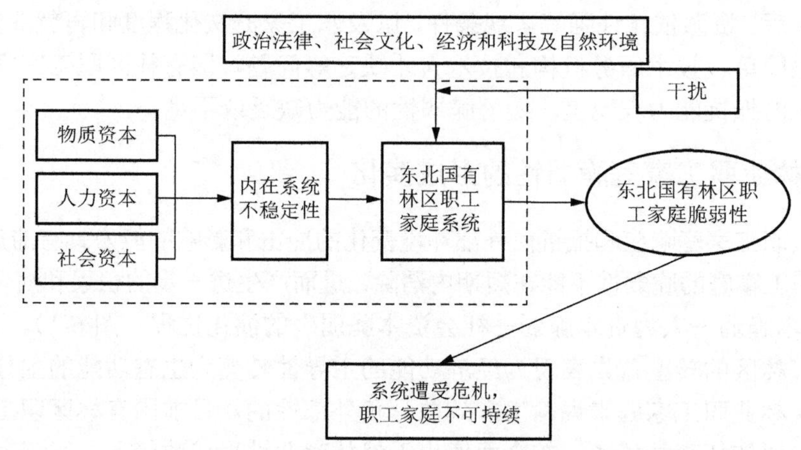

图 6-2　国有林区职工家庭脆弱性演化过程

6.3　国有林区林业职工家庭脆弱性的扩散

国有林区职工家庭脆弱性不仅影响着职工家庭的可持续发展，还将影响国有林区的可持续经营、林区经济社会的和谐发展。国有林区是由生态、经济、社会复合而成的一个复杂系统，林区职工家庭是社会系统中最微观的主体和核心单元；

因此，职工家庭脆弱性的长期持续演化最终将扩散到国有林区社会经济、生态系统中，引发这些系统向脆弱性转化。

6.3.1 向威胁森林资源安全扩散

在国有林区转型发展过程中，如果具有脆弱性的职工家庭经过自身的努力短期仍难以消除其脆弱性，假设林业职工生计的维持又不能离开林区，那么林业职工要消除其脆弱性，特别是物质资本的脆弱性时，仍然必须要依靠林业和森林资源来获取经济收入和物资资本。作为理性的经济个体，林业职工有在短期内急于摆脱脆弱性的意愿和要求。在依托森林资源发展多种形式生产经营活动的过程中，不可避免地会对森林资源造成某种程度的破坏，因此林区职工家庭的脆弱性有威胁林区森林资源安全的趋向。

6.3.2 向抑制林区经济发展扩散

仍然假设国有林区职工家庭的脆弱性短期内难以消除，并且林业职工在短期内不离开林区，其脆弱性将在物质资本、人力资本和社会资本之间持续演化。在国有林区社会经济转型以及全面禁伐政策的影响下，国有林区经济体系中的活跃点主要体现在林区职工发展林下经济及其他自营经济等方面，而林区职工家庭的脆弱性将直接影响职工家庭发展林下经济及其他自营经济的投入及积极性，从而将不可避免地抑制国有林区经济的发展，特别是人力资本的脆弱性对林区经济发展的抑制作用更大。

6.3.3 向破坏林区社会稳定扩散

国有林区职工家庭在物质资本、人力资本和社会资本上的脆弱将引起国有森工企业和国有林区的脆弱，对国有林区社会的稳定带来威胁。假设短期内林区职工不离开林区，林区职工家庭脆弱性在短期内也难以消除，那么林区职工家庭脆弱性必将会引起国有林区民生问题的恶化，不可避免地会影响林区社会稳定，因此职工家庭脆弱性会对林区社会的安全和稳定带来某种程度的威胁。

6.4 国有林区林业职工家庭脆弱性程度判断

6.4.1 研究方法与数据来源

1. 研究方法选择

关于脆弱性测度的方法常见的主要有两种：第一，Foster 等（1984）认为，当所有家庭收入小于等于贫困线的家庭数占当地总家庭数的比例超过50%时，就认为该地区的这些贫困家庭未来陷入脆弱性的可能性很大，即这些家庭是脆弱的（Jamal，2009），具有一定的脆弱性，但是这种方法主观性比较强，得到的实证结果不具有可靠性；第二，Kurosaki 和 Morduch（2002）认为当一个家庭遭受外界政治、经济、环境等负面冲击时，如果家庭消费平滑能力下降会导致家庭消费水平下降，则认为该家庭是脆弱的；第三，Ligon 和 Schechter（2003）认为当一个家庭的确定性等值消费的效用大于其期望效用，则认为该家庭未来陷入脆弱性的可能性很大，该方法利用期望效用的理论框架，将家庭个人偏好纳入到效用函数分析当中，并采用量化指标对效用函数进行求解，并最终求得职工家庭的脆弱性。第三种方法将脆弱性的各个影响因素进行了分解，并从量化角度对各个影响因素对脆弱性的影响程度进行了分析。此外，消费额比收入波动小，更能反映一个时期内家庭的生活水平，采用消费额测度家庭脆弱性具有一定的可靠性，因此，本章采用第三种测算方法。

本章采用 Ligon 和 Schechter（2003）对家庭脆弱性的定义，对东北国有林区职工家庭脆弱性进行测算。设林区职工家庭 i（i=1,2,3⋯,n）为有限个人口数，且职工家庭均为风险规避型，则认为职工家庭脆弱性可以理解为家庭确定性等值消费与其期望效用之差：

$$V_i = U_i\left(z_{\text{ce}}\right) - E\left[U_i\left(c_i\right)\right] \tag{6-1}$$

式中，V_i代表了林区职工家庭脆弱性的脆弱值；U_i代表家庭确定性等值消费；z_{ce}代表在没有任何外界政治、经济、环境变化的风险下，林区职工家庭 i 的消费水平，即确定性等值消费；$E\left(U_i\right)$代表上述U_i的期望；c_i代表现实中在外界政治、经济、环境变化风险下职工家庭的消费。当家庭 i 的确定性消费大于或等于 z_{ce} 时，认为该家庭不具有脆弱性。这就意味着当 $V_i \leqslant 0$ 时，家庭 i 不具有脆弱性，当 $V_i > 0$ 时，家庭 i 是脆弱的。

对于以上脆弱性的测算方法，需要先进一步测算效用函数 $U_i(c_i)$，采用 Ligon 和 Schechter 对效用函数的求解公式：

$$U_i\left(c_i\right) = c_i^{1-r} / \left(1-r\right), r > 1 \tag{6-2}$$

这里将家庭效用的函数表达为消费的函数，对于确定性等值消费 z_{ce} 的值，采用简单平均值法，对所调查的国有林区 524 个职工家庭在 2013 年、2014 年共 1048 个消费支出数据进行简单平均求得；对于 $E\left[U_i\left(c_i\right)\right]$，采用简单平均法分别求出每个国有林区职工家庭在两年内的消费期望值。对于 r 的取值沿用 Ligon 和 Schechter（2003）的设定取值，将 r 的值设定为 2。

这里的家庭消费额主要包含了家庭食品消费支出、衣着支出、居住支出、交通支出、家庭设备用品和服务支出、医疗保健支出、教育和文化支出、通讯支出、娱乐休闲支出、杂项商品和服务支出共十个大项的年度支出之和作为家庭消费额。与 Ligon 和 Schechter（2003）仅用家庭食品消费支出作为家庭消费额来测度家庭脆弱性不同，本研究家庭消费额包含了十项年度支出，测度结果更加准确有效，这比仅用家庭食品支出来代表家庭消费支出更为合理。

2. 数据来源

本部分研究的数据主要来源于 2013 年和 2014 年重点国有林区民生监测项目的调查数据，调查样本涵盖了重点国有林区的 12 个林业局 34 个林场 1521 户林业职工家庭。经过数据的初步处理，获得本研究实证模型所需要的样本数据量为 524 户林业职工家庭的短期面板数据，调查样本分布情况如表 6-1 所示。

表 6-1 国有林区林业职工家庭脆弱性调查样本分布情况表

国有林区	林业局	职工家庭个数/户	合计/户	比例/%
黑龙江森工林区	绥棱林业局	18	117	22.33
	清河林业局	19		
	友好林业局	34		
	乌马河林业局	46		
大兴安岭国有林区	塔河林业局	43	92	17.56
	十八站林业局	49		
内蒙古国有林区	乌尔旗汗林业局	57	165	31.48
	伊图里河林业局	55		
	克一河林业局	53		
吉林森工林区	湾沟林业局	51	150	28.63
	泉阳林业局	56		
	三岔子林业局	43		
总计	—	524	524	100

数据来源：《国有林区林业职工家庭调查问卷》（2013～2014）。

6.4.2 林业职工家庭脆弱性测度与分析

1. 变量描述性统计分析

采用家庭消费额作为职工家庭脆弱性的测度指标有其合理性，家庭消费的构成更加全面，更能准确测度职工家庭脆弱性，此外消费额比收入波动小，更能反映一个时期内职工家庭的生活水平，而且在实地调研中收入数据与实际误差较大，调查对象有隐瞒收入的倾向，因此采取消费额作为测度指标具有一定的可靠性。

重点国有林区林业职工家庭人均消费额的具体描述性统计如表 6-2 所示。

表 6-2 国有林区林业职工家庭脆弱性变量描述性统计

国有林区	家庭人均消费额/元	观测值	最大值	最小值	标准差
黑龙江省国有林区	9 261.56	117	61 070.67	1 733.33	7 512.84
大兴安岭国有林区	10 604.80	92	44 733.33	2 300.00	7 608.32
内蒙古国有林区	10 708.03	165	60 700.00	1 190.00	7 987.51
吉林国有林区	11 465.53	150	52 560.00	3 428.00	6 231.65

数据来源：《重点国有林区民生监测调查问卷》（2013～2014）。

由表 6-2 可以看出，重点国有林区林业职工家庭人均消费额中，黑龙江省国有林区林业职工家庭的人均消费额最低，仅为 9261.56 元，吉林省国有林区林业职工家庭人均消费额最高为 11 465.53 元，可见，吉林省国有林区林业职工家庭人均消费水平高于其他三个国有林区，其林业职工家庭的脆弱性程度将低于其他国有林区。此外，从表 6-2 还可以看出，重点国有林区林业职工家庭人均消费额的最大值和最小值均差距较大，这说明四个国有林区之间的贫富差距较大，也说明整体上重点国有林区林业职工家庭脆弱性问题较为突出。

2. 职工家庭脆弱性程度测度

如前所述，脆弱性林业职工家庭的衡量标准为其确定性等值消费的效用大于其期望效用，当职工家庭的确定性等值消费效用大于其期望效用时，认为该家庭是脆弱的，该林业职工家庭抵抗外部环境变化压力的能力不足；当职工家庭的确定性等值消费的效用小于其期望效用时，则认为该家庭是不具有脆弱性的，或是该家庭具有较好的抵抗外部环境变化压力的能力。其中，确定性等值消费的效用和期望效用值的确定都需要用到该家庭的消费额。与学者 Ligon 和 Schechter（2003）对家庭脆弱性测度时仅采用家庭食品消费支出作为家庭消费额来测度家庭脆弱性不同，本研究还借鉴了杨文等（2012）对农村家庭脆弱性的测定方法，采用家庭消费总额这一变量对国有林区林业职工家庭脆弱性进行测度。这里的家庭消费总额包含了家庭食品消费支出、衣着支出、居住支出、交通支出、家庭设备用品和服务支出、医疗保健支出、教育和文化支出、通讯支出、娱乐休闲支出、杂项商品和服务支出共十项家庭年度支出，这比仅用家庭食品支出来代表家庭消费支出的测算更为合理。

根据上文中选择的家庭脆弱性测度公式，测算了重点国有林区 524 户职工家庭的脆弱性程度，测度结果表明，表现为脆弱性（$V_i>0$）的林业职工家庭总共有 174 户，即在所调查的林业职工家庭样本中，有 33.21%的林业职工家庭处于脆弱性的状态。由于数据量太大，因此仅将测度结果表现为脆弱性（$V_i>0$）的列于下表 6-3 中。

表 6-3 国有林区林业职工家庭脆弱性程度测度值

国有林区	c_i(消费额)	c_i^{1-r}	$U_i=c_i^{1-r}/(1-r)$	$E(U_i)$	$V_i=U_i-E(U_i)$	国有林区	c_i(消费额)	c_i^{1-r}	$U_i=c_i^{1-r}/(1-r)$	$E(U_i)$	$V_i=U_i-E(U_i)$
黑龙江	0.880 5	1.135 718	−0.477 4	−1.135 72	0.658 318	内蒙古	1.68	0.595 238	−0.477 4	−0.595 24	0.117 838
黑龙江	0.816 5	1.224 74	−0.477 4	−1.224 74	0.747 34	内蒙古	0.61	1.639 344	−0.477 4	−1.639 34	1.161 944
黑龙江	1.356 5	0.737 191	−0.477 4	−0.737 19	0.259 791	内蒙古	1.396	0.716 332	−0.477 4	−0.716 33	0.238 932
黑龙江	1.131 5	0.883 783	−0.477 4	−0.883 78	0.406 383	内蒙古	1.34	0.746 269	−0.477 4	−0.746 27	0.268 869
黑龙江	1.692	0.591 017	−0.477 4	−0.591 02	0.113 617	内蒙古	2.09	0.478 469	−0.477 4	−0.478 47	0.001 069
黑龙江	1.719 5	0.581 564	−0.477 4	−0.581 56	0.104 164	内蒙古	1.93	0.518 135	−0.477 4	−0.518 13	0.040 735
黑龙江	1.924 5	0.519 615	−0.477 4	−0.519 62	0.042 215	内蒙古	0.659 4	1.516 53	−0.477 4	−1.516 53	1.039 13
黑龙江	1.88	0.531 915	−0.477 4	−0.531 91	0.054 515	内蒙古	1.42	0.704 225	−0.477 4	−0.704 23	0.226 825
黑龙江	1.61	0.621 118	−0.477 4	−0.621 12	0.143 718	内蒙古	1.624	0.615 764	−0.477 4	−0.615 76	0.138 364
黑龙江	1.045	0.956 938	−0.477 4	−0.956 94	0.479 538	内蒙古	1.319	0.758 15	−0.477 4	−0.758 15	0.280 75
黑龙江	0.46	2.173 913	−0.477 4	−2.173 91	1.696 513	内蒙古	0.91	1.098 901	−0.477 4	−1.098 9	0.621 501
黑龙江	1.926 4	0.519 103	−0.477 4	−0.519 1	0.041 703	内蒙古	1.370 2	0.729 82	−0.477 4	−0.729 82	0.252 42
黑龙江	0.892	1.121 076	−0.477 4	−1.121 08	0.643 676	内蒙古	1.44	0.694 444	−0.477 4	−0.694 44	0.217 044
黑龙江	0.4	2.5	−0.477 4	−2.5	2.022 6	内蒙古	1.7	0.588 235	−0.477 4	−0.588 24	0.110 835
黑龙江	1.17	0.854 701	−0.477 4	−0.854 7	0.377 301	内蒙古	0.357	2.801 12	−0.477 4	−2.801 12	2.323 72
黑龙江	2.030 9	0.492 393	−0.477 4	−0.492 39	0.014 993	内蒙古	2.092	0.478 011	−0.477 4	−0.478 01	0.000 611
黑龙江	1.844	0.542 299	−0.477 4	−0.542 3	0.064 899	内蒙古	1.692	0.591 017	−0.477 4	−0.591 02	0.113 617
黑龙江	1.103 4	0.906 29	−0.477 4	−0.906 29	0.428 89	内蒙古	1.887	0.529 942	−0.477 4	−0.529 94	0.052 542
黑龙江	1.8	0.555 556	−0.477 4	−0.555 56	0.078 156	内蒙古	0.57	1.754 386	−0.477 4	−1.754 39	1.276 986
黑龙江	1.706	0.586 166	−0.477 4	−0.586 17	0.108 766	内蒙古	1.089 4	0.917 936	−0.477 4	−0.917 94	0.440 536
黑龙江	1.842	0.542 888	−0.477 4	−0.542 89	0.065 488	内蒙古	1.941 2	0.515 145	−0.477 4	−0.515 15	0.037 745
黑龙江	0.48	2.083 333	−0.477 4	−2.083 33	1.605 933	内蒙古	1.842	0.542 888	−0.477 4	−0.542 89	0.065 488

续表

国有林区	c_i(消费额)	c_i^{1-r}	$U_i=c_i^{1-r}/(1-r)$	$E(U_i)$	$V_i=U_i-E(U_i)$	国有林区	c_i(消费额)	c_i^{1-r}	$U_i=c_i^{1-r}/(1-r)$	$E(U_i)$	$V_i=U_i-E(U_i)$
黑龙江	1.528	0.654 45	−0.477 4	−0.654 45	0.177 05	内蒙古	1.915 2	0.522 139	−0.477 4	−0.522 14	0.044 739
黑龙江	1.846 8	0.541 477	−0.477 4	−0.541 48	0.064 077	内蒙古	1.401 2	0.713 674	−0.477 4	−0.713 67	0.236 274
黑龙江	0.714	1.400 56	−0.477 4	−1.400 56	0.923 16	内蒙古	2.094	0.477 555	−0.477 4	−0.477 55	0.000 155
黑龙江	1.508	0.663 13	−0.477 4	−0.663 13	0.185 73	内蒙古	1.23	0.813 008	−0.477 4	−0.813 01	0.335 608
黑龙江	1.992	0.502 008	−0.477 4	−0.502 01	0.024 608	内蒙古	1.482	0.674 764	−0.477 4	−0.674 76	0.197 364
黑龙江	1.46	0.684 932	−0.477 4	−0.684 93	0.207 532	内蒙古	1.167 4	0.856 604	−0.477 4	−0.856 6	0.379 204
黑龙江	0.935 8	1.068 604	−0.477 4	−1.068 6	0.591 204	内蒙古	1.071	0.933 707	−0.477 4	−0.933 71	0.456 307
黑龙江	1.762	0.567 537	−0.477 4	−0.567 54	0.090 137	内蒙古	1.811 2	0.552 12	−0.477 4	−0.552 12	0.074 72
黑龙江	1.41	0.709 22	−0.477 4	−0.709 22	0.231 82	内蒙古	1.33	0.751 88	−0.477 4	−0.751 88	0.274 48
黑龙江	1.15	0.869 565	−0.477 4	−0.869 57	0.392 165	内蒙古	1.802 4	0.554 816	−0.477 4	−0.554 82	0.077 416
黑龙江	0.878	1.138 952	−0.477 4	−1.138 95	0.661 552	内蒙古	1.26	0.793 651	−0.477 4	−0.793 65	0.316 251
黑龙江	1.43	0.699 301	−0.477 4	−0.699 3	0.221 901	内蒙古	0.9	1.111 111	−0.477 4	−1.111 11	0.633 711
黑龙江	0.28	3.571 429	−0.477 4	−3.571 43	3.094 029	内蒙古	1.988	0.503 018	−0.477 4	−0.503 02	0.025 618
黑龙江	0.355	2.816 901	−0.477 4	−2.816 9	2.339 501	内蒙古	1.736	0.576 037	−0.477 4	−0.576 04	0.098 637
黑龙江	1.934	0.517 063	−0.477 4	−0.517 06	0.039 663	内蒙古	1.53	0.653 595	−0.477 4	−0.653 59	0.176 195
黑龙江	1.994	0.501 505	−0.477 4	−0.501 5	0.024 105	内蒙古	1.775	0.563 38	−0.477 4	−0.563 38	0.085 98
黑龙江	1.236	0.809 061	−0.477 4	−0.809 06	0.331 661	内蒙古	1.982	0.504 541	−0.477 4	−0.504 54	0.027 141
黑龙江	0.742 4	1.346 983	−0.477 4	−1.346 98	0.869 583	内蒙古	1.81	0.552 486	−0.477 4	−0.552 49	0.075 086
黑龙江	0.22	4.545 455	−0.477 4	−4.545 45	4.068 055	内蒙古	1.362	0.734 214	−0.477 4	−0.734 21	0.256 814
黑龙江	0.935	1.069 519	−0.477 4	−1.069 52	0.592 119	内蒙古	1.03	0.970 874	−0.477 4	−0.970 87	0.493 474
黑龙江	1.32	0.757 576	−0.477 4	−0.757 58	0.280 176	内蒙古	0.95	1.052 632	−0.477 4	−1.052 63	0.575 232
黑龙江	1.943	0.514 668	−0.477 4	−0.514 67	0.037 268	内蒙古	0.69	1.449 275	−0.477 4	−1.449 28	0.971 875

续表

国有林区	c_i(消费额)	c_i^{1-r}	$U_i=c_i^{1-r}/(1-r)$	$E(U_i)$	$V_i=U_i-E(U_i)$	国有林区	c_i(消费额)	c_i^{1-r}	$U_i=c_i^{1-r}/(1-r)$	$E(U_i)$	$V_i=U_i-E(U_i)$
黑龙江	0.88	1.136 364	−0.477 4	−1.136 36	0.658 964	内蒙古	1.002	0.998 004	−0.477 4	−0.998	0.520 604
黑龙江	1.15	0.869 565	−0.477 4	−0.869 57	0.392 165	内蒙古	1.843 2	0.542 535	−0.477 4	−0.542 53	0.065 135
黑龙江	1.2	0.833 333	−0.477 4	−0.833 33	0.355 933	内蒙古	1.014	0.986 193	−0.477 4	−0.986 19	0.508 793
黑龙江	1.304	0.766 871	−0.477 4	−0.766 87	0.289 471	内蒙古	1.314	0.761 035	−0.477 4	−0.761 04	0.283 635
黑龙江	1.57	0.636 943	−0.477 4	−0.636 94	0.159 543	内蒙古	1.68	0.595 238	−0.477 4	−0.595 24	0.117 838
黑龙江	2	0.5	−0.477 4	−0.5	0.022 6	吉林	1.82	0.549 451	−0.477 4	−0.549 45	0.072 051
黑龙江	1.81	0.552 486	−0.477 4	−0.552 49	0.075 086	吉林	1.831 8	0.545 911	−0.477 4	−0.545 91	0.068 511
黑龙江	1.82	0.549 451	−0.477 4	−0.549 45	0.072 051	吉林	1.62	0.617 284	−0.477 4	−0.617 28	0.139 884
黑龙江	1.64	0.609 756	−0.477 4	−0.609 76	0.132 356	吉林	1.903 2	0.525 431	−0.477 4	−0.525 43	0.048 031
黑龙江	1.352	0.739 645	−0.477 4	−0.739 64	0.262 245	吉林	1.834	0.545 256	−0.477 4	−0.545 26	0.067 856
大兴安岭	1.642	0.609 013	−0.477 4	−0.609 01	0.131 613	吉林	1.908	0.524 109	−0.477 4	−0.524 11	0.046 709
大兴安岭	1.834 8	0.545 019	−0.477 4	−0.545 02	0.067 619	吉林	1.07	0.934 579	−0.477 4	−0.934 58	0.457 179
大兴安岭	1.45	0.689 655	−0.477 4	−0.689 66	0.212 255	吉林	1.036	0.965 251	−0.477 4	−0.965 25	0.487 851
大兴安岭	1.864 8	0.536 251	−0.477 4	−0.536 25	0.058 851	吉林	1.079 2	0.926 612	−0.477 4	−0.926 61	0.449 212
大兴安岭	1.386	0.721 501	−0.477 4	−0.721 5	0.244 101	吉林	1.402	0.713 267	−0.477 4	−0.713 27	0.235 867
大兴安岭	0.998	1.002 004	−0.477 4	−1.002	0.524 604	吉林	1.447 2	0.690 989	−0.477 4	−0.690 99	0.213 589
大兴安岭	1.82	0.549 451	−0.477 4	−0.549 45	0.072 051	吉林	1.342	0.745 156	−0.477 4	−0.745 16	0.267 756
大兴安岭	1.347 5	0.742 115	−0.477 4	−0.742 12	0.264 715	吉林	1.444	0.692 521	−0.477 4	−0.692 52	0.215 121
大兴安岭	2.051	0.487 567	−0.477 4	−0.487 57	0.010 167	吉林	1.796	0.556 793	−0.477 4	−0.556 79	0.079 393
大兴安岭	1.842	0.542 888	−0.477 4	−0.542 89	0.065 488	吉林	1.58	0.632 911	−0.477 4	−0.632 91	0.155 511
大兴安岭	1.581 2	0.632 431	−0.477 4	−0.632 43	0.155 031	吉林	1.553	0.643 915	−0.477 4	−0.643 92	0.166 515
大兴安岭	1.14	0.877 193	−0.477 4	−0.877 19	0.399 793	吉林	1.554	0.643 501	−0.477 4	−0.643 5	0.166 101

续表

国有林区	c_i(消费额)	c_i^{1-r}	$U_i=c_i^{1-r}/(1-r)$	$E(U_i)$	$V_i=U_i-E(U_i)$	国有林区	c_i(消费额)	c_i^{1-r}	$U_i=c_i^{1-r}/(1-r)$	$E(U_i)$	$V_i=U_i-E(U_i)$
大兴安岭	0.86	1.162 791	−0.477 4	−1.162 79	0.685 391	吉林	1.894	0.527 983	−0.477 4	−0.527 98	0.050 583
大兴安岭	1.429 6	0.699 496	−0.477 4	−0.699 5	0.222 096	吉林	1.11	0.900 901	−0.477 4	−0.900 9	0.423 501
大兴安岭	1.066	0.938 086	−0.477 4	−0.938 09	0.460 686	吉林	1.832 4	0.545 732	−0.477 4	−0.545 73	0.068 332
大兴安岭	0.952 1	1.050 31	−0.477 4	−1.050 31	0.572 91	吉林	2.032	0.492 126	−0.477 4	−0.492 13	0.014 726
大兴安岭	1.53	0.653 595	−0.477 4	−0.653 59	0.176 195	吉林	1.776	0.563 063	−0.477 4	−0.563 06	0.085 663
大兴安岭	1.027 2	0.973 52	−0.477 4	−0.973 52	0.496 12	吉林	1.334	0.749 625	−0.477 4	−0.749 63	0.272 225
大兴安岭	0.7	1.428 571	−0.477 4	−1.428 57	0.951 171	吉林	1.36	0.735 294	−0.477 4	−0.735 29	0.257 894
大兴安岭	1.007 2	0.992 851	−0.477 4	−0.992 85	0.515 451	吉林	1.243 8	0.803 988	−0.477 4	−0.803 99	0.326 588
大兴安岭	1.58	0.632 911	−0.477 4	−0.632 91	0.155 511	吉林	1.899 4	0.526 482	−0.477 4	−0.526 48	0.049 082
大兴安岭	0.481 2	2.078 138	−0.477 4	−2.078 14	1.600 738	吉林	1.254 2	0.797 321	−0.477 4	−0.797 32	0.319 921
大兴安岭	0.91	1.098 901	−0.477 4	−1.098 9	0.621 501	吉林	1.499 6	0.666 844	−0.477 4	−0.666 84	0.189 444
大兴安岭	0.511 2	1.956 182	−0.477 4	−1.956 18	1.478 782	吉林	1.232	0.811 688	−0.477 4	−0.811 69	0.334 288
大兴安岭	1.907 5	0.524 246	−0.477 4	−0.524 25	0.046 846	吉林	1.86	0.537 634	−0.477 4	−0.537 63	0.060 234
大兴安岭	1.965	0.508 906	−0.477 4	−0.508 91	0.031 506	吉林	1.689 6	0.591 856	−0.477 4	−0.591 86	0.114 456
大兴安岭	1.81	0.552 486	−0.477 4	−0.552 49	0.075 086	吉林	1.476	0.677 507	−0.477 4	−0.677 51	0.200 107
大兴安岭	1.366	0.732 064	−0.477 4	−0.732 06	0.254 664	吉林	1.485	0.673 401	−0.477 4	−0.673 4	0.196 001
大兴安岭	1.84	0.543 478	−0.477 4	−0.543 48	0.066 078	吉林	1.028 4	0.972 384	−0.477 4	−0.972 38	0.494 984
大兴安岭	0.48	2.083 333	−0.477 4	−2.083 33	1.605 933	吉林	1.587	0.630 12	−0.477 4	−0.630 12	0.152 72
大兴安岭	0.69	1.449 275	−0.477 4	−1.449 28	0.971 875	吉林	1.69	0.591 716	−0.477 4	−0.591 72	0.114 316
吉林	1.86	0.537 634	−0.477 4	−0.537 63	0.1178 38	吉林	1.34	0.746 269	−0.477 4	−0.746 27	0.268 869

3. 测度结果分析

根据上面关于转型期东北国有林区林业职工家庭脆弱性测度结果，这里汇总了各林区脆弱性职工家庭的脆弱值，具体如表 6-4 所示。

表 6-4 国有林区林业职工家庭脆弱性程度测度结果

国有林区	脆弱性平均值（$V_i>0$）	脆弱家庭数量/户	脆弱性家庭所占比例/%
黑龙江省国有林区	0.512	55	47.01
大兴安岭国有林区	0.426	31	33.70
内蒙古国有林区	0.332	50	30.30
吉林国有林区	0.195	38	25.33
总体	0.366	174	33.21

注：效用函数参数 r=2。

由表 6-4 可知，在重点国有林区所调查的 524 户职工家庭样本中，陷入脆弱性职工家庭的比例高达 33.21%，说明在国有林区的社会经济转型期间，有将近三分之一的林区职工家庭抵抗外界经济、社会、环境变化冲击的能力不足或缺乏。通过对比四大国有林区林业职工家庭脆弱性测度结果可以知道，在四大国有林区中，吉林省国有林区陷入脆弱性林业职工家庭所占比例最少，仅为 25.33%；黑龙江省国有林区林业职工家庭中脆弱性家庭所占比例最大，为 47.01%，即有将近一半的林业职工家庭具有脆弱性的表现，是四大国有林区中脆弱性林业职工家庭所占比例最多的林区；而内蒙古国有林区和大兴安岭国有林区林业职工家庭中脆弱性家庭所占比例较为接近，分别为 30.30%和 33.70%。原因可能是在四大国有林区中，吉林省国有林区最早成功进行了企业改制，政企实现了有效的主辅分离，此外吉林省国有林区打造了自己优秀的林木加工产品品牌，为林区其他企业带来了很好的外部效应，促进了林区经济收入、解决了就业、带动了林区经济发展。

6.5 林业职工家庭脆弱性内部影响因素分析

6.5.1 指标的构建与方法选择

1. 指标的构建

这里将上面测算出来的具有脆弱性的 174 户国有林区职工家庭作为本部分测算的样本。根据 Ligon 和 Schechter（2003）对家庭脆弱性的测算方法，将职工家庭脆弱值的负数$-V_i$（Y）作为分析国有林区职工家庭脆弱性影响因素的被解释变量，Y 代表了林区职工家庭抵抗脆弱性的能力。在解释变量的设定中，将从物质资本、人力资本和社会资本三个维度对国有林区职工家庭的脆弱性影响因素进行研究，具体的指标体系如表 6-5 所示。

表 6-5　国有林区林业职工家庭脆弱性内部影响因素评价指标

一级指标	二级指标
X_1：物质资本	X_{11}：银行存款（元）
	X_{12}：贷款金额（元）
	X_{13}：耕地面积（亩）
	X_{14}：承包林地面积（亩）
	X_{15}：生产性固定资产（元）
	X_{16}：林下经济收入（元）
	X_{17}：工资性收入（元）
	X_{18}：来源于林业局的工资收入（元）
X_2：人力资本	X_{21}：家庭教育支出（元）
	X_{22}：家庭规模（元）
	X_{23}：家庭劳动力所占比例（百分比）
	X_{24}：是否参加职业技术培训
	X_{25}：家庭人均医疗支出（元）
	X_{26}：家庭人均受教育年限（年）
	X_{27}：是否参加医疗保险
	X_{28}：距离最近的医疗站点距离（米）
X_3：社会资本	X_{31}：家庭请客送礼支出（元）
	X_{32}：家庭成员中干部人数
	X_{33}：亲朋中干部或公职人员人数
	X_{34}：向农林技术人员寻求帮助次数

2. 研究方法选择

本研究采用面板数据回归模型进行研究。常见的面板数据回归模型主要有三种：混合模型，固定效应模型，随机效应模型。其中，固定效应模型又包括三种：即个体固定效应模型（entity fixed effects regression model）、时点固定效应模型（time fixed effects regression model）和时点个体固定效应模型（time and entity fixed effects regression model）。因此，需要先对三种模型进行选择，通过使用 F 检验和

Hausman 检验方法对这三种模型进行选择，以选择合适的面板数据回归模型进行脆弱性影响因素研究。其中，F 检验是检验面板数据模型是采用混合效应模型还是固定效应模型的方法，Hausman 检验则是用来检验面板数据模型是采用固定效应模型还是随机效应模型的判定方法，具体流程如图 6-3 所示。

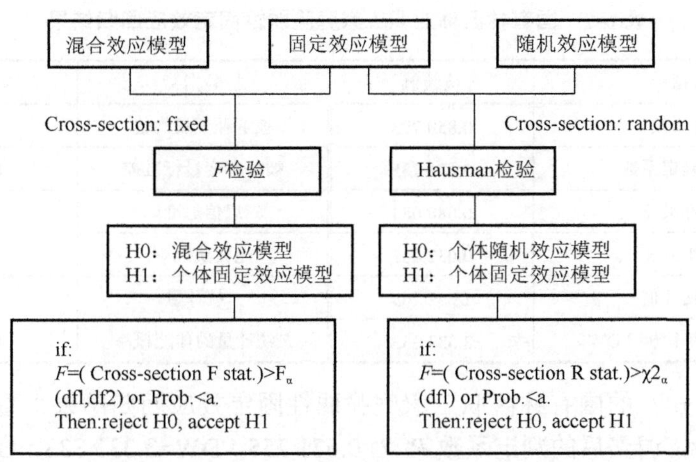

图 6-3　面板数据模型选择回归与检验流程

（1）F 检验。使用 F 检验方法对模型进行混合效应回归和固定效应回归选择。F 检验是要检验面板数据回归模型 $y_i = \beta_0 + \sum_{k=1}^{k} \beta_k X_{kit} + \mu_{it} (i = 1, 2, \cdots, t)$ 中的参数 β_0，…，β_k 是否显著相同。运用 EViews6.0 统计软件对国有林区职工家庭脆弱性样本数据分别进行混合效应回归和固定效应回归模型的检验，结果如表 6-6、表 6-7 所示。

表 6-6　国有林区林业职工家庭脆弱性混合效应回归结果

检验指标	检验值	检验指标	检验值
判定系数	0.492 169	被解释变量均值	10.470 60
调整的判定系数	0.268 207	被解释变量标准差	0.139 781
回归标准差	0.716 411	赤迟信息准则	2.383 192
残差平方和	4.619 201	施瓦茨准则	2.504 419
似然估计值	11.29 915	F 统计量	31.821 160
杜宾-瓦特森统计量（DW）	0.770 284	F 统计量的伴随概率	0.000 000

根据表 6-6 的国有林区职工家庭脆弱性混合效应回归结果来看，判定系数

R^2=0.492 169，而调整后的判定系数 R^2 仅为 0.268 207。根据上表回归结果可知，在显著性水平 0.05 下，各指标系数的 t 检验值均大于临界值 0.025，同时，伴随概率 p=0.000 000，远远小于 5%，这显示了各个自变量对因变量有一定的影响。此外，从回归结果中可以得知残差平方和为 4.619 201。

表 6-7　国有林区林业职工家庭脆弱性固定效应回归结果

检验指标	检验值	检验指标	检验值
判定系数	0.850 798	被解释变量均值	10.470 60
调整的判定系数	0.671 755	被解释变量标准差	0.139 781
回归标准差	0.080 084	赤迟信息准则	−1.920 281
残差平方和	0.032 067	施瓦茨准则	−1.637 419
似然估计值	18.52 169	F 统计量	4.751 919
杜宾–瓦特森统计量（DW）	3.333 333	F 统计量的伴随概率	0.054 120

根据表 6-7 的国有林区职工家庭脆弱性固定效应回归结果来看，判定系数 R^2=0.850 798，调整后的判定系数 R^2 为 0.671 755，DW=3.333 333，在显著性水平 0.10 下，各指标系数的 t 检验值均大于临界值 0.025。同时，伴随概率 p=0.054 120，小于 10%，这表示了各个自变量对因变量有显著的影响。此外，从回归结果中可以得知残差平方和为 0.032 067。

综上，通过表 6-6、表 6-7 回归结果对 F 统计量进行计算得知：

$$F=\frac{(\text{SSEr}-\text{SSEu})/(N-1)}{\text{SSEu}/(\text{NT}-N-k)}=\frac{(4.619201-0.032067)/(20-1)}{0.032067/(20\times3-20-1)}$$

$$=293.625713>F_{0.05}(19,39)\approx2.43$$

并且上文提到伴随概率 p 为 0，远远小于 5%的概率水平，各个自变量对因变量有显著的影响。因此，拒绝原假设 H0，应建立个体固定效应回归模型。

（2）Hausman 检验。使用 Hausman 检验方法对模型进行随机效应回归和固定效应回归的选择。运用 EViews6.0 统计软件，对国有林区职工家庭脆弱性样本数据在随机效应模型估计下进行 Hausman 检验，得到检验结果如表 6-8 所示。

表 6-8　国有林区林业职工家庭脆弱性随机效应模型 Hausman 检验结果

相关随机效应–Hausman 检验			
输出结果	卡方统计量	度	区间概率
截距项	13.997 124	3	0.0218

根据表 6-8 的国有林区职工家庭脆弱性随机效应模型 Hausman 检验结果可知，卡方统计量 W=13.997 124>$\chi^2(3)$=7.81，且伴随概率 p=0.0218，小于 5%的概率水平。因此，拒绝原假设，选择备择假设，认为应该选择个体固定效应回归模型对国有林区职工家庭脆弱性内部影响因素进行分析。具体分析物质资本、人力资本和社会资本三个维度的脆弱性对林业职工家庭整体脆弱性的影响。

6.5.2 林业职工家庭脆弱性内部影响因素计算与分析

1. 建立林业职工家庭脆弱性内部影响因素分析模型

个体固定效应回归模型是固定效应模型中的一种，它对于不同的个体来说，是只有截距项不同的模型。因此，建立林业职工家庭脆弱性内部影响因素分析回归模型如方程（6-3）所示。

$$Y = \alpha_i + \beta_{1i}X_{1i} + \beta_{2i}X_{2i} + \beta_{3i}X_{3i} + \varepsilon_i \quad (i=1,2,3,\cdots,n) \tag{6-3}$$

式中，Y 指的是负的脆弱值，代表国有林区职工家庭抵抗脆弱性的能力；α_i 是指常数项；X_{1i}、X_{2i}、X_{3i} 代表的是影响国有林区职工家庭脆弱性的三个维度，即物质资本维度、人力资本维度和社会资本维度；β_{1i}、β_{2i}、β_{3i} 分别指的是解释变量中物质资本、人力资本和社会资本影响因素对被解释变量 Y（国有林区职工家庭脆弱性）影响的回归系数；下角标 i 代表的是三个维度中第 i 个影响因素变量；ε 代表的是残差项。

2. 对物质资本维度的个体固定效应回归分析

将物质资本维度中的各项指标代入模型（6-3）后，得到如下具体模型公式：

$$Y = \alpha_1 + \beta_{11}X_{11} + \beta_{12}X_{12} + \beta_{13}X_{13} + \beta_{14}X_{14} + \beta_{15}X_{15} + \beta_{16}X_{16} + \beta_{17}X_{17} + \beta_{18}X_{18} + \varepsilon_1 \tag{6-4}$$

将物质资本维度中的各项指标数据代入模型（6-4）中，运用 EViews6.0 统计软件对物质资本维度中各解释变量进行线性回归检验，得到物质资本维度的个体固定效应回归结果（表 6-9）。

表 6-9 物质资本维度各指标的个体固定效应回归结果

因变量：Y				
变量	系数	标准差	T 检验	P 值
C	4.344 413	3.166 424	1.372 025	0.401 0
X_{11}	0.266 269	0.090 042	2.957 172	*0.027 6
X_{12}	0.406 626	0.283 167	1.435 993	0.387 3

续表

因变量：Y				
变量	系数	标准差	T检验	P值
X_{13}	−0.020 195	0.051 275	−0.393 862	0.761 1
X_{14}	−0.053 517	0.069 042	−0.775 132	0.580 2
X_{15}	0.097 789	0.218 769	0.446 997	0.732 4
X_{16}	0.023 727	0.223 267	2.106 274	*0.092 6
X_{17}	1.482 963	0.585 201	3.534 111	*0.026 8
X_{18}	0.388 775	0.224 378	2.732 679	*0.025 3
面板固定效应模式检验				
判定系数	0.931 112	被解释变量均值		10.470 60
调整的判定系数	0.817 781	杜宾-瓦特森统计量		3.200 000
F统计量	12.25 270	F统计量的伴随概率		0.009 990

注：表中带*的部分表示在10%的水平下显著。

如表6-9的回归结果所示，物质资本维度的判定系数R^2的值为0.931 112，调整后的判定系数R^2的值为0.817 781，说明该个体固定效应回归结果有效。F统计量为12.252 70，并且伴随概率的值为0.009 990，小于10%的显著水平，进一步说明了物质资本维度的个体固定效应回归结果有效，证明了该模型整体个体固定效应回归结果显著。但是，在回归系数的t检验中，在10%的显著性水平下，通过t检验的却只有X_{11}、X_{16}、X_{17}、X_{18}这四个指标。其他指标X_{12}、X_{13}、X_{14}、X_{15}的t检验值均未通过，说明贷款金额、耕地面积、承包林地面积以及生产性固定资产对物质资本脆弱性回归结果不显著，原因可能是对于国有林区职工家庭来说，家庭耕地面积较少，由于经济物质基础较差，大多数家庭债务主要用于购置房产或是娶亲使用，在生产性设备上的投入不足，或是由于承包林地环境险恶，造成承包林地闲置，职工家庭不愿意投资生产性固定资产，也并未将债务资金投入到生产当中，这就造成了债务资金、耕地收入、承包林地、生产性固定资产等对于职工家庭来说未能起到抵抗风险的作用。

根据表6-9的回归结果，物质资本维度的固定效应回归方程为

$$
\begin{aligned}
Y = 4.344413 &+ 0.266269X_{11} + 0.023727X_{16} + 1.482963X_{17} + 0.388775X_{18} \\
&+ 0.025700D_{11} - 0.132980D_{12} - 0.079627D_{13} + 0.186907D_{14}
\end{aligned}
\tag{6-5}
$$

式中，D_{11}、D_{12}、D_{13}、D_{14}是虚拟变量，将其定义为

$$D_{1i}=\begin{cases}1, 如果属于第i个个体，i=1,2,3,4\\0, 其他\end{cases}$$

根据方程（6-5）可以得知，物质资本影响因素中对职工家庭脆弱性影响最大的是工资性收入（X_{17}），其次是来源于林业局的工资收入（X_{18}），职工工资越高，林业职工家庭脆弱性越小，抵抗外界冲击的能力越大。对于国有林区职工家庭来说，工资性收入是其主要的收入来源，是家庭生活支出的重要保障，尤其是林业局的工资收入，是林业职工家庭工资性收入的重要组成部分。因此，国有林区经济社会的转型进程中，要不断拓宽林业职工家庭收入来源渠道。银行存款（X_{11}）对国有林区林业职工家庭脆弱性的影响同样较大，毋庸置疑，银行存款是一个家庭抵抗外界冲击的最有力的保障措施。影响最小的是林下经济收入（X_{16}），由于林区中林业职工耕地面积较少、承包林地利用受限等因素，林区林业职工家庭在林下经济发展上受益较少，同时由于东北地区地理、气候的影响，林下经济每年遭受了不同程度的灾害，再加上林下经济发展前期投入较大，林下产品销售渠道不畅等因素的影响都使得现阶段林下经济收入对于国有林区林业职工家庭来说，在抵抗脆弱性方面未能发挥有效的作用。

3. 对人力资本维度的个体固定效应回归分析

将人力资本维度中的各指标代入模型（6-3）后，得到如下的具体模型公式：

$$Y=\alpha_2+\beta_{21}X_{21}+\beta_{22}X_{22}+\beta_{23}X_{23}+\beta_{24}X_{24}+\beta_{25}X_{25}+\beta_{26}X_{26}+\beta_{27}X_{27}+\beta_{28}X_{28}+\varepsilon_2 \tag{6-6}$$

将人力资本维度中的各项指标数据代入模型（6-6）中，运用 EViews6.0 统计软件对人力资本维度中各解释变量进行线性回归检验，得到人力资本维度的个体固定效应回归结果，如表 6-10 所示。

表 6-10 人力资本维度各指标的个体固定效应回归结果

因变量：Y				
变量	系数	标准差	T检验	P值
C	15.142 10	8.223 991	1.841 210	0.316 7
X_{21}	−0.361 881	0.644 858	−1.561 180	*0.074 4
X_{22}	−1.261 783	1.441 013	−0.875 622	0.542 2
X_{23}	3.453 346	1.753 456	3.969 451	*0.029 1
X_{24}	2.941 863	4.284 959	2.153 305	*0.054 8

续表

因变量：Y				
变量	系数	标准差	T检验	P值
X_{25}	−2.279 157	2.000 265	−2.139 428	*0.058 6
X_{26}	0.659 224	0.312 240	2.111 272	*0.081 6
X_{27}	−9.230 326	9.850 041	−0.937 085	0.447 6
X_{28}	−0.066 081	0.046 786	−1.812 425	*0.093 3
面板固定效应模式检验				
判定系数	0.866 472	被解释变量均值		10.47 060
调整的判定系数	0.765 302	杜宾-瓦特森统计量		3.210 100
F统计量	11.081 508	F统计量的伴随概率		0.026 605

注：表中带*的部分表示在10%的水平下显著。

根据表6-10的回归结果，人力资本维度的判定系数R^2的值为0.866 472，调整后的判定系数R^2的值为0.765 302，说明该个体固定效应回归结果有效。同时，由于F统计量为11.081 508，并且伴随概率的值为0.026 605，小于10%的显著水平，进一步说明了人力资本维度的个体固定效应回归结果有效，证明了该人力资本个体固定效应回归模型整体回归结果显著。在回归系数的t检验中，在10%的显著性水平下，指标X_{21}、X_{23}、X_{24}、X_{25}、X_{26}、X_{28}均通过了t检验，回归结果显著。其他两个指标X_{22}、X_{27}未通过t检验，回归结果不显著，原因是家庭规模的大小与家庭抵抗外界冲击的能力没有直接关系，而在家庭规模中家庭结构才是影响职工家庭脆弱性的最主要的因素，如家庭劳动力所占比例、家庭成员男女比例、家庭中老少比例等，家庭规模的大小并不直接影响职工家庭脆弱性的大小。而在重点国有林区职工家庭调查中，有97.61%的职工都享受了医疗保险，同时国家农村合作医疗的普及，使得是否参加医疗保险这一指标在人力资本的回归分析中结果表现不显著。

如表6-10的人力资本维度的各变量回归结果所示，建立人力资本维度的个体固定效应回归方程如下：

$$\begin{aligned}Y=&15.14210-0.361881X_{21}+3.453346X_{23}+2.941863X_{24}-2.279157X_{25}\\&+0.659224X_{26}-0.066081X_{28}+0.131001D_{21}-0.479837D_{22}\\&-0.086250D_{23}+0.435086D_{24}\end{aligned}\tag{6-7}$$

式中，D_{21}、D_{22}、D_{23}、D_{24}是虚拟变量，将其定义为

$$D_{2i}=\begin{cases}1,\text{如果属于第}i\text{个个体，}i=1,2,3\\0,\text{其他}\end{cases}$$

根据方程（6-7）可以得知，人力资本维度的影响因素中对林业职工家庭脆弱性影响最大的是家庭劳动力所占比例（X_{23}），该指标与因变量即林业职工家庭抵抗脆弱性的能力成正比，表明林业职工家庭劳动力所占比例越高，职工家庭抵抗脆弱性的能力越大。在职工家庭中家庭劳动力所占比例是影响林区职工家庭抵抗脆弱性的重要因素，家庭劳动力是保障家庭持续发展的内生动力，因此对于处于经济社会转型期的国有林区职工家庭来说影响最大。是否参加职业技术培训（X_{24}）对林业职工家庭脆弱性的影响次之，该指标与因变量即职工家庭抵抗脆弱性的能力成正比，表明林业职工家庭接受的职业技术培训越多，其抵抗脆弱性的能力越大。可见，加大对林业职工技术培训和学习的力度对于国有林区林业职工家庭抵抗脆弱性有重要的作用。再次，家庭人均医疗支出（X_{25}）和家庭教育支出（X_{21}）对林业职工家庭脆弱性也有较大影响，这两个指标与因变量即林业职工家庭抵抗脆弱性的能力均成反比，表明职工家庭人均医疗支出以及家庭教育支出越大，其抵抗脆弱性的能力越小。其原因在于，在国有林区转型发展的过程中，由于林区工资水平较低，各方面的基础设施条件比较差，使得林区的人才外流比较严重，因此，尽管国有林区的家庭教育支出比例在增大，但是林业职工家庭抵抗脆弱性的能力还是没有得到提高，反而这种能力还在减弱。另外，在国有林区转型发展过程中，家庭人均医疗支出和家庭教育支出在林业职工家庭支出中占据很大的比例，是家庭年度支出的重要组成部分，因此这两个指标的变化对林业职工家庭抵抗脆弱性有重要的影响。家庭人均受教育年限（X_{26}）对职工家庭抵抗脆弱性也有一定的影响，二者成正比的关系，表明林业职工家庭人均受教育年限越大，职工家庭抵抗脆弱性的能力越大。家庭受教育年限是一个家庭文化程度的重要体现，文化程度的高低直接影响职工家庭在面临外来风险时使用自身技术、知识进行抵抗作用的大小，因此提高文化程度是减少职工家庭脆弱性的重要途径。距离最近的医疗站点距离（X_{28}）是人力资本维度回归显著指标中影响最小的指标，其与职工家庭抵抗脆弱性能力成反比，表明距离越小，抵抗脆弱性的能力越大。因此医疗条件的改善、就医的便捷是减少林业职工家庭脆弱性的一个有效途径。

4. 对社会资本维度的个体固定效应回归分析

将社会资本维度中的各指标代入模型（6-3）后，得到如下的具体模型公式：

$$Y = \alpha_3 + \beta_{31}X_{31} + \beta_{32}X_{32} + \beta_{33}X_{33} + \beta_{34}X_{34} + \varepsilon_3 \quad (6\text{-}8)$$

将社会资本维度中各项指标的数据代入模型（6-8）中，运用 EViews6.0 统计软件对社会资本维度中各解释变量进行线性回归检验，得到社会资本脆弱性影响的个体固定效应回归结果，如表 6-11 所示。

表 6-11　社会资本维度各指标的个体固定效应回归结果

因变量：*Y*				
变量	系数	标准差	*T* 检验	*P* 值
C	10.604 96	1.181 631	8.974 848	0.070 6
X_{31}	9.01E−05	2.43E−05	3.708 498	*0.065 6
X_{32}	−0.130 593	2.749 795	−0.047 492	0.969 8
X_{33}	−0.357 513	0.491 098	−0.727 986	0.599 4
X_{34}	1.383 936	0.799 938	1.730 053	*0.082 1
面板固定效应模式检验				
判定系数	0.949 254	被解释变量均值		10.470 60
调整的判定系数	0.644 776	杜宾-瓦特森统计量		3.200 000
F 统计量	13.117 65	*F* 统计量的伴随概率		0.008 308

注：表中带*的部分表示在 10%的水平下显著。

根据表 6-11 的回归结果，社会资本维度的判定系数 R^2 的值为 0.949 254，且调整后的判定系数 R^2 的值为 0.644 776，说明该个体固定效应回归模型回归结果有效。此外，由于 *F* 统计量的值为 13.117 65，同时由于伴随概率的值为 0.008 308，小于 10%的显著水平，进一步说明了社会资本脆弱性的个体固定效应回归结果有效，证明了该社会资本脆弱性个体固定效应回归模型整体回归结果显著。但是，在模型回归系数的 *t* 检验中，在 10%的显著性水平下，只有家庭请客送礼支出（X_{31}）和向农林技术人员需求帮助的次数（X_{34}）通过了 *t* 检验，回归结果显著。其他两个指标家庭成员中干部人数（X_{32}）和亲朋中干部或公职人员人数（X_{33}）均未通过 *t* 检验，回归结果不显著。这可能是由于林区林业职工处于地理位置偏远的山区，且家庭社会关系中的干部基本为基层干部，对市场信息的接收同样不畅通，对家庭在社会资本上的累计效果不大，未能在林业职工家庭在林区转型期抵抗外界的冲击时起到辅助作用，对职工家庭抵抗脆弱性的影响较小。

根据社会资本维度各指标回归结果所示，社会资本维度个体固定效应回归方程为

$$\begin{aligned} Y = & 10.60496 + 9.01E - 05X_{31} + 1.383936X_{34} + 0.175952D_{31} \\ & - 0.084374D_{32} - 0.107301D_{33} + 0.015723D_{34} \end{aligned} \tag{6-9}$$

式中，D_{31}、D_{32}、D_{33}、D_{34}是虚拟变量，将其定义为

$$D_{3i}=\begin{cases}1, \text{如果属于第}i\text{个个体，} i=1,2,3,4\\ 0, \text{其他}\end{cases}$$

根据回归方程（6-9）可以得知，对职工家庭脆弱性影响最大的是向农林技术人员寻求帮助次数（X_{34}），相反家庭请客送礼支出（X_{31}）对其影响最小，这与杨文等（2012）学者研究农村、城市家庭脆弱性的结论不同，杨文等学者认为在社会资本维度中影响最大的因素是家庭请客送礼支出（X_{31}），而在国有林区林业职工家庭脆弱性研究过程中，该指标的影响程度极小，影响系数为9.01×10^{-5}，其值为0.000 090 1，近似接近于0，表明该指标对职工家庭脆弱性的影响几乎为0，原因可能是因为该指标信息涉及隐私，在调研的过程中林区职工对此隐瞒而造成数据失去客观性。而且国有林区职工家庭社会关系较为简单，家庭请客送礼支出并不占消费主要部分。相反，对社会资本脆弱性影响较大的是向农林技术人员寻求帮助次数（X_{34}），该指标与国有林区职工家庭工作息息相关，职工家庭无论是在专业岗位，或是林下经济生产方面均需要专业人员帮助，因此该指标在社会资本维度中对国有林区林业职工家庭脆弱性影响最大。因此，加大国有林区农林技术服务投入、加强农林技术服务质量是从社会资本维度角度减少职工家庭脆弱性、增强职工家庭抵抗脆弱性能力的重要途径。

5. 职工家庭脆弱性内部影响因素综合分析

根据前文对物质资本、人力资本和社会资本各维度对林业职工家庭脆弱性的影响因素分析结果，结合前文在物质资本、人力资本和社会资本各维度中对职工家庭脆弱性影响较为显著的指标，汇总分析这些指标对国有林区林业职工家庭整体脆弱性的影响。因此，建立如下汇总模型：

$$Y=\alpha+\sum\beta_m X_{ni}+\varepsilon \quad (m\text{、}n\text{、}i=1,2,3,\cdots) \tag{6-10}$$

将汇总的影响指标代入模型（6-10）后，得到如下具体模型公式：

$$\begin{aligned}Y=\alpha&+\beta_1X_{11}+\beta_2X_{16}+\beta_3X_{17}+\beta_4X_{18}+\beta_5X_{21}+\beta_6X_{23}\\&+\beta_7X_{24}+\beta_8X_{25}+\beta_9X_{26}+\beta_{10}X_{28}+\beta_{11}X_{31}+\beta_{12}X_{34}+\varepsilon\end{aligned} \tag{6-11}$$

将前文分析中得出的各影响显著性指标数据代入模型（6-11）中，运用EViews6.0统计软件对汇总模型进行线性回归检验，得到汇总的个体固定效应回归结果，如表6-12所示。

表 6-12　国有林区林业职工家庭整体脆弱性个体固定效应回归结果

因变量：Y				
变量	系数	标准差	T检验	P值
C	−16.649 55	21.684 20	−0.767 819	0.583 1
X_{11}	0.063 223	0.255 775	−0.247 182	0.845 7
X_{16}	0.202 708	0.101 849	1.990 287	*0.096 4
X_{17}	2.485 385	2.225 602	1.916 725	*0.064 9
X_{18}	−0.379 465	0.244 602	−1.551 358	0.364 5
X_{21}	−0.043 871	0.426 896	−0.102 767	0.934 8
X_{23}	4.051 295	1.229 461	2.481 814	*0.043 8
X_{24}	3.941 863	4.284 959	−2.153 305	*0.054 8
X_{25}	−2.279 157	2.000 265	−2.139 428	*0.058 6
X_{26}	0.659 224	0.312 240	2.111 272	*0.081 6
X_{28}	0.001 971	0.068 283	0.028 864	0.981 6
X_{31}	6.04E−05	7.90E−05	0.764 408	0.584 5
X_{34}	−0.880 197	1.008 909	−0.872 425	0.543 3
面板固定效应模式检验				
判定系数	0.946 248	被解释变量均值		10.470 60
调整的判定系数	0.723 739	杜宾-瓦特森统计量		3.200 000
F统计量	12.934 02	F统计量的伴随概率		0.019 381

注：表中带*的部分表示在 10%的水平下显著。

根据表 6-12 的回归结果可知，判定系数 R^2 的值为 0.946 348，且调整后的判定系数 R^2 的值为 0.723 749，说明整体模型回归结果有效。且 F 统计量的值为 12.934 02，同时伴随概率的值为 0.019 381，小于 10%的显著水平，证明林业职工家庭整体脆弱性个体固定效应回归模型显著。根据表 6-12 的回归结果所示，虽然整体脆弱性模型的个体固定效应回归结果显著，但是在 10%的显著性水平下，通过模型回归系数 t 检验的只有物质资本维度中的 X_{16}、X_{17} 两个指标，人力资本维度中的 X_{23}、X_{24}、X_{25} 和 X_{26} 四个指标，这些指标与林业职工家庭脆弱性影响因素具体分析中均已体现。然而，社会资本指标在该整体回归模型中不显著，均未通过 t 检验，表明在国有林区林业职工家庭整体脆弱性影响因素当中，起主要影响作用的是物质资本和人力资本，相对来说社会资本的影响较小。

根据表 6-12 的回归结果，得到林业职工家庭脆弱性整体固定效应回归模型为

$$
\begin{aligned}
Y = & -16.64955 + 0.202708X_{16} + 2.485385X_{17} + 4.051295X_{23} \\
& + 3.941863X_{24} - 2.279157X_{25} + 0.659224X_{26} + 0.165926D_{41} \\
& - 0.126750_{42} - 0.008480_{43} - 0.030696D_{44}
\end{aligned} \tag{6-12}
$$

式中，D_{41}、D_{42}、D_{43}、D_{44} 是虚拟变量，将其定义为

$$
D_{4i} = \begin{cases} 1, \text{如果属于第}i\text{个个体，} i = 1,2,3,4 \\ 0, \text{其他} \end{cases}
$$

根据方程（6-12）可以得知，在国有林区林业职工家庭整体脆弱性影响因素研究的结果中，对林业职工家庭脆弱性影响较大的是人力资本维度中的是否参加职业技术培训（X_{24}）、家庭劳动力所占比例（X_{23}）、家庭人均医疗支出（X_{25}）、家庭人均受教育年限（X_{26}），以及物质资本维度中工资性收入（X_{17}）、来源于林业局的工资性收入（X_{16}），而社会资本维度指标在回归过程中未通过检验，即社会资本维度各个指标对国有林区职工家庭整体脆弱性影响较小。

6.5.3 结论与讨论

应用个体固定效应回归模型，对国有林区林业职工家庭的物质资本、人力资本和社会资本各维度以及整体脆弱性影响因素进行了评价，研究结果表明，国有林区林业职工家庭整体脆弱性的内部影响因素中，人力资本对林业职工家庭整体脆弱性的影响最大，其次是物质资本的影响，而社会资本对林区林业职工家庭整体脆弱性影响较小。在物质资本维度中，工资性收入和来源于林业局的工资收入对林业职工家庭脆弱性的影响最大，其次是银行存款和林下经济收入指标；在人力资本维度中，家庭劳动力对林业职工家庭脆弱性的影响最大，其次是是否参加职业技术培训、家庭人均医疗支出和家庭教育支出的影响，家庭人均受教育年限和距离最近的医疗站点的距离指标影响最小；在社会维度中，向农林技术人员寻求帮助次数指标影响最大，家庭请客送礼支出影响最小。在国有林区新的历史转型期，为消除或减缓东国有林区林业职工家庭的脆弱性，提高其抵抗和适应外界环境变化的能力，应主要从人力资本和物质资本两个维度采取有效措施。

6.6 本章小结

国有林区职工家庭脆弱性是指职工家庭在面对社会经济以及生态环境变化时，自身的适应能力或抗击风险能力的不足或者缺乏，根据生计的理论内涵，将国有林区职工家庭脆弱性的具体表现划分为物质资本脆弱性、人力资本脆弱性和

社会资本脆弱性 3 个维度，采用 Ligon 和 Schechter（2003）对家庭脆弱性的测度方法，用家庭消费总额作为测度家庭脆弱性的指标，应用 2013 年和 2014 年对国有林区民生监测的调查数据，对职工家庭的脆弱性进行测度，结果表明：在抽样调查的 524 户国有林区职工家庭中，陷入脆弱性的比例达到 33.21%，说明在国有林区转型发展期间，有将近 1/3 的林业职工家庭抵抗外界经济、社会、环境变化冲击的能力不足或缺乏。应用个体固定效应回归模型，对国有林区林业职工家庭各维度的脆弱性影响因素以及整体脆弱性影响因素进行了评价，结果表明，人力资本和物质资本对林业职工家庭整体脆弱性的影响较大。

7 基于生态功能区建设的国有林区管理体制转型研究

合理的制度安排是走经济发展、生态良好、社会富裕的文明发展道路的重要保障和动力源泉，地区经济的增长、生态的平衡、社会的发展，其实质是制度的合理性和创造力。国有林区管理体制的重点和核心是国有森工企业的制度安排及国有森林资源管理制度。因此，生态功能区建设下，国有林区管理体制转型的重点在于国有森工企业管理制度和国有森林资源管理体制的变革。

7.1 国有林区管理体制的特点

7.1.1 国有林区管理体制表现为高度集权式政企合一的模式

国有林区是随着森林资源的开发和国有森工企业的建立而逐渐形成的。国有林区管理体制的重点和核心是国有森工企业的制度安排及国有森林资源管理制度。由于国有森林资源绝大多数都分布在广阔的交通不便的边远山区，这种特殊的林业发展环境，造就了国有森工企业自建立之初就必须承担办社会职能的特殊动力和支撑。建立企业之初，由于其作业地点位于远离城市的山区，没有城镇及其服务体系做支撑，所以，国有森工企业运行过程中不得不建立整套的自我服务体系，形成所谓的“企业办社会”现象，从而国有森工企业的制度安排长期表现为集权式政企合一的运行模式。如大小兴安岭国有林区的管理体制具体表现为地方政府与林管局和森工企业集团“三合一”形式。这种体制下，国有森工企业形成了集“国家森林资源的保护管理者”“国有企业的经营管理者”和“国有林区政府的社会行政管理者”于一身的矛盾体（王毅昌和蒋敏元，2005）。在国有林区开发森林资源，建立企业的初期，这种“企业办社会”的现象有其存在的合理性和必要性，因为政府的成本最低，这是传统林区必然选择国有森工企业政企合一管理体制的直接原因。

7.1.2 国有林区社会管理职能的隐性化

国有林区政府社会管理制度的发挥是隐性的。实质上，在国有林区不存在一个完全独立的、具有相对理性和有效性的、能全面发挥社会管理职能的林区政府。社会管理职能是隐含在国有森工企业的管理制度体系中的，从而形成了最具典型性的政企合一的林区社会管理制度模式（王玉芳，2007），这种模式经常会造成企业的错位感和经营目标的混乱。特别是经过长期的建设与发展，国有林区社会的发展已呈现规模，各类社会事务、组织、机构等一应俱全，从而使国有森工企业在长期的发展中，将大量的时间和精力都放在处理庞杂的社会管理职能上，而无力顾及自身经济的发展，造成企业效率低下，反过来，企业经济实力的下降又使得企业无力支撑庞杂的社会支出，从而使国有森工企业长期陷入这样的恶性循环中。

不论是在国有林区林业的辉煌时期、“两危”时期，还是在强调生态优先的今天，这种职能一直困扰着国有森工企业的发展，也是国有森工企业不断进行改革的核心和重点。今天在生态功能区建设下，国有森工企业被赋予了新的职能和定位，要求其必须要变革现有的制度安排，更好地发挥新的职能和使命。

7.1.3 国有森林资源管理制度扭曲，委托代理关系复杂

根据《中华人民共和国森林法》的规定，国有林区的国有森林资源产权归国家所有，但是作为国有森林资源产权主体的国家，并不直接经营国有森林资源，而是长期以来实行由国家林业管理机构层层委托国有森工企业代为经营管理的模式，从而造成国有森林资源产权主体模糊、缺位。这种畸形的产权制度形式，主要是由委托代理关系的复杂造成的。中央政府设立林业主管部门管理全国林业工作，也是国家最高层次的国有林及国有林区开发建设管理的行政机构，这一行政机构并不直接经营管理国有林，而是相应地在各大国有林区所在的省级政府或特别区域（指大兴安岭地区）设置国有林的专门管理机构（如黑龙江省森工总局），在业务上主要受国家林业主管部门直接领导。这些专门管理机构，既直接经营管理企业（如开发森林资源，进行木材生产、销售等），又要承担国有森林资源的管理和保护的职能，并由此承担各种管理机构的费用支出。这种模式造成了国有森林资源委托代理关系的扭曲，进而影响了国有林区森林资源的保护、利用与开发，可以说国有林区森林资源“两危”状态的出现，与这种不合理的森林资源管理制度有很大的关系。

7.2 国有林区管理体制转型面临的困境

具备上述特点的国有林区管理体制虽然在国有林区开发建立的初期，有其存在的合理性，然而，在国有林区长期的建设与发展过程中，在国家市场经济体制逐渐建立的进程中，国有林区这种高度集权的政企合一的体制模式始终没有被打破，其弊端和困境日益显现。究其原因，国有林区管理体制在实践中暴露出来的各种弊端实质是在不具备垄断条件下实施对国有森林资源垄断性的经营和管理造成的，国有森林资源名义上归国家所有，实际中往往是谁占谁有，这是国有森林资源的产权虚置造成的。

7.2.1 国有森工企业经济效益低下

在高度集权式的政企合一的管理体制下，国有森工企业要承担资源管理、林区社会管理及企业和林区经济发展的三重重任，在实践的运行中，森工企业常常强化其社会管理的行政职能，而其作为企业经营管理的主导发展目标及业务重点及职能常常被弱化或者被忽视。从而造成国有森工企业运行效率低下、企业素质低、发展活力不强，具体见表 7-1。

表 7-1　2010～2012 年国有林区森工企业主要经济效益指标情况

指标名称	2010 年		2011 年		2012 年	
	龙江森工集团	大兴安岭集团	龙江森工集团	大兴安岭集团	龙江森工集团	大兴安岭集团
总资产贡献率/%	1.6	1.7	0.3	3.1	−1.3	1.4
资本保值增值率/%	100.7	94.7	98.5	96.6	100.5	88
资产负债率/%	48.4	54.3	54.7	59.5	56.9	63.5
流动资产周转率/%	0.6	0.7	0.6	0.6	0.4	0.4
成本费用利润率/%	4.7	34.4	0.7	22.4	−4.3	9
全员劳动生产率/（元/人）	125 02	131 65	212 06	210 69	202 00	319 40
产品销售率/%	87.3	80.8	77.7	89.5	65.1	90.1

资料来源：国家林业局，2010～2012。

注：表中的相关指标，在 2012 年以后的《中国林业统计年鉴》中就不再统计了，故此处只选择了 2010～2012 年的数据。

从表 7-1 可见，2010～2012 年，大小兴安岭林区国有森工企业的总资产贡献率和成本费用利润率均呈下降的趋势，特别是小兴安岭林区的总资产贡献率下降趋势特别明显，2012 年龙江森工总资产贡献率为-1.3%；而资产负债率却呈现增加的态势，2012 年大兴安岭林业集团的资产负债率高达 63.5%。这充分说明企业运行效率低下，发展后劲与潜力不足。

此外，国有森工企业目前与国有林区经济混为一体，产业经营与区域经济重叠，林区区域经济采用企业化管理，必然会造成经营对象、资产关系、组织结构的错位，不仅企业经济效益低下，林区经济发展也落后，林区经济发展实力弱。

7.2.2 森林资源的管理与保护成效低

政企合一的管理体制下，国有森工企业集多种角色、多重发展目标于一身。实践的运行中，往往很难平衡各种关系和目标。作为林业企业，其主导目标应该是利用森林资源、开发森林资源去获取经济效益，但是受国家的委托，它又要履行国有森林资源的管理、保护和监督的职能。当国家长远利益与企业短期利益发展冲突时，作为理性的经济个体，国有森工企业往往只重视企业的短期利益，特别是在企业经济危困的状态下，经常会过量采伐森林资源换取经济利润。保护与利用目标之间的冲突，使得国有森工企业承担的国有森林资源监督管理的职能很难履行到位，从而造成森林资源保护的成效低。尽管在全面停伐之前，有限额采伐政策的限制，但是实际上大小兴安岭国有林区的超限额采伐现象仍很常见，造成林区可采林木资源陷入严重危机状态。

7.2.3 社会管理效率低，国有林区社会发展落后

国有森工企业的社会性管理职能是隐含在森工企业职能体系中的，再加上政企合一的管理体制模式带来的产权不分、责权利不明、管理机构与管理职责不明，导致专业化发展程度不高、林区社会管理效率低下，造成林区社会发展贫困落后。根据前面的分析可知，国有林区社会管理职能是隐含在国有森工企业的全部职能体系中的，而且林区社会性事务的建设与管理等相关费用，均需要由森工企业来承担，这给企业带来了极大的负担，如根据相关的统计，仅 2003 年一年，龙江森工国有林区社会性支出占当年林区全部支出的比例高达 57.88%。作为理性的经济个体，森工企业的根本任务是经营企业，提高利润，养活大批的林业职工，所以在企业陷入经济危困的时期，国有森工企业既无精力，更无财力去建设林区社会，促进社会发展，从而造成林区社会发展相对落后。在天保工程二期实施后，由于注重改善国有林区的民生，国有林区社会发展落后的状况才得到改善。

7.3 国有林区管理体制转型的阻力因素

国有林区管理体制的改革主要表现在国有森工企业管理制度的改革上。从1978年开始，伴随国家改革开放，建立社会主义市场经济体制的大的宏观环境背景，国有森工企业的改革紧随国有企业的改革实践而展开，这期间，国有森工企业改革经历了“简政放权，实施承包经营制”的改革、林业分类经营下的“现代企业制度建立”的改革、林业新定位下“森工企业制度创新”的改革等阶段。林业新定位之后国有森工企业的改革的过程中，有天保工程的良好平台，还有东北振兴的政策驱动，而且国有林区在改革的实践中也探索出了一些改革的具体模式，比如吉林森工和内蒙古森工林区的主辅分离的模式、龙江森工所属的清河林业局的“内部政企分开”的模式、伊春林区的国有林产权制度改革的模式等。然而时至今日，国有林区管体制改革、制度创新仍然没有取得彻底的成效。特别是大小兴安岭国有林区的管理体制仍然呈现高度“政企合一”的模型运行着。这其中有国有林区的发展背景、发展现状以及国家相关政策的影响，但更根本的则是因为存在一些阻力性的因素，阻碍了国有林区管理体制的进一步改革、转型。

7.3.1 既得利益相关者的阻碍

早在2007年，温铁军教授等就曾明确指出国有林区管理体制改革的阻力主要来自于垄断部门及其收益的各种获取者。这些既得利益主体对国有林区管理体制改革的认识不明确、不统一。一些人思想保守、观念落后，为了维护自己的既得利益，不敢推进改革，怕改革会引起林区社会混乱，损害其利益。在相关改革政策落实过程中，这种官本位、权本位思想往往会阻碍改革的实施，从而使国有林区改革在推进过程中，缺乏有魄力、有权威的组织者和领导者的引领，缺乏真正的企业家精神，因此，改革很难取得彻底成功。2015年中共中央、国务院发布《国有林区改革指导意见》，将国有林区管理体制的改革推向深化阶段，该政策文件也体现了国家对国有林区改革的态度和决心。尽管如此，在2017年10～12月对国有林区（主要是黑龙江省国有林区）改革状况的调查过程中，发现仍然存在着一部分林区干部职工对改革政策理解不深，不愿意将企业承担的社会职能移交出去的想法和意愿。这些利益主体的阻碍，是目前改革推进的重要障碍性因素。

7.3.2 改革成本负担不明的阻碍

任何一项改革都需要支付相应的改革成本。国有林区管理体制的改革无论是内部政企分开，还是外部彻底的政企分开，或者是其他的改革模式，都需要一定的成本支出，再加上国有林区管理体制的根深蒂固性以及国有林区区位的特殊性，都使得国有林区管理体制的改革比国家其他方面的改革难度要大、成本要高，特别是像社会性事务的剥离这一项就需要较高成本支出。国有森工企业长期以来处于经济危困状态，无力承担改革的成本。另外，从国有森工企业承担的职能来看，长期以来，国有森工企业代表国家林业行政管理机构，行使对国有森林资源的管理和保护的职能，理论上讲，国家应该负担这笔巨大的改革成本。但是实际上，国家虽然一直以来有推动国有林区管理体制改革的强大的意愿和要求，在实际履行这种意愿和要求的时候，往往是通过行政和政策的手段去推行，对改革成本的负担问题没有明确的规定。国有林区管理体制改革成本负担不明，导致改革在实际中很难推进。

7.4 生态功能区建设下国有林区管理体制的变革

国有林区管理体制的变革实质是一种理顺产权关系的变革，是一种理清各种错综复杂的利益关系，并对各利益相关主体进行明确分工的过程。生态功能区建设下，国有森林资源的核心职能发生了变化，国有森工企业以及国有林区的主导功能均有了重新的定位（这部分内容已经在第 2 章中进行了全面分析），这都要求国有林区的森林资源管理体制、国有林区社会管理体制及国有森工企业的制度均要发生变革，以适应生态功能区建设的目标和要求。

7.4.1 生态功能区建设下国有森林资源核心职能转变

从 20 世纪 80 年代开始，改善环境就已经逐渐成为中国所有森林尤其是国有林的核心职能。生态文明建设的新的历史时期，国有森林资源在保护环境，维护国土生态安全方面的作用尤为突出。特别是 2011 年《全国主体功能区规划》中，明确划分了包括大小兴安岭森林生态功能区在内的 25 个重点生态功能区，总面积约 386 000 万 m^2，占全国陆地国土面积的 40.2%。这些重点生态功能区分为水源涵养型、水土保持型、防风固沙型和生物多样性维护型四种类型。25 个重点生态功能区的森林面积占全国的近 40%，森林蓄积占全国的近 50%（表 7-2）。

表 7-2 国家四类生态功能区森林资源主要结果

统计单位	森林覆盖率/%	森林面积/hm^2	占全国比例/%	森林蓄积/亿 m^3	占全国比例/%
水源涵养型生态功能区	33.67	4139	18.09	34.61	23.42
水土保持型生态功能区	33.65	830	3.63	2.77	1.87
防风固沙型生态功能区	6.27	723	3.16	1.28	0.86
生物多样维护型生态功能区	23.89	2707	11.83	32.49	21.99

资料来源：国家林业局，2015。

生态功能区建设下，国有森林资源改善环境，维护国土生态安全的核心地位尤为凸显，国有森林资源供给生态产品成为其主导功能，国有森林资源的这种新定位，要求必须要变革传统的国有森林资源管理体制和机制，建立以森林公共物品供给为主导功能的新的森林资源的行政管理机构，以保障国有森林资源新的主导功能的有效发挥。为此，应该将国有森林资源的管理职能从森工企业的庞杂的管理职能体系中剥离出来，成立专门的森林资源管理机构，行驶森林资源管理与保护的公益性职能。

7.4.2 国有林区管理体制转型变革的总体思路

长期以来，国有林区管理体制改革的实践中，已经出现了多种改革方式的探索性实践。例如，处于小兴安岭的伊春林区 2006 年开始以国有林产权制度改革为突破口，探索国有森林资源管理体制的变革；内蒙古森工集团以剥离企业办社会职能为改革重点，探索国有林区管理体制的改革；龙江森工所属的清河林业局和大兴安岭林业集团所属的十八站林业局通过实行“内部政企分开”模式，探索国有林区管理体制的改革；吉林森工则以森工企业改制重组、主辅分离为核心，实施国有林区管理体制改革。“内部政企分开”改革，在改革的过渡阶段，具有实施的可行性。在原有体制框架内部实施三权分立，由于没有跳出原有体制框架的约束，具有较强的路径依赖性，一旦改革触及企业经营管理的根本利益时，就会按照企业的实际需要来进行，长期的运行中，因为没有独立的经费来源，内部分开的三个主体终将失去独立运行的基础而无法履行其职能。此外，鉴于国有林区管理体制改革中的成本性的阻力因素，如果选择完全新建机构的形式，可能会进一步加大改革成本的负担。现有的国有林区管理体制的长期运行中，已经形成了一定规模的组织机构和一定量的人力资源。

鉴于上述情况，研究认为国有林区管理体制的转型可以选择对原有的国有森工企业进行裂解，可以按照原国有森工企业集于一身所承担的“管资源、管社会、管企业（产业、经济）”这三大职能，对这三种职能进行裂解，裂解后分别形成三个独立的组织，分别独立行驶三大职能。研究认为这可能是目前国有林区管理体制变革的成本最低的一种形式。裂解后的国有森工企业，其原来所承担的社会性业务应全部彻底地移交给当地地方政府，地方政府和林业局共同承担这项改革成本；企业原来所承担的经营性业务，按照企业化或者企业集团化的模式进行改造，成立经营公司或者产业集团，并推向市场，走市场选择的道路；企业原来所承担的森林资源管理的业务，裂解出来后，依托企业原有的森林资源科（室）等相关机构的基础和条件，进行改造，形成国有林管理的主要机构。

7.4.3 国有林区管理体制转型变革的框架设计

国有林区管理体制转型、变革的突破口应该放在理顺森林资源产权关系，明晰森林资源产权制度安排上，这是国有林区管理体制转型变革的主线和核心问题。在此基础上，对国有森工企业按照其所承担的各个具体职能进行裂解，依托原有森工企业各职能所对应的相关机构、人员，进行资源、资产的重新配置，分别成立与原国有森工企业所承担的各项管理职能相对应的组织（图 7-1），明确各具体职能实施的领域和范围，明确新改组成立的各个组织的地位、性质及具体的职能，明晰国家与地方、企业与政府等原来错综复杂的各利益主体之间的关系。

（1）建立国有森林资源国家所有，国家经营的管理体制。从图 7-1 可见，基于国有森工企业原承担的森林资源管理职能，依托原森工企业中的资源管理职能部门（如资源林政科、调查队、公安局、专员办）的基础，裂解成立“国有森林资源管理局”和“国有森林资源监督局”，隶属于国家林业局，实行垂直领导。国家作为国有森林资源的所有者，直接建立经营管理体系，经营管理国有森林资源。国家林业局下设国有森林资源管理局、国有森林资源监督局。国有森林资源管理局对国有森林资源行使国有森林资源资产管理权，经营管理国有森林资源资产、保护和修复森林资源，包括国有森林资源经营管理规划、预算以及水资源、土地、野生动植物管理等业务，并对国有森林资源的保值增值负责。国有森林资源管理局要接受国有森林资源监督局的监督。

国有森林资源管理体制转型变革的核心点在于理顺森林资源产权关系，明晰森林资源产权制度安排。虽然在小兴安岭国有林区曾经尝试过通过国有森林资源公有产权分化（即 2006 年在伊春林区试点实施的国有林产权制度改革）的模式，去推动国有森林资源管理体制的变革，但是由于各种因素的影响，国有林产权制度改革并没有实质性地推动国有森林资源管理体制的彻底变革。

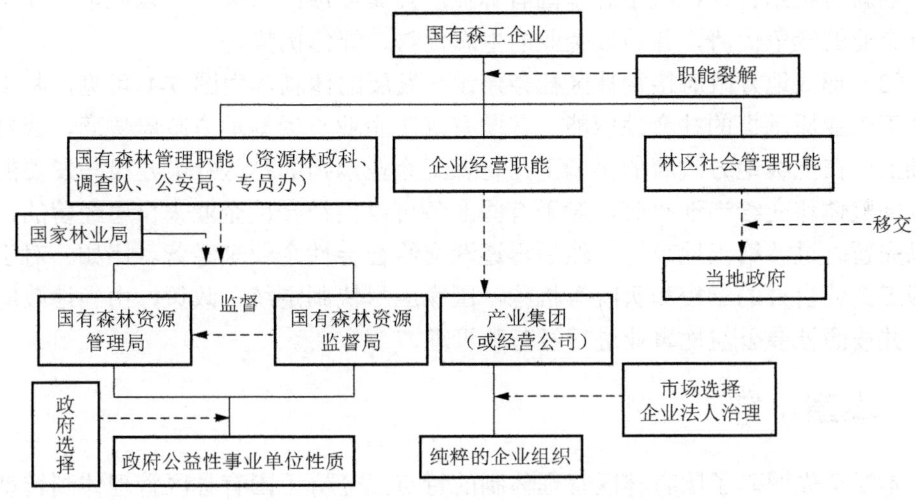

图 7-1 国有林区新管理体制组织结构简图

生态功能区建设下，保护环境、改善生态已经成为国有森林资源的核心职能了。因此，国有森林资源的营建、培育、管理和保护的业务，具有典型的公共产品供给的性质，具有非营利性，且涉及国家的战略性利益，选择由政府来经营具有较好的优势。另外，森林资源所提供的这些生态产品，绝大多数都是无形的、难以计量的，并具有较强的外部性，是很难全面推向市场，按照市场规律去运行的。同时，从森林资源的特殊性来看，森林资源生产的长期性和广域性也使其难以实现完全的市场化经营。从上述这些特点出发，国有森林资源的管理选择由政府负责，仍采取国有制的形式具有一定的合理性。

（2）建立林业产业集团或经营公司的市场化运行的管理体制。由图 7-1 可见，基于国有森工企业原承担的企业经营性的业务和职能，将其分裂，依托原有的经营性资产，进行重新配置，组建国有林业产业集团或经营公司，按照纯粹的企业建制，构建纯粹的法人治理结构，走市场化选择的路径。原有的国有资本应全部退出，鼓励非公有制企业、私人等社会投资主体通过收购、兼并、控股、参股、转让经营权等多种形式参与集团或者经营公司的运营。

另外，基于生态功能区建设的目标和建设的内容，要求国有林区经济的发展要走生态化的道路。新组建的产业集团或经营公司，在摆脱原有僵化的体制束缚后，在面临国有林区全面停止天然林采伐的政策背景下，一方面要积极开拓新的经营业务，开发新的产品，特别是要积极依托森林资源中丰富的非木质林产品资源，发展非木质林产品产业的精深加工，不断创新生产经营技术，将技术创新和生态创新有机结合，建成生态型国有林业产业集团或经营公司，以此培育和不断提升企业的竞争优势，并凸显企业的生态优势、绿色优势。

（3）形成地方政府接管林区社会建设与发展的体制。由图 7-1 可见，基于国有森工企业原承担的社会性职能，在国有森工企业与当地地方政府协商、谈判的基础上，在上级地方政府的协调下，将森工企业承担的林区社会建设与发展的业务全部整体移交给当地政府，对于有些业务可以由社会性企业来自愿经营的，也可以先暂时过渡给当地政府，然后再逐渐交给社会性企业来经营。比如，对于国有森工企业自办的学校和医院等机构，国家应尽快制定统一政策，由当地政府接管，并按照社会公益性事业进行经营和管理。

7.5 本章小结

本章首先明确了国有林区管理体制的特点，分析了国有林区管理体制转型面临的困境及阻力性因素；认为生态功能区建设下，国有森林资源的核心职能为保护环境、维护生态安全，国有林区管理体制的转型变革，实质是一种理顺产权关系的变革，在此基础上，确立了国有林区管理体制转型变革的总体思路，并具体设计了国有林区管理体制转型变革的基本框架。

8 基于生态功能区建设的国有林区社会经济转型进程评价及转型博弈分析

生态功能区建设下，国有林区的社会经济转型是一个长期动态的发展演化过程。国有林区是一个具有特殊耗散结构的复杂开放系统，在长期的转型发展进程中，国有林区经济生态社会系统在其自身矛盾运动中会呈现出多种状态，进而使国有林区社会经济的转型过程具有动态性、阶段性、层次性。明确国有林区社会经济转型发展的不同阶段，以及各阶段社会、经济及生态系统所表现出来的状态，有利于有针对性地、准确地提出促进社会经济转型发展的策略。同时，国有林区社会经济转型的进程也是中央政府、地方政府及国有森工企业这些利益主体利益博弈与平衡的过程。

8.1 指标体系的构建与评价方案

8.1.1 指标的构建及其权重的确定

在现代林业理论、林业经济学、生态经济学、可持续发展等理论的指导下，在遵循科学性、实用性、全面性、代表性、可操作性、数据可获得性等原则的基础上，根据转型期大小兴安岭国有林区的实际发展情况，参考国内学者提出的现代林业评价指标体系，结合现有研究文献中惯用的指标（张建龙，2013；吕柳和温作民，1997；王毅昌和蒋敏元，2005），从社会转型、经济转型、生态转型三个层面构建了本研究的评价指标体系，具体见表 8-1。

在本研究中，首先采用主观赋权的层次分析（analytic hierarchy process，AHP）法和客观赋权的熵值法分别确定各指标的权重，然后通过取两种方法所得的权重的平均值得到各指标的最优权重即组合权重。二级指标的组合权重分层总和即为各一级指标的权重。各指标的具体权重值如表 8-1 所示。

表 8-1　大小兴安岭国有林区转型发展评价指标体系及各指标权重

准则层	指标层	AHP 法权重	熵值法权重	组合权重
社会发展与民生改善 A1 权重 0.207 9	企业就业指数/%	0.067 0	0.043 919	0.058 159
	专业技术人员占在岗职工的比例/%	0.032 7	0.016 508	0.024 604
	在岗职工年均工资/元	0.050 8	0.056 778	0.053 789
	离退休人员年均生活费/元	0.024 8	0.073 455	0.049 127
	年末参加基本养老保险人数占在岗职工的比例/%	0.020 4	0.024 037	0.022 219
经济发展水平 A2 权重 0.137 1	林业总产值/万元	0.039 9	0.030 923	0.035 412
	林业产业占林区经济总产值的比例/%	0.063 3	0.016 702	0.040 001
	接续产业占林区经济总产值的比例/%	0.100 4	0.022 983	0.061 692
经济结构优化水平 A3 权重 0.126 6	第一产业产值占林区经济总产值比例/%	0.031 6	0.047 838	0.039 719
	第二产业产值占林区经济总产值比例/%	0.079 7	0.022 063	0.050 882
	第三产业产值占林区经济总产值比例/%	0.050 2	0.021 719	0.035 960
转型支持水平 A4 权重 0.241 9	固定资产投资额/万元	0.021 1	0.075 250	0.048 175
	中央财政专项资金/万元	0.069 2	0.136 679	0.102 940
	自筹资金/万元	0.038 1	0.143 604	0.090 852
环境保护与资源节约 A5 权重 0.286 5	森林覆盖率/%	0.143 6	0.044 677	0.094 138
	工业废水达标率/%	0.069 7	0.016 075	0.042 887
	采伐剩余物产量/万 m^3	0.053 0	0.105 756	0.079 378
	三废综合利用产品产值/万元	0.044 5	0.095 632	0.070 066

注：①以森工企业的就业指数代表林区的就业水平，企业就业指数=在岗职工/在册职工人数；②接续产业产值由生态旅游业、绿色食品业、特色养殖业、北药开发业、林木产品加工业和矿产开发业六个行业合计值计算；③因为本研究中所用的转型支持水平的指标均属于资金方面，为便于分析本研究将其规划于经济转型层面，与经济发展水平、经济结构优化水平共同代表经济领域的转型；④由于指标的选取，社会发展与民生改善即代表社会领域的转型，环境保护与资源节约代表生态领域的转型。

8.1.2　评价模型构建

在评价指标体系的基础上，本研究借鉴了前人构建的转型发展指数 TDI 的评价指标，具体模型（朱元秀和徐长乐，2014）如下：

$$\mathrm{TDI}=\sum_{i=1}^{18}W_iY_i \tag{8-1}$$

式中，W_i 为各个二级指标的权重，Y_i 为相应的二级指标的原始数据经标准化后的数值，i 为二级标准个数。

转型发展指数是用于大小兴安岭国有林区转型发展进程的纵向动态比较，其数值大小反映了林区转型发展的进展情况，转型发展指数的数值越高，表明林区的转型发展速度越快，进展越好。社会、经济、生态领域的转型指数的计算方法与转型发展指数的计算方法类似。

8.1.3 数据来源及处理

本章研究所用的原始数据主要来源于《中国林业统计年鉴》（2000～2014）以及政府报告等相关资料（2000～2014 年是天保工程、大小兴安岭生态功能区建设等政策的实施阶段，该时期也是大小兴安岭国有林区进入转型发展的重要历史阶段）。

本章主要采用定基指数法对指标的数据进行标准化处理。研究过程中以大小兴安岭国有林区 2000 年的发展水平为基期，对于正指标，将 2001～2014 年各个指标的实际值 X_i 除以基期值 X_{2000}，对于逆指标则用基期值 X_{2000} 除以 2001～2014 年各个指标的实际值 X_i，比值即为标准化值。

对于正指标，采用的标准化公式为

$$Y=X_i/X_{2000} \tag{8-2}$$

对于逆指标，采用的标准化公式为

$$Y=X_{2000}/X_i \tag{8-3}$$

8.2 国有林区转型进程评价及分析

8.2.1 TDI 总体变化情况分析

将各指标的标准化数值及其权重代入公式（8-1）中，计算得出各年度大小兴安岭国有林区转型发展的指数值，并得出如图 8-1 所示的转型发展的变化趋势。2000 年以来，大小兴安岭国有林区的转型发展总体上呈现较好的发展趋势，转型发展速度在逐渐加快。在 2000～2002 年，大小兴安岭国有林区的转型发展速度呈现上升的趋势，这可能是由于天保一期工程的正式实施给林区带来了发展契机；2003 年发展速度有所回落，在 2004～2006 年，林区的转型发展速度呈现比较稳定的上升趋势，转型进程总体上趋于较平稳的发展态势，主要是政策的落实开始发挥一定的作用；2007～2008 年，林区的转型速度回落，一定程度上是林区经济受到了经济危机的影响；2008 年以来，林区的转型速度持续加快，此后转型发展呈现较高速度稳定发展的态势，主要是天保工程一期取得了一定的政策效果，棚户区改造工程、天保工程二期以及大小兴安岭生态功能区建设等政策的相继实施也在一定程度上促进了林区的转型。

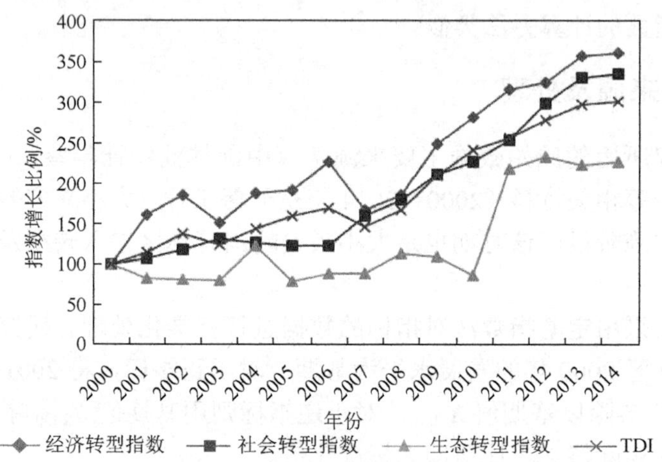

图 8-1　大小兴安岭国有林区各层面的转型指数及 TDI 值的变化趋势（2000～2014 年）

由图 8-1 可知，自 2000 年以来，虽然大小兴安岭国有林区的转型发展总体上呈现较好的发展趋势，但仍处于较低的水平，且各领域的转型进展情况不一，部分领域的转型进程比较缓慢。为了进一步了解林区的转型发展进展情况，下面分别从社会、经济、生态领域对转型进展进行具体的分析。

8.2.2　社会领域转型进展情况分析

如图 8-1 所示，国有林区的社会转型总体上呈现缓慢的上升趋势，但转型发展水平仍比较低。具体来看，自 2000 年以来，社会发展与民生改善（A1）的转型速度总体上呈现上升的趋势，转型进程呈现较好的发展态势（图 8-2）。由于林区长久以来政企合一的管理体制的影响，森工企业承担着经济发展重担的同时还承担办社会的责任，社会负担重，因而社会发展与民生改善在 2006 年以前发展缓慢。2006 年以来，部分地区开始进行政企分开改革，对促进林区社会转型发挥了积极的作用。2007 年以来发展速度有所加快，但整体上还是处于较低的水平。经过进一步分析社会发展与民生改善的二级指标的变化发现（图 8-3），林区的就业水平在不断地提高，这有利于促进林区的社会稳定和发展。在 2000～2006 年，在岗职工年均工资与离退休人员年均生活费虽然比较稳定，但是一直处于比较低的水平，随着中央财政与地方政府投入的增加和林区经济的发展，2007 年以来，在岗职工年均工资与离退休人员年均生活费逐步增加且增速较快。由于林区的发展条件落后、生活艰苦，虽然大学毕业生及专业技术人才逐年增加，但甘于到林区基层工作的并不多，由于林区社会保障体系的不健全，专业技术人员占在岗职工比例和年末参加养老保险人数虽有所增加，但一直处于相对稳定且水平较低的状态。

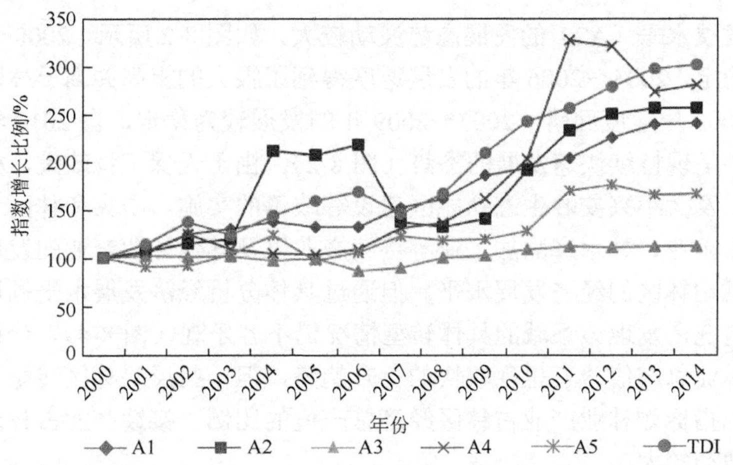

图 8-2　大小兴安岭国有林区各准则层指标的转型指数及 TDI 值的变化趋势（2000～2014 年）

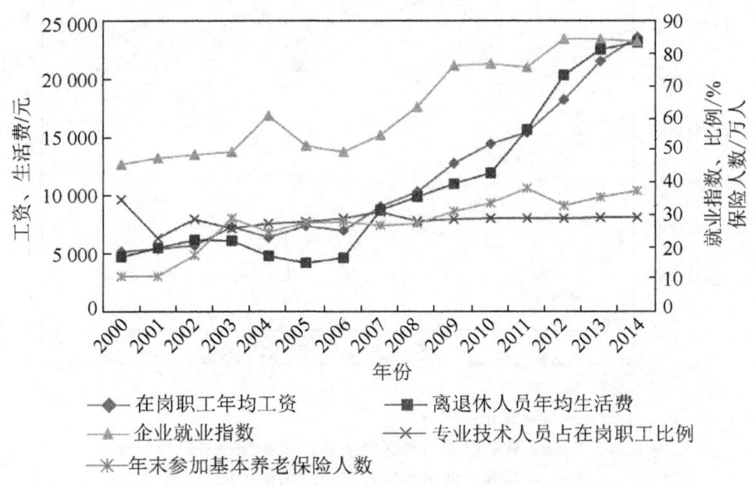

图 8-3　大小兴安岭国有林区社会发展与民生改善各二级指标变化图（2000～2014 年）

8.2.3 经济领域转型进展情况分析

由图 8-1 可知，经济转型指数虽然在 2000～2007 年波动较大，2008 年以来呈现较快的上升趋势。总体来看经济转型呈现上升的趋势，且高于社会转型指数和生态转型指数，并高于林区总体的转型指数，说明林区经济领域的转型发展明显好于其他领域的转型发展，这与国家和地方政府重视林区的林业经济发展分不开。下面分别从经济发展水平、经济结构优化水平以及转型支持水平三方面进行具体分析。

经济发展水平（A2）的发展态势波动较大，如图 8-2 所示。2000～2003 年的发展较为稳定，2004～2006 年的发展速度得到了很大的提高并高于林区总体的转型进展，2007 年速度回落，2007～2009 年的发展较为稳定，自 2010 年以来速度快速提高并呈现持续快速发展的态势（图 8-2）。由于天保工程政策、棚户区改造工程政策以及大小兴安岭生态功能区建设等政策的实施，中央和林区更加重视林区的生态旅游业、林木产品加工业等接续产业以及其他林业产业的发展，这在很大程度上推动林区的经济发展水平。但通过具体分析经济发展水平领域的二级指标的变化情况，发现该领域的具体转型情况仍不容乐观（图 8-4）。分析发现，虽然林区的林业总产值一直呈现较快的上升趋势，但一些反映林区转型期间的经济发展水平的指标如林业产业占林区经济总产值的比例、接续产业占林区经济总产值的比例波动较大。

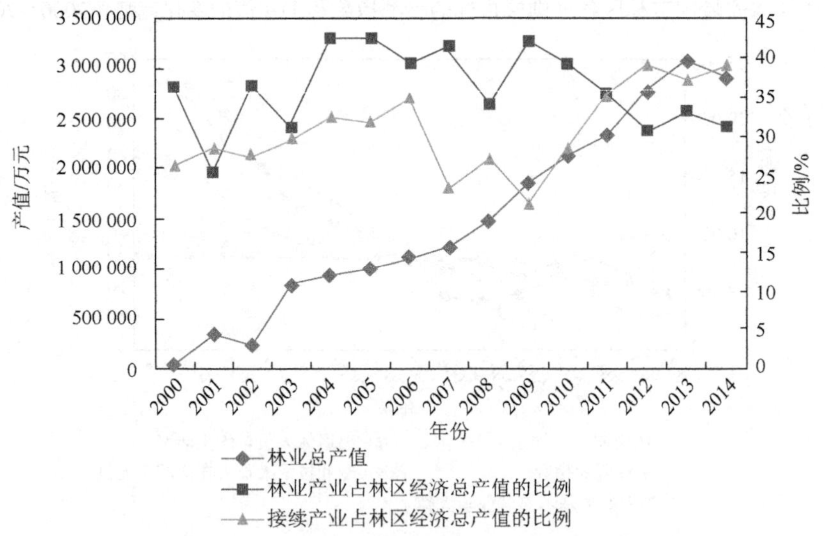

图 8-4　大小兴安岭国有林区经济发展水平领域各二级指标变化图（2000～2014 年）

经济结构优化水平（A3）发展尤其慢，其速度明显低于其他领域和总体的转型进展（图 8-2）。通过进一步分析发现，反映经济结构优化水平的第一、二、三产业产值占林区经济总产值的比例在 2000～2014 年总体上趋于平稳的状态（图 8-5）。2000～2006 年第一产业产值比例总体上略有上升，2007～2014 年呈下降趋势；第二产业产值比例在 2001 年下降较大，但 2002 年有所回升，之后到 2013 年总体上发展平稳而略有上升，2014 年有所降低；2000～2014 年第三产业产值比例都比较平稳而略有上升，但是一直都比较低，林区的第三产业发展比较落后。

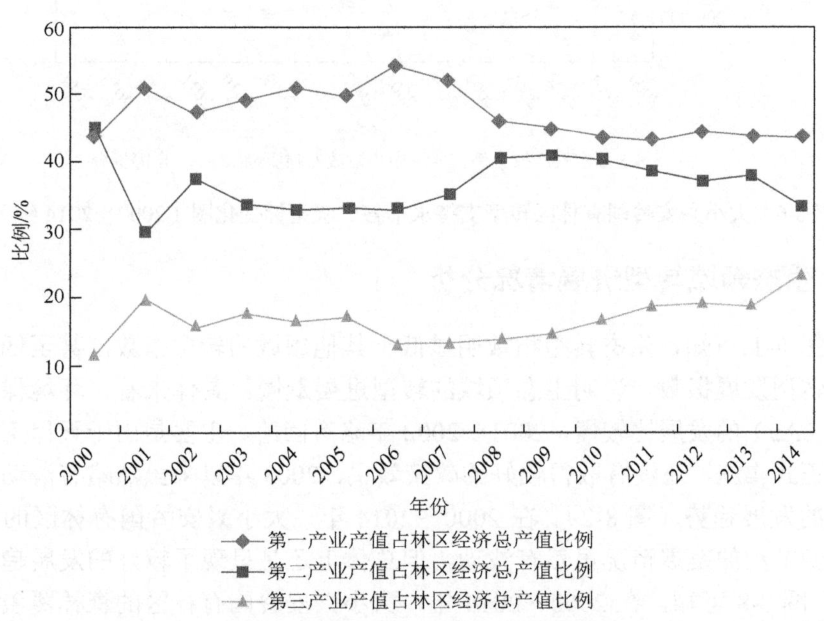

图 8-5 大小兴安岭国有林区经济结构优化水平各二级指标变化图（2000～2014 年）

转型支持水平（A4）在 2000～2006 年略有波动但发展较慢，其速度明显低于社会发展与民生改善领域和总体的转型进展，自 2007 年以来呈现较快的发展趋势，2011 年达到了最高点，2013 年有所回落但仍以较高的速度发展（图 8-2）。通过进一步分析发现，反映转型支持水平的固定资产投资额、中央财政专项资金、自筹资金在 2006 年以前虽然略有波动但仍处于较低的水平（图 8-6）。自 2007 年以来，三者的投入增速加快，尤其是 2011 年达到了更高的水平，主要是由于天保工程二期以及大小兴安岭生态功能区建设工程的启动，国家和地方政府均加大了对林区转型的支持力度，随着中央财政专项资金投入的增加，在发展较稳定后林区自身的投入减少。

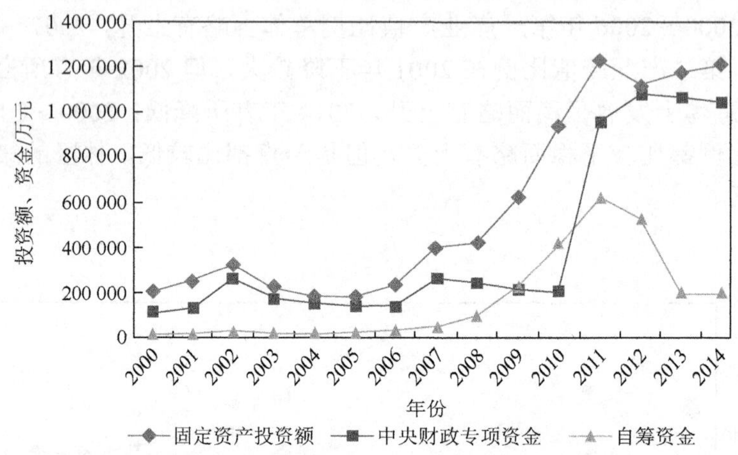

图 8-6　大小兴安岭国有林区转型支持水平各二级指标变化图（2000～2014 年）

8.2.4　生态领域转型进展情况分析

由图 8-1 可知，生态转型指数明显低于其他领域的转型指数，甚至低于林区的总体转型发展指数，说明生态领域的转型进展最慢。具体来看，环境保护与资源节约（A5）的发展比较慢，2001～2002 年略有回落，主要是由于天保工程一期刚开始正式实施，还没有取得较好的政策效果，2003 年以来虽然略有波动但呈现较稳定的发展趋势（图 8-2）。在 2000～2014 年，大小兴安岭国有林区的环境保护与资源节约的发展情况虽然有波动，但总体上还是呈现了较好的发展趋势。由图 8-7、图 8-8 可知，在 2000～2014 年，大小兴安岭国有林区的森林覆盖率和工业废水达标率都比较稳定，工业废水达标率除了 2008～2009 年有所降低，其他时间都比较稳定且处于较高的水平，采伐剩余物产量在 2000～2010 年虽然略有下降但仍处于较高的水平，自 2011 年以后，随着大小兴安岭生态功能区的建设、天保工程二期、逐步实行禁止商业性采伐等政策的实施，以及采伐技术的提高，采伐剩余物产量大幅减少，采伐剩余物的利用也得到了提高。“三废”综合利用产品产值总体上呈现增加的趋势，这些都在一定程度上反映了林区环境保护和资源节约有了较好的发展。

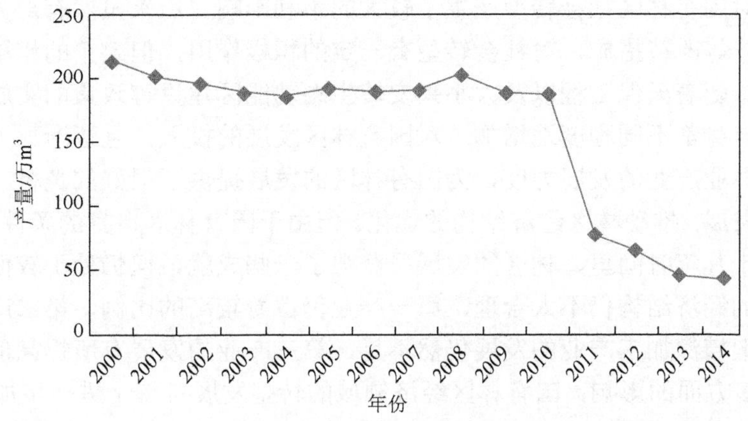

图 8-7 大小兴安岭国有林区采伐剩余物产量的变化图（2000～2014 年）

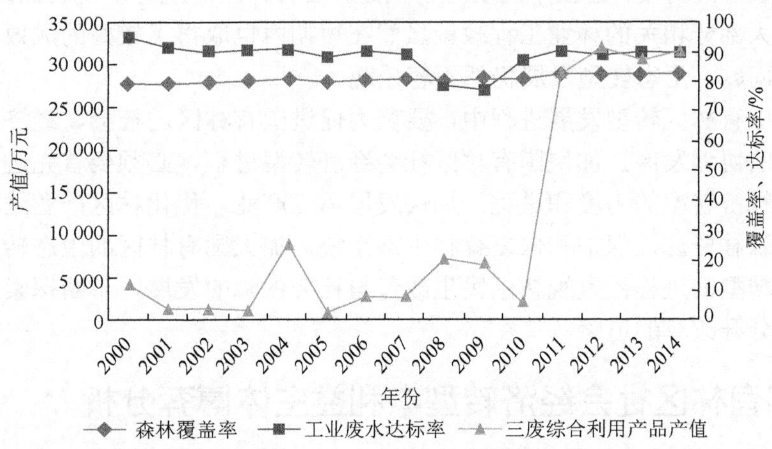

图 8-8 大小兴安岭国有林区环境保护与资源节约部分各二级指标变化图（2000～2014 年）

8.2.5 结论与讨论

根据上面的分析可见，自 2000 年大小兴安岭国有林区进入转型发展的新历史时期以来，其转型发展进程总体呈现出良好的态势，但是，经济、社会、生态各领域的转型进展尚不协调，总体上各领域的转型发展仍处于较低的水平。经济、社会、生态各领域的转型发展与林区总体的转型发展方向基本一致，即都呈现上升的发展趋势。其中，经济领域的转型发展情况最好，其次是社会领域的转型发展，生态领域的转型发展水平最低。经过进一步的具体分析发现，受国有林区长久以来的政企合一的管理体制的影响，林区政府和国有森工企业的社会发展职权不清，这对国有林区社会转型产生了较大的不利影响。后来虽然有部分地区实行了政企分开等改革措施，对社会转型有一定的积极作用，但政策的作用没有得到充分发挥。随着天保工程以及大小兴安岭生态功能区建设等政策的实施，中央政府和林区自身都不同程度地增加了对国有林区发展的投入，且逐渐加大了新兴替代产业等林业产业的发展力度，为国有林区的发展提供了很好的契机，促进了林区的经济发展，推动林区经济结构的优化。但由于国有林区自身的条件比较落后，在短短的十几年时间里，林区的发展虽获得了一些成就，但仍处于较低的水平。国有林区的经济结构仍不太合理，第一产业仍占着较高的比例，第二产业虽然比例较大，但精深加工产业的发展仍然不足，第三产业的发展有所提高但仍然比较滞后。受多方面的影响，国有林区经济领域的转型发展有待于进一步加强。自 20 世纪 90 年代以来，虽然国家在政策上加大了国有林区的环境保护、资源节约及生态文明建设等的力度，但由于历史遗留问题，国有林区的生态环境仍然比较脆弱、基础差，大部分相关的林业工程政策虽然在短期内也取得了较好的成效，但还存在较大的问题，生态转型发展仍然不容乐观。

未来国有林区转型发展进程中，要努力促进国有林区的社会、经济、生态各领域转型的协调发展，加快国有林区社会经济转型进程，必须要首先进一步加强国有林区经济转型的力度和进程，加快发展第三产业，优化林区产业结构；更充分地保护森林资源，保护和修复森林生态系统，加大国有林区的生态转型特别是森林资源转型的进程；重视林区民生改善与社会保障的发展，不断探索适合国有林区政企分开改革的道路。

8.3　国有林区社会经济转型中利益主体博弈分析

如前所述，生态功能区建设下，国有林区社会经济转型特别是社会转型会受到既得利益主体的阻碍，这其中最主要的利益主体就是中央政府、地方政府和国有森工企业。国有林区社会经济转型，均会对其所涉及的主要利益主体——中央政府、地方政府和国有森工企业的利益带来直接或间接的影响。生态功能区建设、天保工程、国有林区全面停止天然林商业性采伐等相关改革政策的实施，使得国有林区在现有发展基础上，不得不在面临区位、产业和产权等障碍的前提下，转变其发展战略和发展模式，这意味着国有林区将面临社会经济发展的全面变革。国有林区发展中所面临的资源、产业、产权、民生等难点问题，需要在国有林区社会经济的转型与变革中解决。而均衡中央政府、地方政府和国有森工企业的利益差异，才能保证在国有林区社会经济转型的过程中，中央政府在生态优先的基础上，实现林区的经济发展和社会的稳定；地方政府在经济效益优先的基础上，实现林区的生态目标和社会稳定发展；国有森工企业在追求经济效益的最大化的基础上，摆脱企业发展的困境。

8.3.1 参与者合作博弈模型的构建

这里的博弈分析，主要是为了均衡中央政府、地方政府和国有森工企业的利益关系，所以选用合作博弈的模型来解决博弈中各参与者的收益和收益分配的问题。合作博弈模型的参与者为中央政府、地方政府和国有森工企业，根据角色定位，作如下说明：①各参与者都理性地追求自身效用的最大化；②中央政府可以对地方政府的行为有监管的权利；③政府（包括中央政府和地方政府）要为国有林区社会经济转型政策的落实支付成本；④国有森工企业可以通过落实国有林区社会经济转型政策获得政府奖励及提升企业社会形象和声誉。

在合作博弈中，采用不确定支付博弈的模糊分析方法和数值模拟（任玉琨，2009），设中央政府、地方政府和国有森工企业的策略及相对应的支付如下：（各参与者分别用字母记为 A、B、C）：

A：A_1：维持现有对政策落实程度的监管力度；A_2：提高对政策落实程度的监管力度；对应的支付为（3,5）；

B：B_1：执行中央政府的政策；B_2：对抗或拖延中央政府的政策；对应的支付为（2,4）；

C：C_1：维持现状，不对国有林区社会经济进行转型；C_2：落实政策，对国有林区社会经济进行转型；对应的支付为（3,1）。

为使以上假设符合实际情况，考虑地方政府对抗中央政府，企业墨守成规不创新改进会降低整个社会的福利，所以，以上支付若出现 B_2 则所有参与者支付减 2，若出现 C_1 则所有参与者支付减 1，若同时出现 A_1、B_2、C_1 则整个经济和社会可持续发展的可能性为零，所有参与者的支付为零。因此，构建参与者的博弈支付矩阵，其中 A、B、C 分别代表各个参与者，A_i、B_i、C_i 和 a_i、b_i、c_i 分别代表参与者的策略和相应的支付，见表 8-2。

表 8-2 参与者的博弈支付矩阵

	参与者	支付
策略	A B C	a b c
	(A_1,B_1,C_1)	(2,1,2)
	(A_1,B_1,C_2)	(3,2,1)
	(A_1,B_2,C_1)	(0,0,0)

续表

	参与者	支付
策略	(A_1,B_2,C_2)	(1,2,-1)
	(A_2,B_1,C_1)	(4,1,2)
	(A_2,B_1,C_2)	(5,2,1)
	(A_2,B_2,C_1)	(2,1,0)
	(A_2,B_2,C_2)	(3,2,-1)

8.3.2 参与者合作博弈矩阵和策略选择

在支付矩阵中，假定 I 是所用参与者的集，S 是合作集，IS 是指除了合作以外的剩余参与者的集，V 是对策的特征函数，MIN 表示各行的最小值，MAX 表示各列的最大值。为了计算特征值，当矩阵的 MIN 中的最大值与 MAX 中的最小值相等时，根据矩阵的最大最小值原理，该支付矩阵就构成了一个鞍点，该鞍点的支付是对策的最优解（李胜，2011）。

（1）单人合作博弈。单人合作构成的博弈支付矩阵、最优策略及其意义见表 8-3。

表 8-3　单人合作博弈支付矩阵和最优策略

单人合作博弈的支付矩阵						最优策略
S \ IS	{2,3}					(A_2,B_2,C_1)说明即使地方政府对抗或拖延中央政府的政策，国有森工企业维持现状，不对国有林区社会经济进行转型，中央政府也需要提高对政策落实程度的监管力度
{1}	B_1C_1	B_1C_2	B_2C_1	B_2C_2	MIN	
A_1	2	3	0	1	0	
A_2	4	5	2	3	2	
MAX	4	5	2	3	V=2	
S \ IS	{1,3}					(A_1,B_1,C_1)、(A_2,B_1,C_1)说明无论中央是否提高对政策落实程度的监管力度，只要国有森工企业维持现状，地方政府的最优政策就是执行中央政府的政策
{2}	A_1C_1	A_1C_2	A_2C_1	A_2C_2	MIN	
B_1	1	2	1	2	1	
B_2	0	2	1	2	0	
MAX	1	2	1	2	V=1	
S \ IS	{1,2}					(A_1,B_2,C_1)、(A_2,B_2,C_1)说明无论中央是否提高对政策落实程度的监管力度，只要地方政府对抗或拖延中央政府的政策，国有森工企业的最优政策就是维持现状，不对国有林区社会经济进行转型
{3}	A_1B_1	A_1B_2	A_2B_1	A_2B_2	MIN	
C_1	2	0	2	0	0	
C_2	1	−1	1	−1	−1	
MAX	2	0	2	0	V=0	

通过对单人合作博弈支付矩阵和最优策略的分析发现：地方政府和国有森工企业无论做怎样的决策，对于中央政府来说提高对政策落实程度的监管力度都是最优的决策。因此，中央政府提高对政策落实程度的监管力度有利于促进地方政府执行中央政府的政策，有利于促进国有森工企业落实政策，促进国有林区社会经济的转型发展。

（2）双人合作博弈。双人合作构成的博弈支付矩阵、最优策略及其意义见表 8-4。

通过对双人合作博弈支付矩阵和最优策略的分析发现：无论国有森工企业是否落实政策，对国有林区社会经济进行转型，对于地方政府来说执行中央政府的政策都是最优策略，对于中央政府来说提高对政策落实程度的监管力度都是最优策略。因此，在中央政府提高对政策落实程度的监管力度的同时，地方政府严格执行中央政府的政策，才能有效地促进国有森工企业落实政策，推进国有林区社会经济的转型发展。

表 8-4 双人合作博弈支付矩阵和最优策略

双人合作博弈的支付矩阵				最优策略
IS \ *S*	{3}			
{1，2}	C_1	C_2	MIN	(A_2,B_1,C_1)说明即使国有森工企业维持现状，不对国有林区社会经济进行转型，对于地方政府来说执行中央政府的政策仍是最优决策，对于中央政府来说提高对政策落实程度的监管力度仍是最优决策
A_1B_1	3	5	3	
A_1B_2	0	3	0	
A_2B_1	5	7	5	
A_2B_2	3	5	3	
MAX	5	7	*V*=5	
IS \ *S*	{2}			
{1,3}	B_1	B_2	MIN	(A_2,B_2,C_1)、(A_2,B_2,C_2)说明无论国有森工企业是否落实政策，对国有林区社会经济进行转型，只要地方政府对抗或拖延中央政府的政策，对于中央政府来说提高对政策落实程度的监管力度就是最优策略
A_1C_1	4	0	0	
A_1C_2	4	0	0	
A_2C_1	6	2	2	
A_2C_2	6	2	2	
MAX	6	2	*V*=2	

续表

<table>
<tr><th colspan="4">双人合作博弈的支付矩阵</th><th rowspan="3">最优策略</th></tr>
<tr><td>S / IS</td><td colspan="3">{1}</td></tr>
<tr><td>{2,3}</td><td>A_1</td><td>A_2</td><td>MIN</td></tr>
<tr><td>B_1C_1</td><td>3</td><td>3</td><td>3</td><td rowspan="5">(A_1,B_1,C_1)、(A_1,B_1,C_2)、(A_2,B_1,C_1)、(A_2,B_1,C_2)说明无论中央政府是否提高对政策落实程度的监管力度，无论国有森工企业是否落实政策，对国有林区社会经济进行转型，对于地方政府来说执行中央政府的政策都是最优策略</td></tr>
<tr><td>B_1C_2</td><td>3</td><td>3</td><td>3</td></tr>
<tr><td>B_2C_1</td><td>0</td><td>1</td><td>0</td></tr>
<tr><td>B_2C_2</td><td>1</td><td>1</td><td>1</td></tr>
<tr><td>MAX</td><td>3</td><td>3</td><td>V=3</td></tr>
</table>

8.3.3 合作收益分配的 Shapley 值

在合作博弈中，合作内的成本和收益分配是影响联盟稳定性的关键因素。Shapley 值法是解决多人合作博弈问题的一种方法。当多个参与者从事某项经济活动时，对于合作中的每一种形式，都会得到一定的效益，Shapley 值法针对的就是由合作产生的效益如何分配。

在一个 n 人参加的合作博弈 $B(N,V)$中，$v(s)$为合作的特征函数，对于给定的特征函数 v 可以确定出特定的分配，即每个参与者从合作中获得的收益，记为

$$\varphi(v)=\left[\varphi_1(v),\varphi_2(v),\cdots,\varphi_n(v)\right]$$

且

$$\varphi_i(v)=\sum_{s\subset N}\frac{(|s|-1)!(n-|s|)!}{n!}\left[v(s)-v(s-\{i\})\right]$$

称 $\varphi(v)$ 为合作博弈 $B(N,V)$的 Shapley 值。根据 Shapley 值法的特点，Shapley 值满足对称性公理、有效性公理和可加性原理，具有唯一性。利用 Shapley 值法计算合作博弈收益分配，存在唯一的向量函数满足上述公理。特征函数 $v(s)$为

$$v(\Phi)=0,v(A)=2,v(B)=1,v(c)=0,v(AB)=5,v(AC)=2,v(BC)=3$$

分别计算合作博弈中，中央政府、地方政府和国有森工企业的分配向量分别为

$$\varphi_A(v)=\frac{(3-1)!(1-1)!}{3!}(2-0)+\frac{(3-2)!(2-1)!}{3!}(5-1)+\frac{(3-2)!(2-1)!}{3!}(2-0)=\frac{5}{3}$$

$$\varphi_B(v)=\frac{(3-1)!(1-1)!}{3!}(1-0)+\frac{(3-2)!(2-1)!}{3!}(5-2)+\frac{(3-2)!(2-1)!}{3!}(3-0)=\frac{4}{3}$$

$$\varphi_C(v)=\frac{(3-1)!(1-1)!}{3!}(0-0)+\frac{(3-2)!(2-1)!}{3!}(2-2)+\frac{(3-2)!(2-1)!}{3!}(3-1)=\frac{1}{3}$$

根据以上计算，中央政府、地方政府和国有森工企业在合作博弈收益分配中，其分配向量为$\left(\frac{5}{3},\frac{4}{3},\frac{1}{3}\right)$。合作博弈收益分配向量表明，在博弈中，中央政府和地方政府在合作中获得的收益要远大于国有森工企业。

8.3.4 结论

通过合作博弈模型及其收益分配的结果可以发现，在基于生态功能区建设的国有林区社会经济转型的进程中，中央政府、地方政府和国有森工企业具有长期的动态博弈关系。在动态博弈过程中，中央政府和地方政府往往收益较多，从而更有利于他们提高对生态功能区建设及国有林区社会经济发展政策实施的监管水平，更有利于促进相关政策的落实；然而，在这种动态博弈中，国有森工企业往往所获得的利益较小，导致其在实施、落实生态功能区建设政策及林区改革发展政策时的动力不足，积极性不高。因此，政府需要利用自身的信息优势与国有森工企业结成联盟，在赢得更多社会效益的同时，提升国有森工企业实际获利水平，对国有森工企业在相关改革政策执行及落实过程中，给予相应的扶持，以促进国有森工企业对国有林区社会经济转型政策的有效落实，从而进一步推进国有林区社会经济的可持续性转型发展。

8.4 本章小结

本章主要构建了国有林区社会经济转型进程评价的指标体系，借鉴已有的相关研究，选择转型发展指数（TDI）的评价方法，具体评价分析了2000～2014年大小兴安岭国有林区社会经济发展进程状态，结果表明，自2000年大小兴安岭国有林区进入转型发展的新历史时期以来，其转型发展进程总体呈现出良好的态势，但是，经济、社会、生态各领域的转型进展尚不协调，各领域的转型发展仍处于较低的水平。经济、社会、生态各领域的转型发展与林区总体的转型发展方向基本一致，即都呈现上升的发展趋势。首先，经济领域的转型发展情况最好，其次是社会领域的转型发展，生态领域的转型发展水平最低。应用合作博弈模型，对国有林区社会经济转型进程中的中央政府、地方政府和国有森工企业的利益博弈关系进行了分析。

9 基于生态功能区建设的国有林区社会经济转型过渡策略及援助研究

国有林区社会经济转型是一个长期、动态的发展变革的过程，是由传统型的经济社会形态向现代的生态型经济社会形态演变、从以木材生产为主向以生态恢复和建设为主过渡的过程。通过合作博弈收益分配也可以发现，国有森工企业在基于生态功能区建设的国有林区社会经济转型的过程中收益甚微。因此，政府需要利用自身的信息优势与国有森工企业结成联盟，在赢得更多社会效益的同时，促进国有森工企业对国有林区社会经济转型政策的落实，从而进一步实现国有林区的可持续性发展。在国家宏观发展环境中，针对微观、中观不同层面的转型路径，提出推进国有林区社会经济转型适宜的过渡性策略，根据不同区域选择的最优经济转型模式来制定相应的转型政策，发挥该区域优势，使经济转型在实施过程中有重点有方向，加快经济转型的步伐，大力推动国有林区社会、生态的转型发展。

9.1 推进国有林区经济转型的过渡策略

前面第 3 章对国有林区经济转型的相关研究中，根据国有林区生态建设与经济转型的不同耦合状态的分区，对不同耦合状态的区域选择了最优的经济转型模式。据此，本节从各区域最优经济转型模式的特点出发，提出有针对性的推进经济转型的过渡策略。

9.1.1 全面提升优势产业促进产业链延伸

在国有林区经济转型模式分区选择中，选择产业链延伸模式的区域，应采取多种措施，全面提升优势产业的发展，以此促进和带动该区域产业链的延伸和拓展。

（1）大力发展绿色食品产业。木材产业的上游产业主要是林木抚育产业和生态育种产业，可以通过林木抚育和生态育种的实践工作，充分利用林上和林下资源，按照规模化、集约化、绿色化的发展方向，大力支持发展生态产业，积极吸纳林区人口转移和劳动力就业，把大小兴安岭林区建设成为我国北方绿色生态食品生产和加工基地。扶持发展以有机黑木耳、蘑菇为主的食用菌产业和以蕨菜、黄花菜等为主的特色山野菜产业；合理保护和开发野生林产品资源，提高蓝莓、沙果、榛子等野生果品的产业化水平。同时，还要搭建企业与市场对接的平台，组建绿色食品产业集团，推进绿色食品业健康、有序、快速发展，加强品牌建设，做大做强绿色食品产业。

（2）做优林木精深加工产业。木材产业的下游产业主要是林木精深加工产业，林区应坚持森林资源保护与利用的有机结合，以市场需求为导向，培育壮大科技含量高、附加值高、资源利用率高的林木精深加工产业。积极发展循环经济，提高采伐、造材、加工剩余物及废旧木质材料的综合利用水平，实现林木资源的多环节加工增值。延长林木加工产业链条，在林区形成初级产品、中端产品和高端产品各有侧重的产业链。在加格达奇、伊春等地，扶持若干家具有较强市场竞争力和品牌优势的大型木材精深加工企业和产品，促进现有加工企业进行技术升级改造，提高产品加工度和档次。支持原料林基地建设，以解决全面停止主伐后木材精深加工业原料缺口问题。鼓励有条件的企业积极利用国内国外两种资源和两个市场，通过跨国并购、跨国经营，推进境外森林资源的合作开发和利用。

（3）积极发展林区商贸服务业。木材产业的横向配套产业有生产服务业和生活服务业，为了适应林区生态建设和经济转型需要，可以依托中心城市、小城市和重点镇，构建全方位、多层次、便捷的商贸物流网络体系。围绕林区特色产品，构建大型跨区域绿色食品交易市场、北药产品集散市场、林下经济产品精深加工产品和苗木交易市场，提升集聚辐射能力，形成全国林特产品集散基地。进一步提升批发零售经销模式，培育壮大连锁经营、统一配送、电子商务等现代化经营模式。大力推进超市、便利店、专卖店、大卖场等新型业态向中小城镇延伸。加大物流基础设施建设力度，培育若干个集运输、仓储、检验、包装等功能于一体的综合型物流企业。

9.1.2 积极培育新兴产业促进产业更新

在国有林区经济转型模式分区选择中，选择产业更新模式的区域，应采取多种措施，经济培育新兴产业的发展，以此促进和带动该区域传统产业的更新和替代。

（1）壮大森林生态旅游业。依托大小兴安岭林区的大冰雪、大森林、大湿地、大江河、大湖泊和少数民族风情、抗联遗址等旅游资源，充分利用冬季冰雪运动、夏季避暑养生、秋季采收观光、革命先烈事迹四大特色优势，加快发展森林生态旅游及红色旅游，使森林生态旅游业成为大小兴安岭林区经济的支柱产业。遵循适度有序地分层开发，在不违背自然规律的情况下，从生态角度去开发富有潜力的生态旅游资源，完善生态旅游区的各项配套设施。首先，要按照资源和环境保护的要求，加强生态保育，加强生态维护，加强环境修复和治理。其次，加强生态旅游的基础设施建设。在环境容量和生态承受能力范围内，完善交通、卫生、通讯等基础设施，增强生态旅游的可进入性和交通通达性。再次，培育旅游龙头品牌。坚持高起点规划，高品位建设，高水平经营，加快全区旅游一体化进程，促进森林生态旅游产业优质化发展。

（2）扶持发展北药产业。充分利用林区“绿色药库”资源优势，重点发展刺五加、五味子、防风、龙胆草和鹿、蜂等北方林区独具特色中药材的标准化种植和养殖，加大野生药材保护力度，扩大中药材的种养殖规模，建设北药特色原料供应基地。加强自主创新和产品研发，积极与国内知名中药企业和科研院所开展技术合作，实现北药生产技术现代化、质量标准化、产品规模化和品牌化，提升北药的精深加工水平，推动产品结构升级，建设现代化的北药生产加工基地。组建北药产业集团，构建龙头带基地、基地连万家的产业发展格局。

（3）培育发展清洁能源产业。利用国有林区的特色资源，推进林区替代能源建设进程，大力发展森林生物质能、风能和太阳能等新能源，切实提高清洁能源在林区能源生产和消费结构中的比例，解决林区替代能源的问题。首先，稳步发展生物质能源。充分利用林区抚育采伐剩余物以及其他林木产品加工剩余物，积极引进国际国内先进适用技术，大力发展生物质能源发电。其次，重点开展风能。依据大小兴安岭风能发展规划，对项目区具备风能资源条件的区域建设风力发电项目。再次，探索利用太阳能。推进太阳能热水器等成熟技术产品在森工林区的使用范围，特别是对新建棚户区改造居住小区采取政策扶持，推进太阳能技术的应用。

9.1.3 优化林区产业布局，促进多元产业复合发展

在国有林区经济转型模式分区选择中，选择多元产业复合发展模式的区域，应采取多种措施，不断优化林区产业布局和产业结构，以此促进该区域多元产业的协同、有序、健康发展。

实施多元产业复合发展模式的区域，要兼顾优势产业和新兴产业的发展。由

于各种产业在经济体系中并行，没有主次之分，导致经济运行混乱，因此，优化林区产业布局则显得尤为重要。林区产业发展要按照保护优先、集聚发展，依托园区、集约发展的原则，与林区中小城镇建设、局场调整、主要交通干线等基础设施建设有机结合。发挥各城镇及区域的产业基础和比较优势，建设各具特色的林业生态产业园区和产业集聚区，引导林区产业向各城镇和园区集聚。特色产业的精深加工、商贸、物流、信息、对外合作、旅游中心服务功能等主要在中心城市发展；中间产品加工、绿色农林产品加工业、特色商品的集散、旅游服务节点等要向小城市集聚；产业链初端环节、原材料供应、商贸集市要向重点镇集聚。推动林区基础条件好、符合相关规定的开发区和工业园区扩区或升级为国家级开发区。完善基础设施建设，为园区提供良好的基础保障，以便发挥园区综合效益。

9.2 推进国有林区社会转型的过渡策略

9.2.1 积极引导国有林区社会主体行为重塑

要积极引导国有林区社会主体行为重塑，具体来说主要有两大方面。

（1）要营造良好的生态文化氛围。在国有林区社会营造良好的生态文化氛围，是影响社会主体的价值观，促进社会主体利益取向和目标取向转变的有效途径。根据生态功能区建设的具体要求，需要宣传部门组织协调、调动社会力量参与文化建设的积极性，激发全社会文化创造活力。充分发挥报纸、广播、电视、网络等各类媒体的舆论引导作用，普及生态知识，宣传生态典型，大力宣传生态文化建设的重要意义。增强国有林区职工的生态意识，树立生态道德，倡导人与自然和谐发展的价值观，促进林区每个社会成员的文化价值取向的转变。积极倡导绿色文明的文化消费理念，丰富创新广场文化活动和各种主题性群众文化活动内容，提升群众文化活动水平，培育林区文化艺术品牌，繁荣林区生态文化类型。根据国有林区社会转型“以人为本”的原则，夯实生态文化体系建设的群众基础，尊重国有林区林业职工在社会发展中的主体地位，充分调动广大林业职工参与生态文化建设的积极性、主动性，发挥林区职工的文化创造性，形成推动国有林区生态文化大发展大繁荣的强大合力。

（2）要加强国有林区社会保障体系建设。国有林区职工家庭的脆弱性受到物质资本及人力资本等相关因素的影响，林区社会保障体系的建设对这些因素构成直接影响，因此加强国有林区社会保障体系建设，是保障林区职工基本生活的基础，是研究林区社会主体行为重塑的重要前提。建立适应林区社会转型要求的社会保障制度，要从完善资金筹措渠道、加强社会保障的资金管理、完善林区社会保险体制切入，林区社会保险制度主要包括基本养老保险制度、基本医疗保险制度和失业保险制度。同时，加强国有林区的教育投入力度，完善对林业职工的各类培训机制和相关政策，提高国有林区整体的文化教育水平，提高林业职工的知识、技术水平和能力。

9.2.2 大力推进国有林区生态型社会组织建设与发展

要不断推进国有林区生态型社会组织的建设与发展，主要包括三个方面的内容。

（1）重新定位国有森工企业职能，着力推进国有森工企业管理体制改革。国有林区在社会转型中应进一步理顺森工企业与政府之间的关系，争取中央政府以及地方各级政府的大力支持。要按照中共中央、国务院发布的《国有林区改革指导意见》中的具体规定和原则，在生态功能区建设目标的要求下，对森工企业的职能进行重新定位，对国有森工企业的管理制度进行创新性改革。要按照“政企分开”的职能要求，以及精简、统一、效能的原则，对国有森工企业的原有管理制度进行创新性变革。剥离社会管理职能，明确其森林资源管理的职能和义务以及企业自身经营职能。

目前，黑龙江省国有林区正在按照中共中央、国务院发布的《国有林区改革指导意见》中的具体规定和原则，进行国有森工企业管理体制改革试点，并形成了三种改革试点模式：①方正林业局改革模式。在没有地方政府所在的林区，新成立“国有林区管理委员会”，承接企业分离出来的社会管理职能，原有的国有森工局改组成“国有林管理局”，履行森林资源管理的职能，纯粹的企业经营职能部分，则组建企业经营公司，按照市场机制运行。②五营林业局改革模式。原有的国有森工企业剥离出去的社会管理职能，交由林业局所在地方政府，原有的国有森工局改组成“国有林管理局”，履行森林资源管理的职能，纯粹的企业经营职能部分，则组建企业经营公司，按照市场机制运行。③柴河林业局改革模式。成立“国有林管理局”，即履行森林资源管理的职能，又代管社会管理职能，分离公司，实施市场化运营机制。

目前的三种改革模式，各有利弊。并且改革试点的进一步扩展及推进仍存在着一些问题和障碍，比如改革后的机构编制以及改革成本仍然没有明确落实，改革的第一种模式和第三种模式中的社会管理职能仍然没有彻底交给地方政府，这必将为后续的改革推进带来障碍，改革后的企业体系运营仍存在诸多困难，如人力资本的匮乏等。未来在进一步推进国有森工企业管理体制改革进展过程中，建议应该加快推进省级层面新机构的挂牌运行，梳理改革风向标；同时，要努力进行顶层设计，重点解决国有林管理局的机构性质、人员编制以及改革成本问题，确保改革在试点的基础上能实质性推进；理顺森林资源管理和企业运营的核算体系，出台合理的资产划拨以及债权债务划拨的办法，不断完善改革的相关配套政策，保障改革能平稳推进。

（2）不断推进林业合作组织的发展。顺应生态功能区建设对林业经营体制改革创新的要求，针对国有林区林业合作组织发展落后的现实情况，推进国有林区林业合作组织的建设与发展，有利于推进国有林区的社会经济转型。具体来讲，以家庭合作林场和股份合作制林场为形式的林业合作组织，有利于参与家庭获得稳定收入；以林业专业技术协会、林业专业经济合作组织为形式的林业合作组织，为成员提供了生产技术支持，也扩大了社会主体的社会交际网络，大大提高了社会主体获取社会资本的能力；为满足职工贷款需求而出现的林业合作组织，削弱了社会主体获取金融信贷等经济支持的障碍，增加了林区职工家庭抵御贫困风险的能力。

（3）积极推进社区组织建设。社区组织是社会主体积累社会资本的重要渠道，同时是社会管理和公共服务的有益补充和推动生态文化繁荣发展的重要力量，因此社会组织在完善社会保障和推进协调机制方面具有重要意义。积极推进社区组织建设，要充分发挥社区组织贴近群众、机制灵活的特点，填补公共服务的薄弱环节，满足社会多样化需求，同时为社会提供更多元化的就业选择；为社会个体多渠道积累社会资本创造条件，降低国有林区职工家庭生活的贫困脆弱性；构建社区文化传播组织，便于群众参与到林区生态文化建设中，推进林区生态文化的构建。

9.2.3 强力保障国有林区社会文化重构

（1）要强化法律法规体系的规范。为了适应社会主义法制国家建设的要求，国有林区的社会管理需要彻底转变行政命令为主、以权代法的模式，充分认识法律法规在国有林区社会转型中的引导和规范作用。在法律体系的完善中，具体要体现以下几点：①要突出国有林的功能与定位，提高国有林的生态作用的战略性地位，有利于社会主体在认识国有林生态功能重要性上达成高度共识，也有利于形成全民参与监督国有林保护发展的社会环境；②要明确信息公开和国有林保护发展的公众参与机制，健全国有林调查与监测管理法律制度，落实林区社会公众对国有森林资源状况、效益发挥等方面的知情权和监督权，保障公众对国有森林资源保护的参与权，以适应现代林业发展的需求；③要完善保护国有林区社会组织发展的法律法规，实现政府对社会组织的规范化管理，避免社会组织出现“寻租行为”，同时，为社会组织的发展壮大提供稳定的法律环境；④对国有林经营管理的投入保障机制做出法律规定，保障国有林区长远而稳定的可持续发展。

（2）不断完善文化基础设施建设。目前国有林区博物馆、公共图书馆、文化场所等公共文化设施还不完备，大大影响了林区生态文化的普及及推广，因此要加大文化基础建设的投入力度，进而不断完善公共文化体系，努力建设成布局合理、功能齐备的公共文化设施网络。重视林区基础教育的投入，对学前教育、初级教育以及中等教育给予更多的关注，这样能更好地引导林区儿童的思想价值观形成，有利于生态文明建设的长远发展。重视林业领域专业院校的建设，这些专业院校既能为林区输送大量专业理论扎实的新鲜力量，又是林区管理人员再培训的基地，为林区社会发展提供大量的人力资源，有利于林区先进性文化的传播。此外，国有林区要逐步建成覆盖广泛的传播教育网络，建设相对完备的生态文化基础设施，将有利于推进国有林区生态文化体系建设。

9.3 推进国有林区社会经济转型的援助策略

国有林区社会经济的转型是一个动态的、复杂的系统工程，仅依靠国有林区自身的力量是难以实现转型发展的既定目标和任务的，在强化自身努力的同时，更需要改善外部条件，需要政府、社会等相关领域的扶持、援助，需要一系列的法律法规、规章、制度和措施的保障，需要资金及各种优惠政策的大力支持，尤其对于生态建设与经济发展耦合协调性差的区域，更需要加大保障与扶持力度。

9.3.1 加大政策的保障及扶持力度

国有林区社会经济的转型首先需要明确转型成本的负担主体。生态功能区建设保护国土生态安全的主导目标，以及在此背景下国有林区的新定位，并考虑国有林区目前的发展现状，都说明国有林区的社会经济转型需要政府提供一个强大的政策保障及资金支持的机制。国家及地方政府应该尽快制定一个保障和扶持国有林区改革与发展的政策体系，作为《国有林区改革指导意见》的配套性政策。特别是对于国有林区森林资源的管理和保护所需要的经费，必须要纳入国家公共财政体系中，建立长期稳定的公共财政的投资保护机制。对于国有森工企业原所承担的社会职能业务，在体制转型过程中，要移交给当地政府，为了保证移交的顺利，中央政府也需要在过渡阶段，给予一定的政策的保障与资金的扶持。对于国有林区社会组织中的林业合作组织的发展，应尽快制定相关政策，提供优化的环境，扶持其发展壮大，以更好地服务于国有林区的经济转型和林下经济产业的发展以及林业职工的增收。

9.3.2 建立推进产业发展的援助机制

产业援助政策主要涉及资源类产品的价格补贴、对新兴产业和产业园区建设提供财政援助，建立由政府、企业和工会在内的资金保障体系，推动产业转型中各方之间的合作。国有林区社会经济转型过程中，应根据生态建设与经济转型耦合协调的不同区域所选择的不同的经济转型模式，有针对性地建立各个区域产业发展的援助机制。比如对于产业链延伸模式区域的产业发展，应重点建立生产工艺与生产技术创新的援助机制；对于产业替代和产业更新模式的区域，应在新产业发展所需的人力、资本和技术等方面，提供全方位援助和扶持；对于多元产业复合发展模式的区域，应主要给予政策上的引导和扶持，引导其通过多元产业的复合发展，逐渐形成复合产业链条，并向林业生态产业园区过渡，形成产业聚集发展效应。在产业园区发展的初级阶段，政府可以提供短期的资金扶持性的援助，在产业园区发展的后期，政府将主要提供环境与政策的援助。

援助政策机制必须慎用，因为使用不当也会造成资源效率的损失，因此其适用范围必须加以严格的界定，尤其是市场能够自我调节的部分，必须通过市场调节来完成，政策所要完成的主要是一些历史性包袱或者特殊的区位、资源等因素形成的而不能通过市场调节来完成的组织调整（盛丹，2013）。

9.3.3 建立强制性援助机制，加大援助力度

所谓强制性援助是指通过政府法律法规的形式进行援助。对于国有林区社会经济转型的强制性援助主要是通过颁布和实施政府法令、政策等强制性措施，促进并保障国有林区社会经济的顺利转型发展。比如，对于国有森林资源的保护和管理，政府必须制定强制性的法律、规章、制度等，加强对国有森林资源的有效管理和保护，并强制新成立的国有森林资源管理局有效执行相关管理和保护政策。对于原国有森工企业所承担的社会性业务，政府除了要承担相关的转移成本外，还应该对当地政府做出一些强制性的政策要求和规定，以保障社会性事务能平稳、顺利移交给当地政府。对于国有林区林业职工的社会性保障体系的建立，也应该制定一些强制性的援助机制。

9.3.4 完善服务性援助机制的渠道

所谓服务性援助是指通过各种服务体系和配套体系对国有林区社会经济转型来提供支持。对于促进国有林区社会经济转型的服务性援助主要是通过健全配套政策扶持其转型发展。因此本研究主要从社会保障方面研究如何促进林区社会经济转型的顺利开展。

社会保障包括社会保险、社会救济、个人保险等，健全的社会保障体系有助于国有森工企业办社会职能的顺利剥离以及职工的妥善安置等，它既是国有森工企业改制的助推剂又是改制的稳定剂。目前大多数森工企业职工参加了社会养老保险，部分企业职工也开始缴纳医疗保险，但是保险种类还是较单一，为了森工企业改制成功，应健全社会保障系统。首先扩大职工的参保种类，保险的种类不仅只限在养老保险上，要相应地增加医疗、失业、工伤、生育等社会保障险种。其次扩大保险的覆盖面，解决“大集体”特殊工种退休和一次性安置人员的医保问题，应该尽可能地做到应保尽保，都要有平等的待遇参加保险。再次政府要积极考察森工企业下岗职工及家属的生活状况，低于当地最低生活保障标准的，要及时纳入最低生活保障范围。此外政府帮助森工企业分流出来的职工再就业时，引导和鼓励他们缴纳社会保险。政府还应该继续加大社会保障的财政投入，设立专项资金扶持森工企业改制的社会保障工作，对于企业欠缴而仍没有能力缴纳的资金予以减免。此外，国家积极鼓励林业（森林）保险体系的建立也是服务型援助机制建立的一个重要方面。

9.3.5 建立激励性援助机制

对于促进国有林区社会经济转型的激励性援助，更多地会在国有林区管理体制转型中有更多的需求。激励性援助机制的建立主要目的是提高国有林区各个相关主体、各相关要素推进林区社会经济转型政策执行的主动性和积极性。激励性援助机制可以采用多种多样的形式，比如资金的激励、优惠政策的激励（比如减免税收、免除企业债务等）等。

（1）国家应该加大财政资金扶持国有林区社会经济转型发展的激励力度。可以建立一个“国有林区社会经济转型发展基金”，在政府财政投入的基础上，积极吸引民间资本的注入，民间资本可以通过入股的方式进入，待国有林区社会经济转型发展进入良性状态时，民间资本享受按股分成，特别是在国有林区经济转型发展步伐，激励民间资本的注入将是一个重要方面。国有林区社会经济转型发展基金将重点用于国有林区管理体制的转型及处于隐性失业状态的国有林区林业职工的就业、安置以及对新兴产业发展的扶持等方面。

（2）国家应尽快建立优惠性政策的激励机制，激励和保障国有林区社会经济转型的推进。①政府要建立国有森工企业改革转型后的债务减免的优惠政策。如前面所述，国有森工裂解后，依托原有的经营性业务组建的产业集团或经营公式，不应该再承担原森工企业的高额债务，为了保障新企业更好地发展，国家应该给予债务减免的优惠政策。②政府要完善相关税收优惠政策。在国有林区社会经济转型的初期，在新企业或者其他企业的素质和活力尚未提升的阶段，政府应该对企业的经营业务提供税收减免等优惠政策，以促进其更好更快发展，并最终带动林区经济的发展。③政府要提供优惠的贷款政策，比如延长贷款期限，适当放宽贷款条件，加大贷款贴息力度等，为新企业或者新产业的发展提供良好的资金保障。比如，对于国有森工企业的一次性安置人员，可以在考察他们的创业项目基础上发放低息创业贷款，对有还贷能力的项目，如速丰林、经济林、山野菜开发以及中药材开发等增加信贷投入，对于发展快速、市场潜力大的种植业、养殖业等资源开发相关项目，应该酌情给予增加贷款等优惠政策。

（3）政府应该建立“国有森林资源管理和保护的专项基金”，专款专用与国有森林资源的管理和保护的业务性支持。初期可以有政府全部财政资金注入，后期可以考虑通过发行生态彩票、生态债权等方式，吸引社会资本的注入。当然，这一目标的实现，有赖于生态型社会组织的建设以及社会主体行为的生态化转型。

9.4 本章小结

根据前文对国有林区经济转型和社会转型的具体研究内容，本章有针对性地提出了推进国有林区经济转型和社会转型的具体过渡策略，如经济转型中选择产业链延伸模式的区域，应全面提升优势产业的发展，选择产业更新模式的区域，应积极培育新兴产业的发展，选择多元产业复合发展模式的区域，应不断优化林区产业布局和产业结构；提出从微观上重塑社会主体行为、中观上推进生态型社会组织发展，改革国有森工企业管理制度、宏观上重构林区社会文化去推进国有林区的社会转型；提出应建立强制性援助机制、服务性援助机制及激励性援助机制，保障国有林区社会经济转型的顺利发展。

参考文献

安东尼·吉登斯, 菲利普·萨顿. 2015. 社会学. 北京: 北京大学出版社.

陈华, 伍志文. 2004. 银行体系脆弱性: 理论及基于中国的实证分析. 数量经济技术经济研究, 21(9): 120-135.

陈国明. 1992. 国有林区森工企业改革的思路. 绿色中国, (6): 17-22.

曹玉昆, 国洪飞. 2009. 基于职工家庭视角的国有林区社会福利卡尔多—希克斯改进研究. 绿色中国, (2): 50-51.

冯宝兴. 1987. 对东北地区国有国营林区体制改革的探讨. 经济研究, (3): 75-80.

耿玉德, 张朝辉. 2013. 基于二次相对评价的伊春林业资源型城市经济转型效率测度. 林业科学, 49(7): 150-157.

国家林业局. 2000. 中国林业统计年鉴. 北京: 中国林业出版社.

国家林业局. 2001. 中国林业统计年鉴. 北京: 中国林业出版社.

国家林业局. 2002. 中国林业统计年鉴. 北京: 中国林业出版社.

国家林业局. 2003. 中国林业统计年鉴. 北京: 中国林业出版社.

国家林业局. 2004. 中国林业统计年鉴. 北京: 中国林业出版社.

国家林业局. 2005. 中国林业统计年鉴. 北京: 中国林业出版社.

国家林业局. 2006. 中国林业统计年鉴. 北京: 中国林业出版社.

国家林业局. 2007. 中国林业统计年鉴. 北京: 中国林业出版社.

国家林业局. 2008. 中国林业统计年鉴. 北京: 中国林业出版社.

国家林业局. 2009. 中国林业统计年鉴. 北京: 中国林业出版社.

国家林业局. 2010. 中国林业统计年鉴. 北京: 中国林业出版社.

国家林业局. 2011. 中国林业统计年鉴. 北京: 中国林业出版社.

国家林业局. 2012. 中国林业统计年鉴. 北京: 中国林业出版社.

国家林业局. 2013. 中国林业统计年鉴. 北京: 中国林业出版社.

国家林业局. 2014. 中国林业统计年鉴. 北京: 中国林业出版社.

国家林业局. 2015. 中国林业统计年鉴. 北京: 中国林业出版社.

国家林业局. 2016. 中国林业统计年鉴. 北京: 中国林业出版社.

国家林业局. 2015. 第八次全国森林资源清查报告. 北京: 中国林业出版社.

国家统计局. 2013. 中国统计年鉴. 北京: 中国统计出版社.

郭守前. 2002. 产业生态化创新的理论与实践. 生态经济, (4): 34-37.

黑龙江省统计局. 2007. 黑龙江统计年鉴. 北京: 中国统计出版社.

黑龙江省统计局. 2008. 黑龙江统计年鉴. 北京: 中国统计出版社.
黑龙江省统计局. 2009. 黑龙江统计年鉴. 北京: 中国统计出版社.
黑龙江省统计局. 2010. 黑龙江统计年鉴. 北京: 中国统计出版社.
黑龙江省统计局. 2011. 黑龙江统计年鉴. 北京: 中国统计出版社.
黑龙江省统计局. 2012. 黑龙江统计年鉴. 北京: 中国统计出版社.
黑龙江省统计局. 2013. 黑龙江统计年鉴. 北京: 中国统计出版社.
黑龙江省统计局. 2014. 黑龙江统计年鉴. 北京: 中国统计出版社.
黑龙江省统计局. 2015. 黑龙江统计年鉴. 北京: 中国统计出版社.
黑龙江省统计局. 2016. 黑龙江统计年鉴. 北京: 中国统计出版社.
胡鞍钢, 马伟. 2012. 现代中国经济社会转型: 从二元结构到四元结构(1949~2009). 清华大学学报(哲学社会科学版), (1): 16-29.
侯景新, 尹卫红. 2004. 区域经济分析方法. 北京: 商务印书馆.
黄婉真. 2011. 中国化马克思主义的公平观及其当代价值. 金华: 浙江师范大学.
黄和亮, 章静, 谢永添. 1992. 东北国有林区改革与发展的思考. 林业经济问题, (2): 35-38.
姜传军, 吕洁华. 2008. 林业资源型城市经济转型评价指标体系研究. 绿色中国, (11): 63-65.
井月. 2012. 黑龙江省森工林区住户持久性贫困测度及扶贫对策研究. 哈尔滨: 东北林业大学: 33-40.
蒋敏元, 王兆君. 2003. 以现代林业理论指导林业跨越式发展. 世界林业研究, 16(1): 31-35.
科尔曼. 1999. 社会理论的基础. 邓方译. 北京: 社会科学文献出版社.
李尔彬, 柏晓东, 孙延华. 2011. 林业资源型城市经济转型策略选择——以伊春市为例. 林业资源管理, (5): 9-14.
李尔彬, 许兆君. 2010. 国有林区林权制度改革存在的问题及对策研究. 中国林业经济, (6): 13-15.
李丽. 2010. 中国城乡居民家庭贫困脆弱性研究. 大连: 东北财经大学.
李利. 2011. 我国草根非政府组织的发展困境以及社会资本的提升——以草根非政府组织天津“太阳村”为例. 中国城市经济, (17): 51-53.
李培林. 2005. 另一只看不见的手: 社会结构转型. 北京: 社会科学文献出版社.
李旸. 2012. 上海社会组织建设与社会转型研究. 科学发展, (8): 77-92.
李前龙. 2006. 伊春林区经济转型的研究. 哈尔滨: 哈尔滨工业大学.
李周. 1999. 关于国有林业改革的几点思考——对国有林区实施天然林保护工程的建议. 绿色中国, (5): 42-47.
厉无畏, 王慧敏. 2002. 产业发展的趋势研判与理性思考. 中国工业经济, (4): 5-11.
刘耀彬, 宋学锋. 2005. 城市化与生态环境耦合模式及判别. 地理科学, 25(4): 408-414.

刘则渊，代锦. 1994. 产业生态化与我国经济的可持续发展道路. 自然辩证法研究, (12): 38-42.
龙贺兴，林素娇，刘金龙. 2017. 成立社区林业股份合作组织的集体行动何以可能？——基于福建省沙县X村股份林场的案例. 中国农村经济, (8): 2-17.
陆学艺，景天魁. 1994. 转型中的中国社会. 哈尔滨: 黑龙江人民出版社.
吕柳，温作民. 1997. 现代林业指标体系框架研究. 世界林业研究, (6): 64-70.
马金珠，安新平，赵华. 2004. 甘肃省生态环境质量综合评价. 安全与环境工程, 11(1): 1-5.
秦曼，杜元伟. 2017. 海洋产业生态化关键因素识别. 应用生态学报, 28(12): 4092-4100.
饶斌. 2010. 甘肃省生态环境与经济发展耦合关系的空间差异研究. 兰州: 兰州大学.
任玉琨. 2009. 基于博弈模型的资源型城市产业转型分析——以油气资源型城市产业转型为例. 经济问题探索, (4): 55-60.
任萃颖. 2016. 吉林省县域经济转型发展研究. 长春: 东北师范大学.
盛丹. 2013. 国有企业改制、竞争程度与社会福利——基于企业成本加成率的考察. 经济学(季刊), 12(4): 1465-1490.
孙立平. 2005. 社会转型: 发展社会学的新议题. 社会学研究, (1): 1-24.
沈镭，程静. 1998. 论矿业城市经济发展中的优势转换战略. 经济地理, (2): 41-45.
汤薇. 2013. 生态经济学在主体功能区中的应用研究. 大连: 东北财经大学.
万国崔. 2011. 国内近十年来中国近代知识分子群体社会转型研究综述. 高校社科动态, (1): 21-26.
万志芳. 2004. 国有林区林业微观主体重构论. 哈尔滨: 东北林业大学出版社.
王春超，周先波. 2013. 社会资本能影响农民工收入吗？——基于有序响应收入模型的估计和检验. 管理世界, (9): 55-68.
王帆宇. 2016. 新时期中国社会转型进程中的生态文明建设研究. 苏州: 苏州大学.
王非，朱震锋，曹玉昆. 2016. 基于结构转换视角的中国重点国有林区经济转型发展路径分析. 世界林业研究, 29(2): 60-64.
王光荣. 2013. 社会事业改革与发展研究述评. 攀登(哲学社会科学版), 32(2): 50-55.
王名. 2009. 走向公民社会——我国社会组织发展的历史及趋势. 北京青年工作研究, 49(3): 39-44.
王青云. 2003. 资源型城市经济转型研究. 北京: 中国经济出版社.
王薇薇. 2007. 区域产业生态指标体系的构建与评价. 南京: 河海大学.
王毅昌，蒋敏元. 2005. 东北内蒙古重点国有林区管理体制改革探求. 林业科学, 41(5): 163-168.
王永青. 2003. 国有林区可持续发展能力建设研究. 哈尔滨: 东北林业大学出版社.
王玉芳. 2007. 国有林区经济生态社会系统协同发展机理研究. 北京: 中国林业出版社.

王玉芳，蒋敏元. 2005. 国有林区社会文化重构的动因. 商业研究, (15): 109-111.
王玉芳，李朝霞. 2014. 黑龙江省国有林区职工家庭贫困脆弱性的影响因素分析. 林业经济问题, 34(1): 1-7.
王玉江，徐芳. 2011. 构建层级分明的社会建设体系. 前线, (6): 40-41.
王玉芳，吴方卫. 2009. 国有森林资源资源型企业可持续发展研究. 林业经济问题，29(4): 301-314.
王玉芳，杨凤均，周妹，等. 2016. 大小兴安岭国有林区生态建设水平和经济转型能力评价. 林业经济, (4): 13-19.
王志宏，李成军. 2005. 煤矿城市经济转型模式研究. 中国矿业, 14(11): 11-14.
韦惠兰，周平，张晶. 2008. 区域循环经济的灰色聚类评估方法. 统计与决策, (4): 57-58.
温铁军，王平，陈学群. 2007. 国有林区改革的困境和出路. 绿色中国, (9): 23-26.
吴士兵，印有瑜. 2009. 林业资源型城市经济转型模式分析及选择. 中国林副特产, (5): 90-92.
向楠. 2014. 基于生态脆弱性的综合生态系统管理研究. 北京：北京林业大学.
谢忠秋，陈晓雪，黄瑞玲，等. 2013. 江苏城市转型与产业转型协调发展研究. 江苏社会科学, (6): 244-251.
徐家林. 2011. 社会转型论. 上海：上海人民出版社.
徐晋涛，姜雪梅，季永杰. 2006. 重点国有林区改革与发展趋势的实证分析. 绿色中国, (1): 10-15.
徐期瑚. 2009. 现代林业评价指标体系研究初探. 湖北林业科技, (2): 43-47.
杨柳. 2012. 社会阶层固化：应积极应对的严峻挑战. 理论探索, (5): 50-52.
杨文，孙蚌珠，王学龙. 2012. 中国农村家庭脆弱性的测量与分解. 经济研究, (4): 40-51.
叶静怡，周晔馨. 2010. 社会资本转换与农民工收入——来自北京农民工调查的证据. 管理世界, (10): 34-46.
余凤鸣，周杜辉，杜忠潮，等. 2012. 陕西省经济发展与生态环境耦合关系研究. 水土保持通报, 32(4): 292-297.
郁建兴，高翔. 2010. 农业农村发展中的政府与市场、社会：一个分析框架(英文). Social Sciences in China, (3): 89-103.
袁榴艳，杨改河，冯永忠. 2007. 干旱区生态与经济系统耦合发展模式评判——以新疆为例. 西北农林科技大学学报(自然科学版), 35(11): 41-47.
张复明. 2002. 资源型经济转型模式研究. 经济研究参考, (81): 15-20.
张米尔，武春友. 2001. 资源型城市产业转型障碍与对策研究. 经济理论与经济管理, (2): 35-38.
张米尔. 2004. 市场化进程中的资源型城市产业转型. 北京：机械工业出版社.

张文龙. 2009. 城市化与产业生态化耦合发展研究. 广州: 暨南大学.

张新莉. 2017. 基于 TOPSIS 的中国低碳城市评价研究. 长春: 吉林大学.

张云飞. 2010. 社会建设必须有效化解社会矛盾. 理论视野, (6): 23-24.

张琦, 万志芳. 2016. 黑龙江省国有林区林业产业转型模式的构建. 东北林业大学学报, (4): 102-106.

张兆臣, 仇方道. 2010. 徐州市工业产业生态化评价. 国土与自然资源研究, (3): 67-69.

张建龙. 2013. 现代林业统计评价研究. 北京: 中国林业出版社.

赵丹阳, 佟连军, 郭付友, 等. 2016. 基于结构调整视角的吉林省产业生态化发展. 应用生态学报, 27(9): 2933-2940.

赵国杰, 张炜熙. 2006. 区域经济社会脆弱性研究——以河北省为例. 上海经济研究, (1): 65-69.

郑杭生. 2009. 改革开放三十年: 社会发展理论和社会转型理论. 中国社会科学, (2): 10-19.

周彬, 钟林生, 陈田, 等. 2014. 基于生态位的黑龙江省中俄界江生态旅游潜力评价. 资源科学, 36(6): 1142-1151.

朱洪革. 2009. 国有林权制度改革后承包户投资行为及其影响因素分析. 林业科学, 45(4): 117-123.

朱洪革, 井月. 2013. 重点国有林区贫困: 测度、特征及影响因素. 中国农村经济, (1): 76-86.

朱洪革, 李海玲, 石小亮. 2014. 山上山下职工家庭收入特征及影响因素分析——基于黑龙江省重点国有林区的调查数据. 林业经济, (5): 20-25.

朱洪革, 袁琳, 马广波, 等. 2015. 重点国有林区多维贫困的测度. 林业经济问题, 35(1): 7-12.

朱明峰, 冯少茹, 潘国林. 2005. 资源型城市可持续发展与生态城市建设. 合肥工业大学学报(自然科学版), 28(2): 155-158.

朱元秀, 徐长乐. 2014. 长三角地区转型发展的进程评价. 华东经济管理, (9): 59-65.

朱永杰. 2010. 管理体制改革是国有重点林区发展的基础. 绿色中国, (10): 50-53.

William F H, Brian Belcher, 徐晋涛. 2005. 中国的森林: 有全球意义的市场改革经验. 北京: 中国林业出版社.

Bradbury J H. 1981. Towards an alternative theory of resource-based town development in Canada. Economic Geography, 55(2): 147-166.

Bradbury J H. 1988. Living with boom and cycles: new towns on the resource frontier in Canada. CSIRO: Resource Communities.

Barnes T, Hayter R, Grass E. 1990. Macmillan Bloedel: Corporate Restructuring and Employment Change in the Corporate Firm in a Changing World Economy. London: Routledge.

Coleman J S. 1988. Social capital in the creation of human capital. American Journal of Sociology, 94(1): 96-120.

David H, Kristian U. 2011. The transformation of the Gulf: politics, economics and the global order. Avian Pathology Journal of the W. v. p. a, 46(4): 349-356.

Foster J, Creer J, Tharbecke E. 1984. A class of decomposable poverty measures. Econometrica, 52(3): 761-766.

Haan A D. 2011. Rescuing exclusion from the poverty debate. ISS Working Papers - General Series, (517): 4-20.

Harrison D. 1988. The Sociology of Modernization and Development. Abingdon: Routledge: 1-19.

Iii F S C, Pickett S T A, Power M E, et al. 2011. Earth stewardship: a strategy for social-ecological transformation to reverse planetary degradation. Journal of Environmental Studies & Sciences, 1(1): 44-53.

Jamal H. 2009. Assessing vulnerability to poverty: evidence from pakistan. Research Report.

Kander A, Stern D I. 2014. Economic growth and the transition from traditional to modern energy in sweden. Energy Economics, 46(C): 56-65.

Kurosaki G, Morduch J. 2002. Messuring Vulnerabilitu to Poverty. Wide R Discussion Paper.

Lambini C K, Nguyen T T. 2013. A comparative analysis of the effects of institutional property rights on forest livelihoods and forest conditions: evidence from ghana and vietnam. Forest Policy & Economics, 38(1): 178-190.

Ligon E, Schechter L. 2003. Measuring vulnerability. Economic Journal, 113(486): C95-C102.

Lucas R, Tepperman L. 1971 . Minetown, Milltown, Railtown: Life in Canadian Communities of Single Industry. Oxford: Oxford University Press.

Maton K I. 2000. Making a difference: the social ecology of social transformation. American Journal of Community Psychology, 28(1): 25-57.

Mcanany P A, Yoffee N. 2010 . Questioning collapse: human resilience, ecological vulnerability, and the aftermath of empire. American Antiquity, 76(1): 193-195.

Parsons T. 1970. Equality and inequality in modern society, or social stratification revisited. Sociological Inquiry, 40(2): 13-72.

Pena M V, Lindofuentes H. 1998. Community organization, values and social, capital in panama. Washington D. C.: Central America Country Management Unit Economic Notes.

Putnam R D. 1993. Making Democracy Work: Civil Traditions in Modern Italy. Princeton: Princeton University Press.

Robinson I M. 1981. Muriel driver memorial lecture 1981: the mists of time. Canadian Journal of Occupational Therapy Revue Canadienne Dergotherapie, 48(4): 145.

Smith C. 2010. Perspectives in ecology, spirituality and education. Earth Song Journal, (12): 5-11.

Smit B, Burton I, Klein R J T, et al. 1999. The science of adaptation: a framework for assessment. Mitigation & Adaptation Strategies for Global Change, 4(3-4): 199-213.

Schneider M, Teske P. 1997. Institutional arrangements and the creation of social capital: the effects of public school choice. American Political Science Review, 91(1): 82-93.

Tubilewicz C. 2013. China and Globalization: the Social, Economic and Political Transformation of Chinese Society. New York: Taylor & Francis Group.

Temple J, Johnson P A. 1998. Social capability and economic growth. Quarterly Journal of Economics, 113(3): 965-990.

Tesliuc E D, Lindert K. 2002. Vulnerability: a quantitative and qualitative assessment. Guatemal a poverty Assessment Program. World Bank.

White G F. 1974. Natural Hazards: Local, National, Global. New York: Oxford University Press.

White A, Martin A. 2002. Who owns the world's forests? Forest Tenure and Public Forests in Transition. Forest Trends: 11-13.